心理控制方法

3000万人正在实践的超级心理学

[美] 麦克斯威尔·马尔茨 (MAXWELL MALTZ) 著

洪友 译

The New
Psycho-Cybernetics

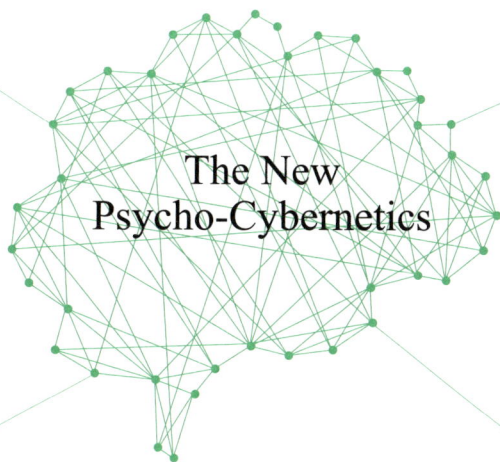

湖南文艺出版社
HUNAN LITERATURE AND ART PUBLISHING HOUSE

博集天卷
CS-BOOKY

图书在版编目（CIP）数据

心理控制方法 /（美）马尔茨（Maltz,M.）著；洪友译 . — 长沙：
湖南文艺出版社，2015.1
书名原文：The New Psycho-Cybernetics
ISBN 978-7-5404-6984-9

Ⅰ.①心… Ⅱ.①马… ②洪… Ⅲ.①情绪—自我控制—通俗读物
Ⅳ.① B842.6-49

中国版本图书馆 CIP 数据核字（2014）第 242912 号

著作权合同登记号：图字 18-2014-228

上架建议：心理励志

心理控制方法

作　　者：［美］麦克斯威尔·马尔茨
译　　者：洪　友
出 版 人：刘清华
责任编辑：薛　健　刘诗哲
监　　制：蔡明菲　潘　良
特约编辑：张思北
版权支持：文赛峰
封面设计：主语设计
版式设计：李　洁
内文排版：百朗文化
出版发行：湖南文艺出版社
　　　　　（长沙市雨花区东二环一段 508 号　邮编：410014）
网　　址：www.hnwy.net
印　　刷：北京嘉业印刷厂
经　　销：新华书店
开　　本：700mm×1000mm　1/16
字　　数：279 千字
印　　张：20.5
版　　次：2015 年 1 月第 1 版
印　　次：2016 年 9 月第 3 次印刷
书　　号：ISBN 978-7-5404-6984-9
定　　价：38.00 元

质量监督电话：010-59096394
团购电话：010-59320018

目录

Chapter 10　祛除情感伤疤，做次"情感整容"

　　无论何时，当我们感情上受到伤害时，我们身上也会出现几乎如出一辙的现象。我们会形成"感情疤痕"或"心灵疤痕"以求自我保护。

　　许多人从来没有受到过肉体上的伤害，却在内心情感上留下了伤疤。不过，二者对人的性格造成的后果是一样的。

Chapter 11　释放你真正的个性

　　个性是个既有魅力又神秘的东西，容易辨认但很难界定。与其说它是从外界获得，倒不如说是从内心释放。

　　你明天在别人的心中名声如何，要由你今天的表现来决定。你要无愧于今天，正如一句格言所说："一次只能过一天。"

Chapter 12　让你心情平静的镇静剂

　　几乎在所有的目标追寻情景中，人自身的内心稳定剂本身，都是一个需要始终保持的重要目标。

　　运用你心灵中的平静小屋。它既可以作为一种日常使用的镇静剂，减缓神经反应，也可以作为一种擦除剂，把残存的情绪从你的情绪机器中擦掉，因为这些残存物不适用于新环境。

Chapter **16**　**真实的故事**

-304-　　　如果你有意识地坚持运用心理控制术，它就能让你摆脱一切精神枷锁，过上这人世间最充实的生活。

序言

这本书在全世界拥有各种不同的版本，销量逾 3000 万册，并被录成朗读版让读者受益，还被制作成培训课程供公司、销售组织乃至运动团队使用。在 2000 年悉尼奥运会上，美国马术队主教练就曾运用此书的心理控制技巧指导运动员参赛，此后数年她一直使用心理控制术来指导其他运动团队。

从多方面讲，心理控制术是一门研究自我完善的"原创科学"，我之所以这样说，主要基于以下三个原因：

第一，马尔茨博士是认识并解释"自我意象"如何帮助我们实现目标的第一位研究者和畅销书作家。

第二，继马尔茨著作之后所有关于自我完善的作品、言辞、记载，都源于他的作品。不妨试着找找 1960 年至今一切有关成功或自我完善的图书（这些图书中既没有讨论自我意象问题，也没有涉及如何改善和运用自我意象的技巧，这些技巧主要包括心像、心灵修习和精神放松），你会发现马尔茨的作品在今天仍然如此重要。

第三，与哲学对成功的苦思冥想不同，心理控制术具有很强的科学性：它能提供可以付诸行动的法则，而不只是思考，它们能得出可以量化的结果。

简而言之，无论你打算减肥并保持体形、提高球赛得分、使销售收入翻番、成为信心百倍的演讲家、写出不朽的小说，还是想实现任何其他可能达到的目标，要想获得成功，就应该运用心理控制技巧。

尽管宣传和推销甚少，本书却有着令人吃惊的顽强生命力，在今天的心理控制领域仍然是经典之作。和 10 年、20 年、30 年前一样，如今的销售经理依然会对新加盟的员工说，教练会对运动员说，服务顾问会对客户说：找这本书读读吧！

今天，我要斗胆补充这部不朽之作。在此过程中，我会保留原作的许多内容，事实上，大部分内容都未改变，有些内容则在语言或运用举例方面做了适当更新。为使本书与马尔茨博士的其他作品融为一体，我还在其中添加了自己从讲授心理控制时得出的观察结果和经验教训，以及许多例子和故事。其中有些是运用这些技巧的人提供的，有些则是从其他一些介绍此类技巧的著作中借用的。我试图通篇保持马尔茨著作的原貌。在 1960 年之后的许多年里，马尔茨博士和他的追随者越来越注重将心理控制的原则和概念转化为切实可行的"心理控制训练"，而我也在作品中将许多这样的练习纳入其中。总体来讲，本书是有史以来出版的介绍心理控制术的作品中最完整的一部。

我自己对心理控制的体验始于儿童时代，当时我用它来克服棘手的口吃问题。此后，我快乐地当了 20 年职业演讲者。近年来，我曾面对多达 35 000 名的听众演讲，平均每年听我演讲的人数总计达 20 万以上。成年之后，我将这些心理控制技巧反复运用于销售、咨询和商业活动，让它们帮助我度过高产的写作生涯——我出版了 9 本书，录制了 50 多种不同的录音节目。作为我的主业，我还撰写了大量的广告词。

例如，通过运用心理控制技巧，在晚上就寝或睡午觉之前，我能给自己的潜意识下达某些指令，并将这些指令用于完成某项写作任务。双眼一睁开，我就立即坐到键盘前运指如飞，开始"下载"，把我在入睡时潜意识为我"写"的内容敲下来。不久前，我曾爬上一辆马车，成为参加挽车赛马的马夫（时年 46 岁）。我竟然发现自己参加这种活动很大程度上靠的就是心理控制技巧。

在商业生涯中，我曾与许多百万富翁甚至拥有千万资产的企业家共事，其中一些人生来贫困或经济上曾经历浩劫，另一些企业家则是白手起家，随后才建立起自己的商业帝国。他们中多数人都在运用这些技巧。像我一样，他们许多人都将自己对这些技巧的认识直接归结为马尔茨博士的影响。

20 世纪 80 年代末，我还是一名作家、编辑和出版商，当时我首度与心理控制论接触。我与马尔茨博士的遗孀安妮·马尔茨合作，还有一所大学加盟，大家一起制作了一套录音带，其中特别突出了马尔茨博士的演讲、广播节目和采访情况。从那时起，我就着手撰写了名为《零阻力销售》的心理控制专著，还投身于一个叫《新心理控制术》的音频节目（通过声音讲解书本内容）、一种为期 12 个星期的家庭学习课程，还有为某些行业、产业、团体以及国际翻译组织准备的专栏节目。

我的观点是，我这一生都生活在心理控制之中，而且不断从中受益。安妮·马尔茨曾对我说，在这个主题上，她简直说不出我的作品与她已故丈夫的作品有什么区别。这真是对我的极大褒奖与鼓励。但愿她的话没错，但愿这部对原作的扩充修订版与马尔茨博士的原作如出一辙，就像他此时此地在亲手安排一样。

如果你有高见，我很高兴你能通过传真或写信告知。传真号码：602-269-

3113，邮寄地址：菲尼克斯市 AZ85014 第 103 街区第 7 大道 5818 号，心理控制基金会，由工作人员转交本人。如果你有兴趣阅读基金会往期的通讯，还可以访问我们的专门网站：

http://www.psycho-cybernetics.com

　　我真诚地相信，你此时手中捧读的是一种最强有力的工具，无论何时何地，无论花费多大代价，你都能用它来进行自我完善、实现目标。能尽一点绵薄之力将它拿到你的面前，是我的荣幸。

丹·S. 肯尼迪

（美国著名营销顾问、心理控制基金会 CEO）

Chapter **01**

自我意象：让你由内而外地改变自己

　　20世纪60年代末，心理学开始了一场革命，这场革命随后又在20世纪70年代蓬勃发展。1960年开始写作本书时，我正处在心理学、精神病学和医学发生剧变的前沿。有关"自我"的新理论、新观念开始出现于临床心理学家、从事精神病研究的专家中间，甚至化妆品界以及像我一样所谓的"整形医生"的作品和研究成果中。从这些研究成果中得出的新方法，最终带来了人的性格、健康甚至能力和天分的巨大变化。过去屡战屡败的人成了成功者。在没有接受额外家教辅导的前提下，过去得分为"F"的学生成绩变成了地地道道的"A"。生性羞怯、不善交际、性格内向的人变得快乐而开朗。当时，有一期《时尚》杂志引用了我的文章，在该文中，T.F.詹姆斯这样概括了形形色色的心理学家和医学博士得出的结果：

> 认识自我的心理状态，意味着理解成功与失败、爱与恨、痛苦与幸福之间的区别。"真我"的发现能够拯救濒临破裂的婚姻，重塑坎坷不平的职业生涯，改造具有"性格缺陷"的受害者。

其实这并不算对此后 40 年发生的一切所做的预测。

本书第一次出版时，如果你前往一家书店想买一本来读，也许会发现它静静地躺在某个阴暗角落的书架上，与十几本其他所谓的"自助"类图书放在一起。当然，"自助"类图书如今已经成为整个书店图书中数量最多的门类。心理学家、精神病专家、临床医学家如雨后春笋般出现，大量的专家人士也开始露面，比如运动心理学家、团体工作绩效指导者，等等。寻求此类帮助已经不是让人难为情的事了，以至于在某些领域，寻求专业人士援助已经成为一种时尚。自助心理学已经风靡一时，甚至在商业信息类电视节目中都占有一席之地！

▰ 化难为易

今天蓬勃发展的见解、信息，有许多似乎都建立在心理控制理论这个基础之上，它们几乎能帮你实现从克服拖拉习惯到提高打高尔夫球击球技巧在内的一切目标，这一点让我感到欣慰。事实证明，心理控制术所做的基本承诺，无疑是完全正确的，这个承诺即"化难为易"。无论现在对你来说面临何种困境，无论促使你读完本书的原因是什么，你都可以通过运用某些合理的心理学概念、通俗易懂而且易于掌握的心理训练技巧，以及几个实用的行动措施，将其化难为易。

►◄ 你不为人知的宏伟蓝图

我认为，现代心理学最重要的发现是对自我意象的揭示。通过认识自我意象、学会纠正自我意象并控制它为你所用，你就能获得难以置信的信心和力量。

无论你是否认识到，每个人的内心都有一幅描绘自己的精神蓝图（或叫"心像"）。对我们的意识来说，这幅图可能模糊不清、不甚分明。其实，人的意识甚至根本无法辨认出它。但它的确就在那里，这个自我意象就是我们自己对"我是什么样的人"的看法，它是以我们的自我看法为基础形成的。这些关于自己的看法，大多数都是根据我们过去的经历、我们的成与败、我们的荣与辱以及别人对我们的反应（尤其是童年时代的早期经历）而无意识形成的。根据这些看法，我们便从心理层面上构建了一个"自我"（或一幅关于"自我"的图像）。就个人来讲，一旦某种针对自己的想法或信念进入这幅图像，它就会变成"事实"。我们并不质疑它的正确性，而是头也不回地按照它去行动，就像它的确是真的一样。

因此，自我意象会控制你能做哪些事、不能做哪些事，哪些事对你来说很难、哪些很容易，甚至会决定别人对你有何反应，其确定性和科学性，就像恒温器控制你家中的温度那样无可辩驳。

具体来说，你的一切行动、感受、举止甚至才能，都始终与这一自我意象相符。请注意"始终"这个词。简而言之，你认为自己是什么样的人，就会"按照这一类人的特点去行动"。更重要的是，你根本无法反其道而行之，哪怕有意识地努力也无济于事（这也是有些人咬紧牙关努力想做成某件难以做到的事却必败无疑的原因。其根源不在于意志不坚定，而在于对自我意象的管理）。

⋈ "反弹"效应

自我意象中认为自己"胖"的人（此人的自我意象说"我喜欢吃甜食"，说她挡不住"垃圾食品"的诱惑，而且找不出锻炼的时间）总是无法减肥并保持体形，无论她怎样想方设法与这种自我意象对抗也是徒劳。你无法做到长时间超越或逃避自我意象。就算你真能做到短暂的逃避，也会立即产生"反弹"效应，就像一个橡皮圈，在两根手指之间伸长，但稍一松懈就会恢复原状。

如果某人认为自己是"失败型的人"，那么无论动机多好，无论意志力多么坚强，他总能找到失败的方式，哪怕机遇真真切切来到眼前，也会与他失之交臂。如果某人认为自己是不公正社会的牺牲品，认为自己"注定要受苦受难"，那么他会发现周围的环境总是能印证他的看法。

你还可以使这种观点进一步具体化。比如，你参加的球赛、你的推销生涯、公众演讲、减肥、人际关系，等等。对自我意象的支配是无条件的、带普遍性的。

自我意象是一个前提、基石或基础，你的全部性格特征、行为举止，甚至所处的环境，都以它为基础建立。结果呢，我们的经历似乎总是证明并加深我们的自我意象，从而形成一个循环。至于这个循环是恶性的还是良性的，那要视具体情况而定。

比如说，一个自视为"F"型学生的孩子，或者认为自己"对数学一窍不通"的学生，总是发现成绩单上真的每次都是"F"。于是，他便有了"证据"。同样，专业销售人士或企业家也会发现自己的亲身经历总是"证明"自我意象是正确的。无论什么事让你觉得困难，无论你在生活中遇到什么挫折，这些困难和挫折似乎都在"证明"并强化某种意象。

由于这种客观"证据"的存在，我们很少想起自己的症结在于自我意象或者我们的自我评价。如果告诉某个数学不好的学生，说"根本学不好代数"这句话不过是他的"想象"而已，那他可能会怀疑你是否神志清醒。他努力地学啊学，但成绩仍然不尽如人意。如果告诉某个销售代理商，说"挣钱无法超过某个金额"不过是她自我设限的想法，那么，她会拿出她的订货簿来证明你的说法不对。只有她最清楚自己付出了多少努力，又经历了多少次失败。然而，正如我们将看到的那样，一旦说服他们努力改变自我意象，无论是学生的学习成绩还是推销员的挣钱能力，都会发生令人不可思议的大转变。

很显然，光说"一切存在于你的头脑，你认为自己行，就一定能行"是不够的。实际上，这简直是对他人的伤害。这样解释也许更有效果："成绩或挣钱能力"建立在某种根深蒂固且难以觉察的思想模式之上，这种思想模式一旦改变，你就能从中解放出来，从而更有效地开发自身潜力，并得到与此前天壤之别的结果。

无数事例证实，改变自我意象并不在于时间的早晚、年龄的大小。你任何时候都能开始一种全新的、不同的生活。

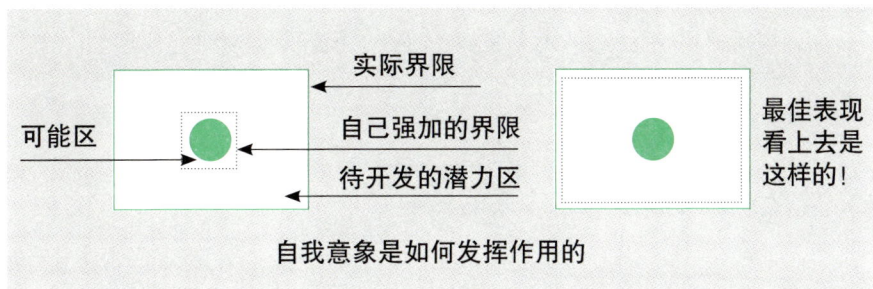

自我意象是如何发挥作用的

如图，假设我们生活在两个盒子里，最靠外的一条实线代表实际界限，或叫现实界限。左图（代表受到严格束缚的"自我"）中的虚线表示给自己强加的界限。实线与虚线之间的区域指你的潜力尚未得到开发的区域。当你认识到自我意象的含义时，就会将虚线向外移动，使其越来越靠近实线，从而使你能更充分地运用自身的潜力。

▶◀ 成功是由内向外，而不是由外向内的

我们知道，一个人要想改变习惯、性格或某种生活方式似乎特别困难，其中一个原因是，几乎一切试图改变的尝试都始终指向"自我"的边界，而不是指向"自我"的中心。

许多病人都对我说过这样一些话："如果你现在说的是'积极思考'，我以前曾经尝试过，但那对我一点都不管用。"可见，这些人在运用"积极思考"的方法时，总考虑特定的外部环境及某些具体习惯或性格缺陷，如"我会得到那份工作""今后我要更坦然、更放松""这次商业投机肯定会使我撞上好运"，如此等等。他们从来不琢磨如何改变对"自我"的看法，事实上自我意象才是实现这些目标的关键。

长辈曾告诫我们不要做把新布料补到旧衣服上或者用旧瓶装新酒的荒唐事。如果将"积极思考"作为补丁，补到同样一件旧的"自我意象"的衣服上，是不会收到好效果的。实际上，对自己的看法很消极，却又想对某一具体情况进行积极思考，这几乎是不可能完成的任务。无数实验证明，对自我的看法一旦改变，与新的"自我看法"相符的其他事便能很容易地办到。

▶◀ 自我意象是个体思想体系的核心

最早的一个与此相关的、最令人信服的实验是由已故的普雷斯科特·莱基完成的。他是研究自我意象心理学的先驱之一。莱基把人的性格看成一个"思想体系"，其中任何一种思想都要与体系中其他思想一致。与体系不相容的思想会被排斥、被视为"不可信"，从而不具备指导行动的效力。看似与整个体系相符的思想才会被接受。这个思想体系的核心（或者说是建立所有其

他思想的基石或基础）便是个体自我意象，或者说是个体对自己的看法。

由于莱基是一位教师，所以有机会通过成千上万名学生来验证他的理论。他提出，如果学生学习某一学科有困难，那可能是因为他自认为不适合学习该学科。然而莱基相信，如果能说服该学生去改变自我界定，其学习能力应该也能随之改变。

事实证明的确如此。有一名学生拼 100 个单词会拼错 55 个，而且多门功课不及格，甚至整整一年连学分都没有，但在第二年总评却达到 91 分，还成为所在学校拼读最好的学生之一。另一名由于学习成绩差被勒令退学的女大学生，却在退学后考入哥伦比亚大学，还得到了 "A" 的好成绩。有个测试机构告诉一位男孩，说他根本没有学好英语的天赋，但这个孩子在第二年却获得了文学比赛的优秀奖。

这些学生的问题并不在于太笨或缺乏基本素质，而在于有一种不恰当的自我意象（"我不是学数学的料""我天生就缺乏拼写能力"）。他们 "认同" 自己的错误和失败。他们不说 "我那次考试失败了"（以事实为依据的描述性语言），却得出 "我是失败者" 的结论；不说 "我那门功课不及格"，而是说 "我是名由于不及格而被退学的学生"。

莱基还运用同样的方法纠正学生咬手指以及口吃之类的坏习惯。

我自己保存的资料中就有一些同样令人信服的案例：一位特别害怕和陌生人交往甚至几乎不敢出门的女士，如今却成为了演讲家，并以此作为谋生的职业；另一位由于 "对销售毫无兴趣" 而拟好辞呈的推销员，销售成绩却在六个月之后排名第一；一位由于 "紧张" 和不堪承受每星期准备一篇发言稿的压力而被认为应该退休的部长，如今却平均每星期进行三次 "演讲"，此外还要完成每星期法定的发言，更重要的是，他如今并不认为自己还会紧张。

此后，又有许多人做了大量更为复杂的科学研究。在这些研究中发现的诸多证据，已经促使大多数心理学团体接受了 "自我意象可控" 的观点。

▶◀ 一位整形医生为何对自我意象心理学产生了兴趣

乍一看，医学外科和心理学之间似乎无甚关联。然而，正是得益于整形外科医生的工作，才最早发现了自我意象存在的蛛丝马迹。

多年前我第一次从事整形医生的工作时，病人在性格和个性方面出现的突然变化让我非常吃惊。令人费解的是，这些变化通常是某种面部缺陷得到矫正后的结果。在许多例子中，改变外部形象似乎能创造"一个全新的人"。许多事例证明，我手中握的手术刀变成了一根魔棒，它不仅能改变病人的外表，而且能改变病人的整个人生。生性害羞、不善交际的人变得大胆而无畏；一位"笨"男孩变成机灵聪慧的少年，后来还成为某知名公司的管理者；工作表现下滑、信心不足的推销员成了自信的典范。也许最让人吃惊的，要数那位向来"铁石心肠"的罪犯，他几乎在一夜间从无可救药的家伙（从未展示过任何求变的渴望）变成了"标兵"，还以出色的表现赢得了假释机会。

其实，这些成功很好解释。那个耳朵过大的男孩曾经听别人说他的外表就像一辆两侧车门敞开的出租车，一辈子受人奚落和嘲弄——这种嘲弄往往是那样的残酷无情。与别人交往意味着蒙羞和痛苦。他怎能不尽量避免接触社会？他怎能不害怕与人打交道，并将自己封闭起来？他在各方面都害怕自我表现，从而成了有名的"笨蛋"。如果你了解了这些表现，对于他在耳朵矫正后，困窘和蒙羞的根源得以消除从而能过上正常人的生活这件事，也就不足为奇了。

再想想那个由于车祸惨遭毁容的推销员。每天早晨洗脸时，他都能看到下颌那道丑陋的伤疤，以及那张扭曲得奇形怪状的嘴。他自惭形秽，觉得自己的相貌肯定让人唯恐避之不及。那道伤疤成为他挥之不去的梦魇，他和其他人是那样的"不同"。他开始琢磨别人对他怎么看、怎么想。没过多久，他的自我意象伤得比面孔还要严重。他开始失去自信，变得刻薄而多疑。很快，他的所有注意力几乎都集中在了自己身上。保护自尊心，避免任何可能使他羞辱和难堪的场面，成了他生活的首要目标。在这种情况下，面部损伤的矫正在一夜之间便改变了此人的整个人生观，进而改变了他的自我感觉，并使他在工作中取得更大的成功，也就不难理解了。

一个谜团始终让我不解：如果手术刀有魔力，那么为什么有些人脸部焕然一新却始终死性不改呢？

既然如此，那些心灵并未发生变化的例外情况又该如何解释？为什么那个由于鼻子长了肉瘤而一辈子特别害羞和难为情的贵妇，尽管通过外科手术后鼻子恢复正常，脸庞也堪称美丽，却仍然一如既往地让人讨厌，从不把任何人放在眼里？如果手术刀本身有魔力，那么这种魔力为什么不能施加给这个贵妇呢？

还有，那些面孔重新焕发青春的人究竟为何个性依然不改？有些病人固执地认为，外科手术根本没有使他们的脸庞发生任何变化，这些人的反应做何解释？每位整形医生都有过类似经历，甚至可能像我一样，被这种病人的固执搞得不知所措。有些病人无论外表发生多大变化，总会固执地认为"我看上去和以前一模一样——你什么也没做"。朋友和家人都为他们新焕发的"美"而欢欣鼓舞，但这些病人自己却坚持认为只能看到一点点变化，甚至否认曾经有某种变化发生。对比术前与术后的照片并不能给他们带来美好的感觉，甚至会唤起敌意。似乎有某种奇怪的魔力使然，这些病人会这样自圆其说："当然，那个肉瘤的确不再长在鼻子上——但我的鼻子看上去仍然没什么两样。"或者说："那个疤也许看不见了，但它仍然还在那里。"

▶◀ 带来自豪而非羞愧的伤疤

还存在一种现象，我们从中能找到让人捉摸不透的自我意象的蛛丝马迹：并非所有伤疤和容貌缺陷都必然带来羞愧和耻辱。年轻时我在德国学医，看到许多学生骄傲地袒露着"刀疤"招摇过市，像美国人佩戴荣誉勋章那样自豪。造成刀疤的"角斗士"大都是大学校园的"精英"，其脸上的疤痕就是证明身份和地位的"功章"。对这些男学生来说，面颊上"得到"一个骇人的伤疤所获得的心理影响，就像从我的推销员病人脸上除掉伤疤引起的心理反应一样。于是我开始懂得：刀本身并没有魔力，它既可以在一个人的身上留下伤疤，也可以为另一个人除掉伤疤，其心理效果是一样的。

▶◀ 搞不懂的"虚构之丑"

对一个本来就有先天缺陷或者由于不幸事故惨遭毁容的人来说，整容手术似乎真能为他们带来神奇的逆转。从这类事例不难推出，一切对于不幸、失败、恐惧、焦虑和缺乏自信心的医治，都意味着进行大规模的整容手术，以消除所有身体缺陷。然而，根据这一理论，那些拥有正常面孔或者容貌让人可以接受的人，应该不存在任何心理障碍。他们应该快乐、幸福、自信、不急不躁，但我们知道事实并非如此。

这一理论也不能解释一些人为什么会前往整容手术办公室，要求重新整容以治愈某种"虚构之丑"。比如，有些35~45岁的女性就认为，哪怕外表再正常不过（有许多女士甚至很有魅力），她们看上去依然"很老"。

有些年轻女子之所以认为自己不好看，只是因为她们的嘴、鼻子或胸围与当前风靡一时的好莱坞女星、年轻的流行歌星或者所在校园最受欢迎的女孩不能媲美。

这种"虚构之丑"并不罕见。有人对小至十几岁的青少年和大学生，大到成熟男女的人群进行调查，结果显示：大多数 (70%、80%，甚至 90%) 人对自己外表上的某个部分并不满意。如果"正常"和"中等"这两个词的确有现实含义，那么很显然，老百姓当中不会有 90% 的人外表"不正常""与人不同"或"有缺陷"。然而调查显示，我们的总人口中有接近同样比例的人总能找出某种原因证明自己应该为"外表意象"（基于自我观察和对他人的反应而做出的对身体外貌的主观臆想）感到羞愧。

当然，在某些案例中，这种羞愧会变成某种不满，激励人们着手减肥或锻炼身体。然而在另一些事例中，它要么会激发人们尝试某种注定失败的减肥或锻炼方式（失败的原因是由于强烈的自我意象为他们设定了一些限制），要么导致人们从此沉沦或陷入不幸。

这些人反应得就像面部真有缺陷一样。他们产生了与外表有实际缺陷的人相同的羞愧感。他们开始产生同样的恐惧和焦虑。尽管他们的"伤疤"更多的是精神而不是外表上的，却有相同的摧毁能力和削弱威力。

为什么有钱人也有不快

为什么好莱坞红得发紫的明星、成功者、有钱的"俊男靓女"，为什么赢得亿万美元天价合同而衣食无忧的运动员，为什么富可敌国的商界精英或权倾朝野的政治家，往往也令人吃惊地闷闷不乐、由于酗酒或吸毒成瘾而自甘堕落，或者在各种各样的公众场合丢脸、做一些有损形象的举动？这种现象我们每天都会目睹，已经见怪不怪了。

"他们买了宝马，还购置了价值 300 万美元的豪宅，却仍然在早上睁开双眼时说：'我的自我感觉不好。'"这里引用的是斯蒂芬·哥德巴特博士的话。斯蒂芬是一位心理学家，曾为硅谷里许多从事网络和高科技工作的百万富翁治疗过所谓的"对财富的非分之想综合征"。

与通过外科手术改进人的外表缺陷相比，财富、成功、权力和名声更难确保你得到幸福和安宁。

▶◀ 自我意象——真正的奥秘

自我意象的揭示，能解释我们适才讨论的一切案例，无论这些案例中的主人公是失败还是成功。

奥秘是这样的：要想真正活着，也就是说，要想追求到令你满意的生活，就必须有一个适当的、切合实际的自我意象伴你一生。你必须有一种健康的自尊，必须有一个你能信得过、靠得住的"自我"，一个你不为之羞愧、能通过它自由展现自己而不必躲躲闪闪、遮遮掩掩的"自我"。你必须了解自己，既了解自己的强项也了解弱点所在，而且要诚实、坦然地面对自身的优点和缺陷。

当这种自我意象完好无损、安然无恙时，你就会感觉良好；当它受到威胁时，你会觉得焦躁和不安。如果它很适当，可以让你全心全意为之自豪，你就会感到自信。此时，你可以无拘无束地释放自我、展示自我。如果这种自我意象成为遭人羞辱的目标，你就会努力隐藏而不是展示它。创造性地展示自身行为的努力会受到阻碍，你将变得充满敌意、极难相处。

如果面部伤疤也能提升自我意象（就像校园里那些"角斗士"一样），那么自尊和自信也会得到提升；如果面部伤疤贬损自我意象（就像那位推销员一样），其结果只会导致自尊和自信的损伤。

如果某个面部缺陷通过整形手术得到矫正，那么只有当受损的自我意象也相应地得到矫正时，才能产生巨大的心理变化。有时候，哪怕已经成功地做了手术，受损的自我意象依然没有改变，就像病人的手足已经从生理上切除，"想象中的四肢"却依然让他们感到痛苦一样。

步入"心理整容"的新事业

这些观测结果引导我开始着手一项新事业。我开始对这样的观点深信不疑：许多考虑进行整形手术的人，其需求并不仅仅在于做一次外科手术，有些人根本没必要做外科手术。如果我将这些人看成一个完整的人进行治疗，而不只是治疗他们的鼻子、耳朵、嘴巴或胳膊和腿，那么我就应该给予他们更多。除了矫正相貌上的缺陷之外，我还应该让他们懂得怎样得到心理、情感和精神上的"整容"，怎样消除情感伤疤，怎样树立正确的态度和想法。

这一决定促使我对自己遇到的案例进行整理归类，对同龄人、对大众做演讲，然后于 1960 年写出了这本书。本书以一种奇特的方式吸引了公众的关注。许多流行杂志包括《读者文摘》和《时尚》都引用了书中的部分内容，有些团体和公司为自己的推销员团购了数千册，优秀的运动员、教练员和运动团队（包括著名橄榄球教练文斯·伦巴迪任教练的绿湾包装工队）也广泛应用书中提供的技巧。由于本书的成功，很快便有许多团体和个人邀请我发表演讲、进行巡回研讨、接受广播和电视采访，我甚至还应邀制作了自己的广播节目。教堂、大学和公司都发来请柬，请我谈谈自己的发现。最终，我又写了另外几本书作为对该书的拓展和补充，其中包括《自我意象的魔力》。

随着岁月的流逝，我一直在传授自我意象的魔力，耳闻目睹人们通过运用自我意象而取得的可喜成果，从而积累了更丰富的经验。如今，我比以往任何时候都更加坚信：每个人内心深处真正想要的东西，其实就是更充实的人生——我称此为"活力"，即一种不受自我意象限制而无拘无束生活的体验。幸福、成功、安宁（无论你对想要追求的完满人生如何定义），就其本质而言，都是对充实人生的体验。体验幸福、成功、自信等情感时，我们就会享受人生。如果抑制自己的能力、破坏我们与生俱来的天赐才华，并听任自己遭受焦虑、恐惧、自责和自憎的折磨，我们实际上就在扼杀唾手可得的生命力，就在抛弃造物主赋予我们的禀赋；只要拒绝生命的赋予，我们就在拥抱死神。

➤ 享受无拘无束人生的新计划

在我看来，哲学专家和精神病专家在对待人以及人所具有的自主图变的潜力（哪怕这种改变很伟大）这个问题上往往过分悲观。由于与心理学家和精神病专家交往的人都是所谓的"非正常"人，所以文学作品几乎无一例外地涉及各类反常的人和事，谈论部分人的自毁倾向。我担心许多人对此类看法和观点已经司空见惯，以至于开始将憎恨、破坏性本能、羞惭、自责之类的情感以及所有其他消极的东西，都视为正常的人类行为。而普通人在以微弱的意志去对抗人性中的这些消极力量以获取健康和幸福时，却总是感到那么软弱无力。如果人性和人的环境在现实中的确就是这样的景象，那么自我完善的努力实际上就是一件徒劳无功的事。

然而我相信（我的许多病人的亲身经历也证实了这一点）：你在自我完善的道路中并非孤立无援。每个人身上都有一种"求生本能"，这种本能永远都在努力为我们追求健康、幸福以及为享受美好人生应该具有的一切。这种求生本能通过我所称的"创造机制"为你效力，一旦正确运用，这种机制就会成为嵌入每个人内心的"自动成功机制"。

在本书中，我将竭力为你提供客观实用的观点和指南，以解放你的自我意象，并充分激发你体内的"自动成功机制"。

▶◀ 对潜意识思维科学的新见解

众所周知，对人的思维究竟有哪些组成成分这个问题，当前仍存有争议。填进你大脑的神经细胞要比银河中的星星还要多，有数千亿之众——其数量让人觉得不可思议。这些神经细胞中，每个细胞都要从其他成千上万个细胞那里接收输入信息，然后又将信息发送给其他成千上万个细胞，从而形成多达数千亿个双向联结。如果每秒数一个神经联结，大概需要3200万年才能数完。

这样做有点像你点击自家电脑上的"新邮件"图标，发现有一两万封电子邮件信息需要分类、设置优先顺序、整理、回复，其目的就是让一切恢复正常，以便完成日常生活中最简单的任务。这想想会让你"不寒而栗"，但你的大脑却能沉着冷静地在一毫微秒之内处理完毕。

人脑的重量大约只有3磅，然而包含的成分却像装满计算机电路的大厦组成的整座城市那样复杂。它肯定是我们有史以来所发现的最复杂、最令人惊异的事物。然而，人脑对我们仍然是一个尚未完全掌握的领域，因为总有一些研究不断地获得新发现，让人们对人脑如何运转产生进一步了解。

除"机械"层面的脑概念之外，还有心理和精神层面问题、意识与潜意识、弗洛伊德的"本我"概念、左脑与右脑的看法，如此等等。

有些人批评我对大脑和思维的此类分析过于简单化。也许在我涉猎该领域之后，会得到关于现实的自我完善的更合理见解，这是完全可能的。如果出现这种情况，我会欢欣鼓舞。但在眼下，还是让你我将注意力集中在最重要的焦点上吧，那就是：到底是什么在发挥作用。我敢向你保证，我们此时讨论的途径和方法，已经在无数人身上奏效，对你也将管用。之所以说"发挥作用"，我的意思是，它能使你从人生中得到你想要的更多的东西。

对控制科学的探索使我相信：所谓的"潜意识思维"其实根本不是思维，而是一种由大脑和神经系统组成、由思维来运作和引导的目标追寻伺服机制。最适用的一种观念是：人并没有两种思维，而只有一种（或叫意识），它在操纵一台自动追寻目标的机器。这台自动化目标追寻机器的功能和电子伺服机制的功能如出一辙，却比人类构想出的任何"电脑"、计算机或巡航导弹都神奇和复杂得多。

你身上的创造机制并非你独有。它会自动、客观地朝向成功和幸福或者不幸和失败的目标奋斗，至于结果如何，那取决于你为它设定什么样的目标。为它提供"成功目标"，它就会发挥"成功机制"的功能；为它提供消极目标，它就会同样客观、忠实地发挥"失败机制"的功能。与所有其他伺服机制一样，要想发挥作用，它必须有一个明确的靶子、目标或问题。

简而言之，你想向这一机构传递的目标要经过自我意象的筛选，与自我意象不一致的目标会遭到排斥或修订。找到了改变自我意象的方法，你也就平息了它与你所设定目标之间的冲突。之后，如果你能将自己的目标直接传达给创造机制，它就会忠诚地帮你实现这些目标。

如果给自身创造机制输入这样的信息和数据：我们轻如鸿毛、低人一等、不值得被关注、软弱无能（消极自我意象），那么，这一信息在处理和利用过程中，就会以实际体验的方式为我们提供"答案"。当我们认识的某个人的行为"错"得让人吃惊却又不知道错在何处，或者当我们表现出此类行为时，可能是由于向伺服机制传递了错误信息；此时伺服机制仍然在完美地发挥作用，却按照一种严重的误解而行动。

在《与内心傀儡做斗争——外表正常者的疯狂》这本优秀著作中，戴维·维纳和吉尔伯特·赫夫特博士写道："很显然，即便我们当中最有教养的人，内心也存在一种疯狂，这种理性丧失，是我们必须应对的。"计算机专家在计算机出现某种严重故障时，喜欢耸耸肩说——无用输入、无用输出。换言之，如果神经通道加工的"垃圾"足够多，并以某种方式将这些"垃圾"联系在一起，其结果就是"无用行为"。

我们可以再举《与内心傀儡做斗争——外表正常者的疯狂》一书中的内容为例：

> 在学校的一次数学测验不及格之后，父亲可能会对 10 岁大的我们说："你一无是处，将来必将一事无成。"这种话有可能会成为我们"本我"和"内心傀儡"中的一种边缘记忆，就算不会相伴我们终生，也会跟随我们多年……

这些信息之所以始终跟随我们，而不像鸭子背上的水珠一样容易滚落，是因为它会留在我们所称的"边缘记忆"里。我认为，这种记忆与自我意象"印记"只是略有不同。主要有三种因素控制它：权威来源、严厉程度和反复性。如果听到的话来自一个我们将其作为权威者加以敬畏的人之口（比如，我们视为至高无上的父亲、儿时特别想得到其认同的某个人），那么，与当时对我们说了同样的话但说话者并非我们敬重之人的情况相比，前者的话显然更有分量。我们看到、听到或经历的事物如果给人的感受很强烈（比如，父亲在大庭广众之下朝我们大喊大叫，使我们无地自容），它们在我们心中的分量也会增加。而如果从权威渠道反复听到同样的话，那分量就更重了。这种"程序"在停止编辑多年之后，仍然会支配我们的各种行为。

要想为更加无拘束的生活"编程",首要的一点就是了解你身上的这种创造机制。在此过程中,你将学会怎样将其用作一种成功机制而不是失败机制。其次,你需要实实在在地"编程""重编"或"策划"你想要的性格和人生经历。

有一点并不为人所共知:饱受争议的蒂莫西·利里博士(20 世纪 60 年代嬉皮士们的偶像,也是一位科学家)像我一样,对机械控制和人脑运作之间的关联心驰神往。1992 年接受采访时,蒂莫西说:"对于遗传学来说,对大脑的探索是一件十万火急的事,因为它就是那样发挥作用的。如果你在自己头脑中置入 1000 亿台计算机主机,那么你只用进入那里,掌握如何操作它们就可以了。"我想,对你个人来说,投入所需的时间、精力以更好地认识和利用思维的力量(包括自我意象的力量),同样是迫在眉睫之举。

虽然人脑是一种无比复杂的创造物,虽然你能够阅读数百本神经学家的专著却无法进一步充分利用自身思维,但用心理控制术来实现自我完善却非常简单,而且立竿见影。

只要能记忆,会担忧,能自己系鞋带,你就能运用心理控制术取得成功!

正如随后要看到的那样,你将要采用的方法包括创造性的"心像",通过想象力创造性地感知,并通过"付诸行动"来形成新的自动反应模式。你也许已经读过或听说过许多类似的技巧并加以尝试,但结果却令你失望或时好时坏。如果是这样,那不一定意味着你用得不恰当,也不表示你由于某种原因无法成功运用它们。它更可能表示你总是试图应用与你自我意象相抵触的技巧。一旦在运用它们的同时能修正、管理和加深自我意象,你就能得到积极有效的结果。

我总是对病人说:"只要能记忆,会担忧,能自己系鞋带,你就能毫不费力地运用这种方法。"我要求你做的事其实很简单，但你必须练习、"体验"。"显像"（构建创造性的心像）并不难，当你回忆起过去的某个场面或为未来忧心忡忡时，其行为和"显像"差不多。将新的行为模式付诸行动并不比"做决定"难，一旦付诸行动，你就能在每天早晨以一种不同的新方式不假思索、无须决策地系鞋带，而不是继续以一种习惯的旧方式去系。

▶◀ 他们都受益于心理控制术

对于那些学会心理控制术并从中受益的人，我一口气便能列出许多名单，这也许能让你信心倍增。这些人运用的此类方法，就是我将要在书中一步步向你介绍的。

运动员

心理控制和运动员早就结下了不解之缘。1967 年，有报纸报道说："绿湾包装工队如今的头等大事便是心理控制。"此时的包装工队教练是文斯·伦巴迪。不仅他，甚至连著名橄榄球运动员杰瑞·克雷默和巴特·斯塔尔，也都随身携带此书并拿出来和队友共享。1968 年 7 月《纽约时报》有篇文章报道，说纽约扬基队伟大的中场球员米凯·曼特尔找到了一本吉姆·博顿珍藏的马尔茨博士的书，发现书中的空白处用钢笔写满了注释。

著名高尔夫球员杰克·尼克劳斯、已故的佩恩·斯图亚特以及许多其他顶尖高尔夫球员，都对自己如何倚重"高尔夫球的精神层面"有过详尽的描述。在《揣摩高尔夫》一书（书中提到主人公佩恩在 1989 年美国职业高尔夫球冠军赛以及 1991 年美国高尔夫球公开赛中夺冠的经历）的序言中，佩恩·斯图亚特说："从过去的精神状态看，我认为我应该不可能在这些重大赛事中的任何一场比赛中胜出。但是，由于有了新的思维方法，我能够像事实上所做的那样，将自己的运动水平提升到一个最高层次。"

教练

1997 年，心理控制基金会收到北得克萨斯大学负责学术事务的体育指导副主任琳达·泰勒·罗林斯女士的一封信。她在信中写道，她向学生们传授心理控制技巧多年。在谈到为新入学的运动员（采取边学习边训练的方式）授课时，她说："他们在北得克萨斯大学学习和运动的生涯中所熟悉的词汇，都是以马尔茨博士在这些学生出生前就提出的概念为基础的！"

如今指导职业高尔夫球运动员的波士顿心理学家格罗利亚·斯皮多尼博士说："据我测算，高尔夫球员花大约 86% 的时间来反复揣摩自己的想法和情感，除此之外什么也不做。在这段时间里，他们用不同的方式去感受正在发生的事、愉悦或愤怒，努力想集中注意力，并对已经发生或将要发生的事表示担忧。"倘若打球时 86% 的时间主要用于揣摩想法和情感而不是身体运动，倘若决定成败的因素中有 86% 要归因于想法和情感的管理而不是挥杆手法或一击入洞的本领，倒也情有可原。每项体育活动都遵循同样的道理，因此，越来越多的教练将越来越多的时间和精力用于心理准备和精神激励。好几位知名教练员都亲自著书探讨此类主题，其中包括大名鼎鼎的有 NBA 教练帕特·莱利和菲尔·杰克逊。在底特律活塞队和奥兰多魔术队担任查克·戴利前任助理教练的布伦丹·苏霍也是一个"心理控制"迷。在制作有关心理控制的电视节目时，他解释说，他将心理控制原则用于向那些试图提高各方面能力的运动员推荐新"心像"。

企业家和商业领导人

想想泡沫牛奶制造器的经销商雷·科罗克吧！他曾经目不转睛地看着麦克唐纳兄弟的汉堡摊儿，心里却在设想某件了不起的大事。麦当劳汉堡店遍布各地之后很久，在一次采访中，有人问科罗克先生对竞争激烈的快餐连锁店竟然能一阵风似的效仿麦当劳的每个新想法、新产品或新推销方法有何感想。他回答说："我们发明的速度比他们效仿的速度还要快。"他说的这句话，其实是指自我意象（这是对信心、主动精神和能力的肯定）。许多人认为应该怨天尤人、感到莫名恐惧的局面，他却应对得如此从容。每位商业"空想家"和著名商业领导人都有类似的"把它搞定"的勇气和手法。从心理控制观点看，我十分敬仰这种人。

让我再向你讲述一个快速致富的故事，主人公是一个名叫乔·波黎士的年轻商业领导人。乔起初的职业是一名地毯清洁工。他发现，有几种虽然不合潮流却非常有效的方法可以对地毯清洁这一行当进行宣传和推广。他可以用这些方法作为跳板，将来发展成一个传授经验并帮助其他地毯清洁工找活儿干的公司。据最近一次统计，乔所在的机构已经吸收了近 4000 名地毯清洁工作者为会员，这些人来自全美各地以及其他几个国家。公司每年在提供清洁服务和清洁产品方面的销售额超过 8 亿美元！好几百个地毯清洁小业主也都参加了乔开设的"电话指导课程班"。乔是一个出身贫苦家庭的年轻人，没有受过大学教育，也没有正式学过市场营销，却成为所在行业的领军人物。事实上，他还被头号商业杂志推荐为"年度最佳人物"候选人。乔说，他已经"翻破"了你手中的这本书，并将它推荐给公司所有员工，甚至还围绕心理控制理论，为员工开设了一个专题研讨班。为什么这样做？正如乔所言："即便有最优质的产品、最合理的价格和最好的产品配置，如果掌握它们的人内心缺乏用好它们所需的自信，那么产品再优质、价格再合理、配置再科学，也起不到应有的作用。"

乔又补充说："我们讲授的内容之一，就是怎样以比竞争对手更高的价格出售产品和服务，而要做到这一点，个体业主的自我意象所起的作用要胜过其他任何因素。"

销售专业人士

心理控制基金委员会的创立者之一比尔·布鲁克斯曾经为美国一些大型公司的销售队伍设计复杂难懂的销售培训系统。比尔自己是一名成功的推销员，还为成千上万名其他推销员提供过帮助。此外，尽管非常重视方法论，他还是坦诚地承认，如果推销员试图逆着自己的自我意象做事，那么最复杂、结构最完美的销售系统，在他们手里也不能取得好效果。

齐格勒堪称美国最负盛名的激励演讲大师和推销员培训师。在畅销书《靠近销售的秘密》（已销售25万册以上）中，齐格勒写道："推销员的自我意象对销售取得成功有直接影响……如果你的自我意象很稳固，无论受到什么样的接待，你肯定可以从这个潜在客户跑向那个潜在客户。作为一名销售人员，这种情况能极大地帮助你懂得：在这个地球上，不经你允许，任何人都无法让你觉得自己低人一等。一旦拥有了正常的自我意象，那么你的销售世界和个人世界都会得到改善。本书的作者麦克斯威尔·马尔茨博士说，一切精神疗法的目的都是树立自尊……你的自我意象非常重要，所以，树立了好形象，你就能够把销售生涯做大、做好、做快。"

在本书中，你将亲身读到一些与销售专业人士相关的案例，其中包括那位拥有大鼻子、大耳朵的推销员。你将发现，心理控制能超越一切职业、工作、教育的界限，像地心引力那样可靠而永恒地起着作用。

遗传学和"天分"有何作用

遗传宿命论的争论根本毫无意义，那完全是胡言乱语。

　　基恩·路德拉姆博士在其力作《成功与权力浅议》一书中对 14 位取得卓越成功的预言家和实干家做了深度分析和心理刻画，最后得出结论：成功的基础不是天资而是教养。"从这些成功者的家族史看，遗传与他们的成功无甚关联甚至毫不相干。"相反，他认为这些人身上的某些特质不光是别人为其"设计"，也是他们"自我设计"的。

　　如果遗传天分是你成功途中无法逾越的障碍，或者是成功背后的最终秘诀，你就应该期望沃尔特·迪士尼出生于拥有非凡创造力和商业成就的"家族群"。沃尔特·迪士尼的父亲从事好几项事业，但都以失败告终，其中包括在佛罗里达开设一家汽车旅馆。建筑大师弗兰克·劳埃德·怀特是一位失业的巡回牧师，特别不称职，以致从事任何一份工作的时间都没有超过一年。毕加索的父亲充其量不过是一位平庸的艺术家。

　　许多证据表明，控制成功的主要因素是经过调节、设计、培养和引导的自我意象，而不是某种你无法控制的基因遗传。你不能选择亲生父母，但可以用心理控制方法来选择自我意象。

　　有些人可以把迈克尔·乔丹和泰戈·伍兹拿出来与我争辩。不错，他们每个人都展示出超乎常人的身体素质和运动天分，但是，如果不通过外界的一系列影响（更不用说泰戈的父亲或迈克尔的大学教练迪恩·史密斯那种"权威来源"的影响了）来调节他们获得健康的自我意象，这种天分肯定会被埋没。与乔丹一样，我也能找到例子证明某个公认为身体素质"普通"的运动员最后却成功登上所从事运动的顶峰。在棒球界，这让我想起泰·科布和彼得·罗斯；在橄榄球界则有弗兰·塔肯顿和道格·弗鲁迪耶，这两个人都被专家错误地定性为"块头太小，不能打橄榄球"，但都取得了巨大成功。

　　一刻也不要容忍这种想法："没有天生的禀赋或才华，我就无法取得任何成就。"这是一个最冠冕堂皇的谎言，也是一个最可悲的借口。

在《揣摩高尔夫》一书中，库珀对高尔夫球运动员说：

> 如果你参加一次职业高尔夫球巡回赛，并发现自己的挥杆动作比平时的节奏更合理一点、速度更稳定一点，那绝非偶然。通过观察巡回赛职业球手以更科学的手法挥杆击球，你就能吸收他们的部分才华，并展示在你的击球动作中。许多运动天分不一的高尔夫球手普遍都经历过这种现象。连最没有基础的高尔夫球手在观察马克·奥米尔拉、基恩·里特勒或南希·洛佩兹等球员平稳的挥杆动作后，都开始注意自己的节奏感。问题在于新发现的节奏感并不能保持很久，除非你能通过频繁观看职业巡回赛选手的表演，来强化你的"心像"。

这与我此刻建议你做的事一模一样："观察"那些最能展示你希望得到的品性的人、过着你想过的同样生活的人，然后通过借鉴为己所用。方法是通过任何可以利用的媒体和渠道去学习他们。

Chapter 02

唤醒你体内的自动成功机制

平生第一次开始认真思考思维的内在运作机制时，我开心地读到了R.W.杰拉德在《科学月刊》上发表的一篇讨论大脑与想象力的文章。他在文中说，如果人的头颅填满棉花，那么我们对思维的大部分认识都会始终有效和有益，虽然这让人悲哀，却是事实。

当然，从那时起，我们对人的思维运作方式的认识已经呈指数倍扩展。这主要归因于计算机行业。我们着手组装一台"电脑"并在其中构建目标追求机制时，必须揭示并利用某些基本原则。揭示这些原则之后，科学家开始扪心自问：计算机的运作方式是否也是人脑的运转方式呢？造物主在造人时，是不是已经赋予了我们一种比任何"电脑"或制导系统（它们尽管由人类构想却遵循相同的基本运转原则）更神奇、更非凡的伺服机制呢？在罗伯特·威纳博士、约翰·纽曼以及其他一些著名控制论科学家看来，其答案是无可辩驳的"是"。

你的内置制导系统

每种生物都有一个内置制导系统或叫目标——追寻装置。造物主将它放在那里，帮助该生物实现自己的目标——泛泛地讲，就是帮它"活下来"。在较简单的生命形式中，生活的目标其实不过意味着个体和物种在物质世界中的存活。动物中的这种内置装置仅限于寻找食物和住所，避免或战胜敌人和危险，以及繁衍生息以便确保物种生存。

对人来说，生活的目标并不仅仅是生存。人具有动物不具有的某些情感需求和精神需求。因此，对人来说，"活下去"的意义，就不只是指在物质世界存活和延续香火，而是还需要得到情感和精神上的满足。人的内置成功机制与动物相比，在范围上也要广得多。除了避免或战胜危险以及帮助种族延续"性本能"之外，人的成功机制还能帮他们获得解决问题的方案、发明创造、吟诗作赋、经营企业、出售商品、探索科学新领域、获得更多安宁、形成更优良的品性或者在其他活动中取得成功，而这些目标最终都与"活下去"紧密相连，或者说，正是这些目标使生活更加完美。

承认你拥有这样一种成功机制是非常重要的。

成功本能怎样起作用

松鼠并不学习怎样收集坚果，也不必懂得应该将坚果存起来以备过冬。春天出生的松鼠根本就没有经历过冬天，然而，在出生那年的秋天来临之际，你却能看到它们忙着储藏坚果，以便在没有食物可采集的冬天来到时享用。鸟儿不必学习筑巢，也不必学习如何导航，却可以飞到千里之外，有时甚至要飞越公海。它们既没有报纸或电视提供天气预报，也没有曾经探索或迁徙的头鸟给它们著书，为它们指出地球上哪些地方比较暖和。尽管如此，鸟儿却"知道"严冬何时迫近，准确地知道哪些地方气候宜人，哪怕这些地方远在千里之外。

在试图解释此类现象时，我们通常会说，动物身上有某种"本能"在引导它们。分析所有此类本能之后你会发现，它们能帮助动物成功地应对环境考验。简而言之，动物有一种"成功本能"。

人同样也有成功本能，而且比任何动物的成功本能都要神奇和复杂得多。然而我们却往往忽视了这一事实。造物主赐予我们的财富一点都不少。从另一方面讲，在这一点上我们更应感到庆幸。动物无法选择目标，可以说，它们的目标（自我保护和繁衍生息）是事先预置的。它们的成功机制仅限于"本能"。从另一角度看，人具有动物不具备的某种东西：创造性想象力。因此，和一切生物相比，人不仅仅是创造物，也是创造者。有了想象力，人就能构想各种目标。通过运用想象力或"成像"能力，人靠自己就能指挥自身的成功机制。

由此产生了这样一个公式：

你，自我人生经历的创造者

（1）有意识思维决定 +（2）想象力将目标传递给（3）自我意象
=（4）发给伺服机制的指令

我们通常认为创造性想象只适用于诗人、发明家等人。但是，想象力其实在我们所做的任何事情中都具有创造性。尽管各个时代的严肃派思想家并不知道为什么想象力能使我们的创造机制发挥作用，以及怎样发挥作用，但他们和头脑冷静的务实者一样，都发现了这一事实，并很好地利用了它。"想象力统治世界。"拿破仑说。"想象的能力是人类活动中最伟大的根源，也是人类发展的主要源泉……破坏了这种能力，人的生存条件就会变得像畜生那样一成不变。"苏格兰著名哲学家杜戈尔德·斯图尔特如是说。

当代商业领导人也承认想象的意义和力量：不妨思考一下想象力在星巴克咖啡店迅速崛起中所起的作用。该店执行总裁霍华德·舒尔茨在自己的著作《星巴克怎样一杯一杯打造出一个公司》中，就谈到他怎样在意大利城镇的大街小巷闲逛，之后被路边的小咖啡店或蒸馏咖啡吧（那里挤满了快乐的人们，充满了生机和活力）所吸引的故事。如舒尔茨所言，他看到了一个彻底改造这种日用品（即咖啡）的商机。他写道："如果它能引起你的想象，它也能引起别人的想象。"

今天你拜访的星巴克店便是舒尔茨想象的结果。正是他的努力，再造了意大利人以及他们的蒸馏咖啡吧那浪漫而令人愉悦的体验。如今，这些咖啡吧在你所在的市区和购物中心随处可见。

舒尔茨先生写道："每个星巴克咖啡店都经过精心设计，以提高顾客看到、摸到、听到、闻到或尝到的一切事物的质量……当你走进一家星巴克咖啡店时，首先注意到的是什么？几乎永远都是那种气味。气味要比任何其他感觉都能更强烈地促使你记忆，它显然在吸引客户来到我们咖啡店这方面起了重要作用。要想保持这种纯净的咖啡味，可不是一件容易的事。"他随后继续描写他们怎样着手禁烟，怎样为了保持地道的咖啡味而不出售某些食品，怎样只精心选择某些特定主题的背景音乐，以便使蒸馏咖啡机工作的咝咝声和舀新鲜咖啡豆的金属调羹发出的叮当声能声声入耳，如此等等。而这些体贴入微的设计都需要想象力！

霍华德·舒尔茨"创造"星巴克的经验与沃尔特·迪士尼"由想象到现实"的非凡领导才华相互映衬。随便拿起某件迪士尼的小玩意儿仔细看看，你便会注意到想象力催生出的令人吃惊的人性关怀。迪士尼的旧交以及苹果电脑、通用电气等公司的创造性思维顾问迈克尔·万斯，在他的著作《跳出框框思考》中，对于迪士尼乐园里"蓝色港湾"饭店的创立（这种构思随后又被迪士尼世界复制）给出了这样的看法：

> 如果你正在以某种新奥尔良的主题设计一家饭店，你在脑子里会怎样描绘它呢？路易斯安那河口的乡村？看不太清楚的沼泽？还是别的什么？没有电光石火般的想象和灵感，任何朦胧而神秘的沼泽也无法被描绘成功……烤咖啡与菊苣一起掺杂，再加上法国街区那地道的情调。新鲜咖啡的菊苣气味，在饭店空调系统中穿梭回荡……背景音乐中迪克西兰爵士乐的旋律，再加上蟋蟀那富有特色的嚁嚁声和孤独的班卓琴的声音，使你从很远处就能辨别出一种懒洋洋的悠闲曲调。

迈克说，对于这样那样分开的细节，你也许无法一一分辨，但如果连在一起，它们就能带你前往一个不同的时空。

其实，每个参观过迪士尼乐园和迪士尼世界的人（无论是儿时还是长大以后），都会再次欣然前往——来到这里的人，100% 都是回头客！这种繁荣景象并非偶然，是想象的力量得到了最实际的应用，使公司赚了个盆满钵满。

当然，也有许多人浪费了自己的想象力，随它消耗在漫无目的的白日梦和奇思异想中，没有真正意识到一旦有意运用它会取得怎样的成就。太阳光如果四散照射，会让你觉得稍有点温暖，但如果用一把放大镜通过某种方式聚焦，它便能生火燃烧。

漫无目的的想象会让你得到茶余饭后的消遣和娱乐。如果自觉地运用，它则能有效地规划你的自我意象，从而形成你的自动成功机制，使它帮你实现一切选定的目标。

◥◣ 你的自动成功机制怎样起作用

你不是一部机器，不是计算机。但从某种实际意义上讲，你手头拥有一部威力强大得可怕、与计算机相差无几的成功机器任你支配。你的大脑和神经系统组成了一台供你使用的"神器"，它的运行很像一台计算机，一台追寻目标实现的机构设备。你的大脑和神经系统构成的目标追寻机构，能够自动操作以实现某一特定目标，很像一发自动搜寻的鱼雷或巡航导弹自动搜索目标，并径直向目标发起攻击。你的内置伺服机制既起了"制导系统"的作用，自动引导你朝正确的方向实现既定目标，或者针对周围环境做出正确响应；又起了"电脑"的作用，能够自动运行以解决问题、给你想要的答案，并提出新观点或新灵感。

"控制"一词来自希腊单词，字面意思可理解为"舵手"。伺服机制的结构设计，使其能自动沿着正确方向"导向"某个目标。1948 年，物理学家罗伯特·威纳开始用"控制"来代表动物、人和机器的操控与沟通这一研究领域。通过心理控制，我们将学会更有效地与自我意象沟通，并通过自我意象与外界沟通，从而更好地控制我们身上的伺服机制。

伺服机制既能成为一种自动成功机制，也能成为一种自动失败机制，这取决于你的自我意象让它得到什么样的"出发令"或"程序"。

我必须再重复一遍。心理控制术并没有说人是一台计算机，而是说我们拥有一台可供自己使用的计算机。让我们看看计算机之类的机械化伺服机制和人脑之间都有哪些共同之处。

◥◣ 认识两种通用类型的伺服机制

伺服机制大体可分为两类：1. 靶子、目标或"答案"已知，其工作目标就是接近它或得到它；2.靶子或"答案"未知，其工作目标就是发现它或锁定它。人脑和神经系统则是两者兼而有之。

第一种的例子是自动导向的鱼雷或拦截导弹。靶子或目标是已知的——如一艘敌舰或敌机。伺服机制的目标就是接近并摧毁它。此类机械必须"明白"它们将要攻击的是什么目标，它们必须有某种推进系统，将它们沿着与目标方向大概一致的方向推动。它们还必须装备"传感器官"（雷达、声呐、热感知仪器等），从目标处获取目标信息。这些"传感器官"使机械始终知道自己什么时候处在正确路线上（正反馈），什么时候出错并偏离了轨道（负反馈）。机械对正反馈并不产生响应，只是继续做已经做着的正确的事保持原态即可。

然而，在响应负反馈时，必须有某种矫正装置。当负反馈通知机械偏离航向时，矫正设备便会自动转移方向以便引导机械再回到左边。鱼雷通过前进、出错、持续矫正错误这一程序来实现攻击目的。通过一系列"之"字形前进路线，它便能"摸索"出前往目标的路径。

罗伯特·威纳博士曾在二战中率先研发了目标追寻装置。他相信，无论执行什么样的有目的行为，哪怕简单到从桌子上拿一支铅笔，人的神经系统都会出现与前述内容十分相似的现象。

我们之所以能实现从桌子上拿铅笔的目的，是由于一种自动机制在起作用，光靠"意念"或有意识思考不行。有意识思考所做的，只是选择目标，通过欲望将其付诸实施，并将信息传输给自动机制，以便你的手能连续不断地纠正前进路线。

威纳博士表示，首先，只有解剖学家完全了解拿铅笔这个动作涉及哪些肌肉的运动。就算你也知道，你也不会有意识地对自己说："我必须收缩肩部肌肉以抬高手臂，现在，我必须收缩三头肌以便手臂向前伸。"你只是头朝前用手拿起铅笔，并不会有意识地给单个肌肉下命令，也不会精确计算肌肉需要收缩到什么程度。

当你选择了目标并将其付诸实施时，剩下的事交给某种自动机制去完成即可。首先，你以前拿过铅笔，或做过类似动作。自动机制已经对你需要怎样的正确反应"心中有数"。其次，自动机制要运用你通过眼睛提供给大脑的反馈资料，这些资料或信息会告诉它"在多大程度上铅笔拿不起来"。这种反馈资料使自动机制能持续纠正你的手部动作，直到你的手够到铅笔为止。

拿起一支铅笔也许不值得大惊小怪。但这一动作同样激动人心，因为上面描述的，我们用于拿起铅笔或执行某种其他日常微不足道的任务的细小过程，和用于实现复杂得多、看似棘手得多的其他任务的过程一模一样。让人兴奋的是：你"主宰"着这一过程，并在不停地使用它。你不需要任何其他力量来实现目标，仅此而已。

> 换言之，如果能拿起一支铅笔，你就能自信而雄辩地面向众多听众发言，或写出引人注目的广告词、经营某项事业、玩高尔夫，无论你想干什么，就能干好什么。因为你已经"主宰"这一"过程"。

婴儿在伸手去够拨浪鼓时，要学会运用自身的肌肉，以矫正手部动作，这一点非常明显。婴儿的脑海里几乎没有储存任何可供利用的信息。他的手在拿拨浪鼓时会左右蜿蜒前进，明显有些哆哆嗦嗦。随着这种学习的深化，他在纠正动作时也越来越精确。我们在刚开始学习驾车的人身上，也能看到这一点：新司机在驾车穿过街道时，总是"矫枉过正"、呈"之"字形前后穿梭。

然而，一旦实现了某种正确或成功的响应，这种响应就会被人牢记以备将来使用。自动机制随后会复制这一成功响应，以便将来遇到类似情况时能经受考验。此时，自动机制已经学会怎样成功响应。它记住了自己的成功经历，忘掉了失败经历，并且将成功的动作作为一种习惯不断重复。

如果要问各行各业那些最老练、最有成就的成功者为什么在完成自己拿手的事情时看似不费吹灰之力，这便是其中的原因所在。表现一流的专业推销员心里对客户讨厌什么、关心什么非常清楚，所以总能做出正确回答，能在恰当时机说该说的话。他们的回答和反应已经成为习惯——从某种意义上讲，已经成为一种本能。

其实，任何人都达到了这一水平，因为人人都有自己擅长做的事情。这一事实（任何人都已经对自身特长驾轻就熟）让我们相信：每个人都可以通过巩固强项，去实现选定的任何目标。

▶◀ 大脑怎样找到问题的答案

我们再回头继续分析上面的"过程"。现在，假设铅笔所放的房间一团漆黑，你看不出铅笔在哪里。你只知道（或估计）桌子上有一支铅笔，它和许多其他东西放在一起。你的手开始本能地来回摸索，按照某个"之"字路线移动（或叫"扫描"），拿到东西后，一个接一个地否决掉，直到发现了铅笔并正确"辨认"出来。这便是第二种伺服机制的例子。还有一个例子就是你一下子突然忘了某个人的姓名，但过一会儿又想了起来。大脑有个"扫描仪"，它在你的记忆库里游荡，直到认出那个正确的名字为止。

电脑解决问题的方式与此差不多。首先，你必须向电脑输入大量数据。这些经过存储或记录的信息，便是电脑的"记忆库"。然后，你要向这台机器提出某个问题。它会在自己的记忆库来回搜索，直到锁定那个唯一与问题一致并满足所有条件的正确答案。问题和答案共同构成一个"完整"的情景或结构。当你向电脑提供情景或结构的一部分（问题）时，它会锁定那恰好与其吻合的"失去部分"，以组成一个完整结构，或者可以说，找出尺寸大小正合适的砖块，以便将房子砌完。

说起互联网上的搜索引擎你就清楚了。计算机中最早版本的引擎在搜索时速度相当缓慢、难用，而且效率低下。相比之下，如今版本的搜索引擎速度快如闪电，但与我们自己大脑中包含的同等"搜索引擎"相比，无论在范围还是威力上，它都要逊色许多。勤恳实践心理控制术的人，在运行内心的搜索引擎时很是得心应手。比如说，有许多作家和演讲家都向我讲过这样的故事：当他们在完成某项写作任务或者演讲任务，需要某一篇优秀的趣闻、故事、笑话或某个故事中已经忘记的细节时，就会将需求形成无意识指令发送出去，然后小憩一会儿。醒来时，他们想要的那些素材便已经不多不少地"装进脑海"了。

自动机制运行的威力

拦截导弹能在刹那间计算出另一枚对象导弹的拦截点，而且在精确的时机与其接触并摧毁它，这种神奇的能力让我们心驰神往。我们在美军的"沙漠风暴"军事行动中目睹的"智能炸弹"就运用了这种技术。如今的科技要比二战中潜艇发射的制导鱼雷运用的技术先进得多，甚至有人预期前总统里根倡导的所谓的"星球大战"防御系统，有一天真能成为现实。

不过，我们是否见过某种像棒球比赛时中场击球手接腾空球那样让人不可思议的动作？要想算出球会落在哪里，或者说算出"拦截点"何在，他必须考虑球的飞行速度、下降曲率、飞行的方向、空气阻力、初速度以及速度递减率。他必须计算出自己到底要跑多快、朝哪个方向跑，以便能在球落到

"拦截点"的同一时间或在此之前到达该点。中场击球手甚至想都不去想这些。内置目标追寻机制已经依据他通过眼和耳传输给它的信息，为他计算好了这一切。他大脑中的"计算机"会接收这一信息，并将其与已经存储的数据进行对比。所需的一切计算都在瞬间完成，命令也已经下达给他的腿部肌肉，他"只用向前跑就行了"。

✂️ 科学能发明计算机，但不能发明操作员

威纳博士说，科学家在可以预见的将来，在任何时候，在任何地方，都无法制造一台堪与人脑媲美的"电脑"。"我认为，和人脑相比，我们发明的小玩意儿优点和缺点同样突出，"他说，"人脑中开关装置的数量，要远远多于已经发明的任何计算类机器中开关装置的数量，哪怕是在不久的将来设计和发明出的计算机。"

直到我写本书时，他的预言始终都是正确的。当然，自从威纳博士最早对控制理论评头论足以来，我们已经发明了许多用于计算的机器和一些精巧的计算器。过去需要堆满巨大空间才能放下的资料，如今被直接装在一个硬盘里，塞进电脑主机就行了。但是，尽管如此，也没有什么东西可以与你的想象系统、自我意象和伺服机制相比。

✂️ 让你与思想、知识和力量的宝库相连

各个时代许多伟大的思想家都认为，人"存储的信息"并不限于个人对过去经历和已知事实的记忆。爱默生曾把我们个体的思维比喻成无边的思维

之海的入口，他说："有一种思维每个人都有。"

托马斯·爱迪生相信自己的部分思想是从身体之外的某个来源处获得的。当有人为他的某个创造性想法而不吝溢美之词时，他却并不领情，而是说"思想就在空气中"，还说，如果他不去发现它，也会有人去发现。

担任过杜克大学心灵心理学实验室负责人的 J.B. 莱因博士曾经通过实验证明，除了自己的个体记忆或从学习、经历中获得的存储信息之外，人们还能获得别的知识、事实和思想。无数科学实验室都做过实验，证实了心灵感应、神视和预知的存在。如果看看 20 世纪 20 年代至今整个期间内的调查研究报告和相关著作，你就会发现，有一根共同的细线可供你很好地利用，而这根线与心理控制直接相关：

> 你可以将问题解答或思想获取的任务交给伺服机制，让它在你做其他事时帮你完成，哪怕你交出之后便去睡觉。它会带着有用的素材回头去找你，而你并不知道自己竟然能找到这些素材。此外，如果你只是刻意思考或满腹担忧，那可能根本得不到它们。

对那些经常求助心理控制术的人来说，这样做已经成为司空见惯的经历，让他们从中受益匪浅。之所以会出现这种现象，是因为伺服机制比有意识思维能得到的信息要多得多。

据说著名的作曲家舒伯特曾告诉一个朋友，说他的创作过程主要是"记起某段旋律"，而他和任何其他人以前都从未想到这段旋律。除那些研究过创作过程的心理学家之外，许多创作艺术家对创作灵感、灵光一现或直觉与通常的人类记忆之间的相似之处，都有深刻的印象。

其实，探寻一种新思想或一个问题的新答案，与努力回忆某个你已经遗忘的名字非常相似。你知道那个名字"就在那里"，否则你就不会去探寻。你大脑中的"扫描仪"会在存储记忆库里来回搜寻，直到你想要找的名字被"认出"或被"发现"为止。

▶◀ 答案就在眼下

同样的道理，当我们针对某个问题打算寻找新观点或新答案时，必须假定答案此时已经存在于某处，只用着手找到它就行。罗伯特·威纳博士曾经说："一旦某位科学家开始处理一个他知道肯定有答案的问题时，他的态度就发生了彻底的变化。可以说，他通往答案的道路已经走完了一半。"

当你开始从事创造性劳动（无论是销售、经营企业、赋诗、改善人际关系还是其他什么）时，一开始头脑里便有个目标、一个期望到达的终点、一个答案或"靶子"。尽管这个目标可能不甚清晰，但当你到达它时，便能认出它。如果你确实下定决心，有一股强烈的欲望，而且开始从各个角度深入思考该问题，那么你的创造机制就开始工作了，我们前面所说的"扫描仪"就会在已存储的信息中来回搜索。它会在这儿选一个观点，在那儿选一个事实或过去的一系列经历，并把它们联系起来，拼凑成一个有意义的整体，以填充你那不完整的情景，使其完全吻合，使你的方程式得出答案，解决你的问题。当这一解决方案提供给你的意识（通常在某个始料未及的时刻，比如你在想别的事，甚至可能在你的意识处于休眠状态的睡梦中）时，"便会发出咔嗒一声"，你立即便能认出它就是你苦苦寻觅的答案了。

在这一过程中，你的创造机制是否也接触了在无边思维中存储的信息呢？无数创造性工作者的经历似乎证明的确如此。比如，你怎样解释瑞士裔美国博物学家路易斯·阿加西的夫人讲述的关于她丈夫的经历呢？

他一直致力于搞清那块石板中镶嵌的鱼化石给他的一种朦胧的印象是什么。由于筋疲力尽又百思不得其解，他最终将工作放在一边，试图从头脑中摒弃这一切。不久后，他在一个晚上醒来，并相信自己在睡梦中明明白白地看到了他的那条鱼的所有外貌，这都是现实中看不见的。

他清早就前往贾丁·德斯种植园，心里想：如果追溯梦中的景象，他也许能再次看到印象中的那些特点。没想到白费力气，那条鱼仍然和以前那样模糊不清。后一天晚上，他在梦中又看到了那条鱼，但当他醒来时，它却像以前一样从他的记忆中消失了。第三天晚上，他在睡觉前拿了纸和笔放在床边，眼巴巴地期望同样的体验再次出现。

快到早晨时，那条鱼再次出现在他的梦中。一开始很模糊，但它最终变得十分清晰，以至于他对它的动物学特点再没有丝毫怀疑。天仍然伸手不见五指，他在半梦半醒之间追溯着这些特点，摸黑写在了床边的纸上。

早上，他惊奇地看到自己夜间信手画出的鱼的草图，而他曾经以为化石本身是不可能展示出这些外在特点的。他赶忙跑到贾丁·德斯种植园，以自己的草图作为指引，成功地凿开了石板的表面。事实证明，鱼的另一些特点隐藏在石板里面。当鱼化石完全显露出来时，竟然与他的梦和草图上显示的完全一致，于是他毫不费力地就判定了它的种类。

❧ 你又不是爱因斯坦

有时候，如果某位家长或老师为某个年轻人看似没有能力学好数学而沮丧，便会说些批评、蔑视或否定的话，如"他又不是爱因斯坦"，然后满怀失望地走开。是的，事实证明，连爱因斯坦自己都不是爱因斯坦！在《天才的13个思维工具》一书中，研究者、作家罗伯特和米歇尔·鲁特伯恩斯坦披露说，爱因斯坦的同伴知道爱因斯坦自己的数学相对薄弱，往往需要在其他数学家的帮助下才能完成"细节工作"，从而把他的想法变成行动。爱因斯坦曾对一个学不好数学的人说："不要为学不好数学而担忧。我敢保证，我的数学比你还差得远呢。"

爱因斯坦那些引人注目的成就中，有许多都源于他的想象力，来自一些"似乎非科学"的方法。他曾经描述过一个实验，在这个实验中，他把自己想象成一个以光速飞行的光子，想象作为一个光子他能看到什么、感知什么，然后又想象自己是第二个光子，去追前面那个光子。这算哪门子科学实验呢？我们总要与爱因斯坦相联系的那块用粉笔写满对数和公式的黑板又在哪里呢？

我曾经对自己了解到的爱因斯坦的一切做了全面分析，其结果是，他是一个伟大的心理控制术的实践者。他把一个理论上的观点当成真实结论来加以实践，然后将"推断出的答案"交给自己的伺服机制。他的非凡成就证明：凭借想象的力量，一个人有机会凌驾和超越自己存储的知识、教育、经验和技能。你也可以做到。

到底什么是心理控制术

你也许可以将心理控制术看成是见解、原则和实用方法的集合，它们使你能够做以下几件事：

1. 对自我意象的内容进行准确分类和分析。

2. 辨认出根植于自我意象中的那些错误而存有局限的安排，有组织地改变它，使它能更好地为你的目的服务。

3. 运用想象力重构、管理你的自我意象。

4. 运用你与自我意象相一致的想象，使它与伺服机制有效地交流，从而让后者成为一种自动成功机制，向着你设定的目标稳步迈进。这其中包括遇到障碍物时回到正确轨道。

5. 将你的伺服机制作为一种类似于巨大搜索引擎的东西加以有效利用，让它准确地为你提供为解决某些具体目标所需的想法、信息或答案（为了得到这些，它甚至能超越你自己存储的数据）。

从某种意义上讲，心理控制是一个交流系统，能让你和自己有效地交流。

▶◀ 创造一幅你自己的新"意象"

不幸、失败型的性格并不能依靠纯粹的意志力去形成新的自我意象，而必须有某种根据、理由、原因去证明过去的自我意象是错误的。你无法仅凭想象便得到新的自我意象，除非你觉得它是以事实为基础的。经验表明，当人们改变自我意象时，会有一种感觉：出于这样那样的原因，他们能"看到"或意识到与自己有关的事实。

葛罗莉亚·斯坦能在其著作《内在革命：一本关于自尊的书》中，讲述了黑人住宅区"皇家武士"队的故事。这是一个曾获得冠军的国际象棋俱乐部，由十几个来自西班牙黑人住宅区的"刺头"青年组成。这些孩子成天在大街上闲逛，时常干些偷鸡摸狗的勾当，他们的一只脚已经伸向了犯罪的深渊，而且还偷偷吸食毒品。看到他们的人多数都大摇其头，认为他们没有用、没希望、不安全，除了锒铛入狱外不会有任何结果，为他们投入时间和精力实在不值当。但是，"普通"的在校教师比尔·霍尔却不知何故，在他们身上看到了任何人也看不见的潜力。他通过成立国际象棋俱乐部这一行动，精心营造了一种新环境，并做了一系列实验，从而改变了这些孩子的自我认知。

很多情况下，一个在他人甚至在自己眼里都绝不可能成功的人，往往会遇到某个"贵人"。后者在他身上看到了其他人看不到的潜力，对他的信任甚至超过对自己的自信，而且还通过某种决定性的影响使此人的自我意象发生天翻地覆的变化。然而，我们没有必要坐等别人来为我们做这些。有了心理控制术，你自己就能为自己做到。正如你在本书中将要看到的那样，已经有成千上万的人做到了。

心理控制的基本信息是：造物主已经赋予了每个人"成功的本领"。每个人都有某种远强于自身的力量可用。这种力量存在于你自己身上。

如果你已经有了成功和幸福的力量，那么任何关于你自己的过时的画面（比如，你不值得拥有幸福，或者在人生的某一方面天生不如人）都必然是错误的。

Chapter 03

想象力：自动成功机制的点火开关

想象在我们生活中所起的作用，要比大多数人认识到的重要得多。

我曾在日常实践中多次看到这一现象得到证实。有个例子让我特别难忘，它与一个病人有关。这个病人总是在家人的强迫下到办公室拜访我。他是个未婚男士，40 岁左右，白天有一份稳定的工作，但一到下班回家，他就把自己关在住处，足不出户，无所事事。他有过许多这样的工作，但似乎永远做不长。

他的问题在于他有与正常人相比较为突出的大鼻子和大耳朵。他自认为"难看"和"滑稽"。他想象着白天和他交往的人在嘲笑他，背后对他说三道四，因为自己是那样的"另类"。他的想象越来越强烈，以致在现实中真的害怕出门、步入商界与人交往。即便在自己家中，他也几乎没有"安全感"。这个可怜的人甚至想象家人怎样由于他"长相特别""与人不同"而感到羞惭。

其实他的面部缺陷并不严重。他的鼻子属于典型的罗马人鼻子，耳朵尽管有点大，也不会比那些成千上万长有同样耳朵的人更引人注目。无计可施之余，他家人将他带来见我，看我能否提供帮助。我看他并不需要手术治疗，只需认识到这一点：他的想象力给自我意象造成了太大的破坏，结果让他根本看不到事情真相。他真的不丑，人们也并没有因为他的外貌而将他视为"另类"或者嘲笑他。正是主观想象导致了他的悲惨处境。想象力已经在他身上建立了一个负面的自动失败机制，这一机制的作用发挥到了极致，给他带来了无边的不幸。好在我开导他几次之后，再加上家人的帮助，他开始慢慢意识到自己想象的力量是导致所处困境的根源，并且通过成功运用创造性想象树立了真实的自我意象，获得了应有的自信。

可能许多人的经历与此类似，也包括你。不，你也许不为自己的鼻子、耳朵或外表的其他异常表现而羞惭，也许不会足不出户。但是许多人总是固执地认为自身有某种缺陷使别人看不起他们、背后奚落他们、拒他们于千里之外——有某种东西阻止他们在某些领域取得进步。

我认识的广告界人士中，有一位十分聪明、成功且足智多谋的先生。此人一辈子都在通过奋斗获得高收入，然后又突然陷于"搬起石头砸自己的脚"的处境，于是只好从零开始重建名誉和经济地位。这个月他也许住在豪华公寓，下个月则只能在一家汽车旅馆安身。他向我和其他朋友坦陈，说他一生都在努力逃避某种东西的"追杀"，如他所言，他每次成功后都要经受挫折。当然，始终挡住他成功去路的"东西"，在客观世界中并不存在，只存在于他的自我意象中而已，那便是他的"丑鼻子和大耳朵"。那么，你的"丑鼻子和大耳朵"在哪里呢？

具有讽刺意味的是，即便整个事业都只是"想象中的事业"，他仍然学会了怎样运用想象力作为情感上的手术刀，从他的自我意象中割除"大鼻子"。

创造性想象并不是专门留给诗人、哲学家和发明家的东西，它也存在于我们的每次行动之中。想象力会设定目标画面，供我们的自动机制去实现。我们做成或做不成某件事，并非像人们通常认为的那样是由于意志力强不强，而是由于想象力设定的画面是否客观和正确。

以下这句话是能够从本书中搜集到的最重要的一句：

> 人总是依据自己想象中信以为真的样子（对自己、对周围的环境）来做事、感觉和实践。

你无法长期回避或超越这一画面。

你不能剖析它、分析它、看清它里面有哪些与你不相容的内容，然后去改变它。你总是依据想象中信以为真的样子（对自己、对周围的环境）来做事、实践。这是一条基本思维定律。正是以这条定律为基础，才有了我们现在的样子。

当看到这条思维定律在某个受催眠术作用的人身上得到验证时，我们往往会想：肯定有某种神秘的超自然力量在起作用，或者只将其看成是某种错觉。实际上，我们在日常生活中不时目睹的现象，是人脑和神经系统的正常运转的结果。

比如说，如果告诉某个受催眠术作用的人，说她此时在北极，那么她不仅冷得瑟瑟发抖，而且身体的反应也像她真的特别冷一样，皮肤上会长出一些小疙瘩。同样的现象在处于清醒状态的大学生身上也验证过：实验者要求他们想象自己的某只手浸在冰水中，温度计读数显示，"浸入水中"的那只手的温度的确在下降。如果告诉某个被催眠的人，说你的手指是一根通红的火钳，那么他不仅在与你的手接触时脸部会痛苦地扭曲，而且他的心血管和淋巴系统的反应也表现得像你的手指真是通红的火钳一样，皮肤还会产生炎症，甚至起小水泡。在一次演示中，实验者要求几名处于清醒状态的大学生去想象他们的前额有一小块地方发烫，记录的温度计读数显示，他们的皮肤温度真的升高了。

将这些基础性实验再向前延伸一步，就是孩子们所玩的、很残酷但又很流行的游戏。学生们在学校时喜欢开类似的玩笑，有时候，甚至连大人在上班时也喜欢搞这种恶作剧。比如，一群人会一个接一个地问要戏弄的对象："鲍勃，你现在感觉不好，是吗？""你的脸色看上去特别苍白。""鲍勃，你现在好点儿了吗？"没过多久，可怜的鲍勃就会跑到公共厕所，对着镜子看自己是否真的有问题。再过不了多久，鲍勃就感到心慌意乱、浑身无力，他甚至真病得必须躺在床上休息或者请假回家。

你的神经系统并不能辨别出想象的经历和"真实"经历之间有何区别，而只能对你"认为"或"想象"为真实的事物做出适度反应。

这种既可以作为现实玩笑又可以供催眠师在舞台上作秀的现象，其实和支配多数人行为的过程一模一样。我们可以控制这一过程，并且巧妙地利用它。

消极想象的催眠力量能导致绝症

我曾就整形手术对性格的影响这一主题为内科医生写了《新面孔——新未来》这本书。著书过程中，我从圣路易斯的一份报纸中摘了篇文章放到书中。文章的标题是：

长鼻子导致的"自卑心理"引发大学生自杀

这篇文章报道了华盛顿大学一名名叫西奥多·霍夫曼的 24 岁大学生自杀的消息。有意思的是，文章说，那些认识他的人都觉得他很有人缘。以下是这位年轻人自杀前留下的遗言：

> 致这个世界：
>
> 小时候，其他孩子就欺负我、虐待我，因为我比他们身体更虚弱，而且长得也丑。我是个敏感而害羞的男孩，总由于丑脸和长鼻子而遭到戏弄。他们欺负我，就是为了看我的乐子。我开始害怕与人交往。我知道，他们许多人之所以恨我，是由于我的某些过错（不过错不能怪我）——我情感脆弱的天性和与众不同的相貌。我有满腹苦水却无法向任何人倾吐，我的信心荡然无存。尽管我的名字中只有一个"F"，但有位老师却总把它拼成两个"F"，然而我太怯懦，以致无法鼓起勇气去纠正她，只是听凭她在我上学期间始终把它拼成两个"F"。我害怕这个世界，但我不害怕死亡。

当时，该大学有位教授认为这是有史以来关于"自卑心理"最严重的案例。这简直是胡说八道。请相信我，这位年轻人的绝望（这种绝望心态先是扼杀了他的自我意象，随后又引导他走向死亡）反映了影响无数人的同样的绝望心理，这些人的人生意义和价值完全被他们周围的人低估了。其实，青少年自杀事件尽管在媒体中谈论甚少，却在近年来有愈演愈烈之势，差不多在像传染病那样蔓延。

厌食是消极想象作用下的一个令人心寒的例证。在《与内心傀儡做斗争——外表正常者的疯狂》一书中，作者戴维·维纳和吉尔伯特·赫夫特博士写道，1998 年他们在美国哥伦比亚广播公司《48 小时》节目担任嘉宾时，曾讲到自己遇到过一个 15 岁少女艾伦。艾伦的体重只有 82 磅，脸色由于消瘦而显得病恹恹的，但她坚定地认为自己很胖。结果她躲避肉食，拒绝吃饭，甚至刚吃点东西就去排便。在这个孩子的病房里，采访她的电视记者请她站到一面穿衣镜前，问她能否看到自己是多么憔悴和虚弱。"我认为自己看上去有点胖。"艾伦固执地说。于是记者试着拿事实说话："但你现在体重只有 82 磅。你认为体重这么轻也算胖吗？"艾伦聪明地答道"不"，但随后又立即说，她的确有点胖，如果再吃东西就会更胖。就这样，只要没有人密切监督，下决心不吃饭的艾伦就会拔掉通过静脉注射进食的针头。

对家长、老师、顾问和教练来说，这是一个引以为戒的故事，它以生动的事例提醒我们，要时刻警惕那些被负面自我意象操纵，甚至很可能随之出现自戕行为的年轻人。

尽管如此，这个故事仍然生动地证明了想象力那不可思议的力量。一个人可以利用消极想象无限放大自身的某个缺点，或者外界对这一缺陷的反应，甚至会走向自杀之路！同样，一个人也可以用自身积极的想象去实现梦想，从而干成一番引人瞩目的伟业。

▶◀ "催眠术"的秘密

20 世纪 50 年代，西奥多·色诺芬·巴勃尔博士对催眠现象进行了深入研究。他在《科学文摘》杂志中撰文说：

> 我们发现，催眠主体只有在相信催眠师的话千真万确时，才能做出让人吃惊的事情来……当催眠师引导主体到达某种境界，使后者相

信催眠师的话是正确的言论时，主体便会由于想法和信念的变化而表现出异常行为。

催眠现象似乎总是那么神奇，因为人们始终难以理解信念怎么能造成如此反常的举动。似乎总有某种更强大的东西、某种深不可测的力量或威力在起作用。

然而，无可辩驳的事实是，当某个主体相信自己听不见声音时，他的行为表现就像他真是个聋子那样；相信自己感觉不到痛苦时，他在不经麻醉的条件下也能接受外科手术。而实际上，神奇的力量或威力并不存在。

请注意，这篇评论发表于 1958 年。如今，催眠术已经成为一种被普遍接受和广泛采用的治疗手段。对许多人来说，用于减肥的催眠和自我催眠，使他们没有必要接受立竿见影的外科吸脂术，这和我对有些病人采用"精神手术"疗法而不真做手术的例子有异曲同工之妙。在这些例子中，催眠就是手术刀。在牙科，催眠用于帮助患有恐惧症的病人（实际上，他们无法控制自己的焦虑情绪）治牙；而在许多情况下，事实也证明，催眠是一种非常成功的替代手段，可以在麻醉效用不明显时取而代之。

人其实每时每刻都受到自己的自我意象催眠。许多人一辈子几乎都在某种无法辨认的催眠暗示的支配下"梦游"。在昆汀·雷诺的著作《直觉：你的秘密力量》中，作者引用一位催眠师的话说："前来拜访的顾客，都希望我能帮他们进入一种恍惚迷离的状态，在那里安排他们的生活。其实，他们当中许多人都生活在半梦半醒之中，需要以现实作为药方来治疗。"

如果你小时候在一部黑暗的电梯里心惊胆战地待过几个小时，也许在 40 年之后，你仍然害怕乘电梯，无法鼓起勇气走进电梯，而置那些安全数字统计、真实情况以及无数电梯使用者的证实和观察于不顾，甚至连爬上十几级楼梯这种简单的任务，也会让你畏畏缩缩。因为你仍然处在 40 年前那种恍惚状态中！

尽管如此，稍经反省便会发现，为什么对我们而言，按照信以为真或"想象为真"的画面去感受、去行动有时也是一件好事。所有这一切并不表示神经系统本身"不好"，你只需要学会怎样更好地运用这一"系统"就可以了。

◀▶ 事实决定行为和举止

人脑和神经系统具有自动对环境中的问题和挑战做出适度反应的功能。比如，如果某人在半路上遇到一只灰熊，他不需要停下来思考自己要不要赶紧跑开以图自救，不需要搞清自己要不要害怕。害怕的反应既是自动的，也是应当的。首先，这种场面使他想逃之夭夭。随后，这种恐惧感会激发身体机制为他的肌肉"加足马力"，以便能以前所未有的速度狂奔。他的心跳会自动加快，肾上腺素作为一种强大的肌肉刺激物，会涌进他的血管。身体中一切"不必逃跑"的功能都会停止。胃停止工作，一切可用的血液都会流进肌肉；呼吸更加急促，而提供给肌肉的氧也会成倍增加。

当然，这些都不是什么新鲜事。多数人在高中就懂得这一点。不过有一点我们不一定能迅速地意识到：同样还是大脑和神经系统，会告诉我们现实环境是什么样子。人们通常认为，人在遇到熊的时候，其反应更多出于"感受"而非想法。然而，激起所谓"情绪反应"的，正是一种从外界接收并经过思维鉴定的"想法信息"。简言之，半路上遇到熊的人会根据自己所认为、相信或想象中的环境来做出反应。环境中带来的信号，由来自各种感官的"神经冲动"组成。这些神经冲动在大脑中接受破译、阐释和评估，并以想法或"心理意象"的方式通知我们。最新研究表明，我们做出反应的对象正是这些"心理意象"。

你并不按照事态的真实面貌来行动和感知，而是按照大脑持有的"它们是什么样子"这一画面来行动和感知。

譬如，假设前面那个半路上遇见熊的人并未真正遇到熊，而是遇到一个披着熊皮的演员。如果他认为或相信这位演员真是一只熊，那么他的情绪反应和神经反应与前述相比丝毫不会变化。再假设他遇到的是一只毛发蓬松的大狗，而充满恐惧的想象力却让他把对方误看成一只熊。同样，他会按照对自己、对周围环境的"真实设想"自动做出反应。

由此可以推断，如果与自己相关的想法和"心像"受到歪曲，或者不切实际，那么我们对所处环境的反应同样也会不恰当、不合理。

这些"病因因素"能否改变呢？当然可以。试想有一个孩子在被种族主义者故意隔离的环境中成长。这个孩子可能是白人，他的家人是"白人至上主义者"，虔诚地相信黑人是"黑鬼"，是邪恶的根源，对他们的幸福安康是威胁；这个孩子也可能是黑人，出生于某个特别仇视白人的家族。无论是哪一种，孩子的脑子里都被灌输了某种信念，这些信念支配着他的行为。他在想象中会形成某种"真理"，长大成人后，这些"真理"变得很难改变。然而，有些人在人生某一时刻却能够使自己的信仰和行为来个 180 度大转弯。这种现象甚至成了电视脱口秀节目中"面对面式"解决矛盾的主要内容，而且很受欢迎。一个人是怎样改变自己的呢？如果他拥有比受到的家庭教育和社会压力更宽广、更多样的人生阅历，如果他曾经痛恨万分的种族中有人通过某种方式给她他礼遇，如果他向自己"信以为真"的事物提出挑战、发现它原来建立在幻觉之上，并以一个真理代替另一个"真理"，那么他就能改变自己。

现在，再想想某个孩子出生于贫苦家庭。家人都深信他们悲惨处境的根源是那些可恶的富人和腐败的政府，并不断向孩子灌输阶级斗争思想，还固执地认为无论他们怎样努力，也无法获得成功。这些事实会极大地阻碍此人在学习上取得好成绩，使他与大学无缘并促使他盲目地随父亲在工厂或企业上班。即便是在今天，仍然有许许多多的人还在将贫困当成"事实"而加以接受。但是，成长于这样一种环境的人，长大后怎样才能取得巨大的成功呢？可以通过他耳濡目染的图书作品、在电视上看到的人物、某位导师的影响、人生经历、对他"信以为真"的事物通过这样那样方式的挑战，最终用一种"真理"去代替另一种"真理"。

就像我前面提到的西班牙黑人住宅区的"斗士"们从街头的地痞流氓蜕变为国际象棋冠军，从可能要银铛入狱的少年犯蜕变为模范公民并在成年后成为医生、律师、商人一样，你也可以通过改变自己的自我意象，为自我意象提供新的事实，使自己得到彻底改变。

从浑身无力的胖人变为身体结实、身形适中的人，从胆小怯懦者变为坚定而自信的人，从笨拙而不雅者变为能力强、仪态大方的人。新出现的证据会证明你自身形象的缺陷，这些新证据可能是实实在在的、从经验出发得到的，可能是生动构想出的、人为的，也可能是其他权威人士对你施加的影响。反过来，自我意象会将适当的新指令传递给你的伺服机制，由此，一个新的"真理"得以诞生，一种新的现实得以出现。

▶◀ 把自己想象成一个成功者

我们的行为、感受和举动是自身形象和信念导致的结果。认识到这一点，就为我们提供了一个杠杆。

这个杠杆为我们打开了一扇强大的心理之门，通过这扇门，你可以得到技能、成功和幸福。

"心像"为我们提供了一个实践新观点、新态度的机会，而这些东西我们通过别的手段却无法实践。之所以存在这种可能性，同样是因为你的神经系统无法辨别实际经历和"想象"的经历之间有何区别。

如果将自己刻画成在按照某种特定方式做事，那么我们在实际生活中的表现就会与此相差无几。"心像"的威力和现实实践差不多。

人可以在自己的想象力中历练，并在客观实践过程中取得与其相当的成果。如今，这一观点已经被广为接受，而且被无数试验和实验所证明。各类运动员都不时地依赖精神练习或想象练习。比如，我们可以想起理查德·库珀博士提出的给高尔夫球手的建议，内容如下：

在每次开始击球之前，你需要有一幅"心像"，描绘你希望高尔夫球在你将球杆顶端击向球之后做出怎样的反应。你那一击会有怎样的效果，你需要对它有一个明确的、积极的"直观显示"。画面中应该展示出球飞行的弹道、方向，你希望它下落到的地点，当它落地后你希望它滚多远……在这种"直观显示"中，你的选择只会受到你想象力的限制。你可以把果岭看成一个带有旗杆的软垫，准备接收你击出的球，你要找到能为你所用的直观图像。"直观显示"是高尔夫心理学最个性化的指标之一。

美国高尔夫球运动员杰克·尼克劳斯说过："我每次挥杆击球之前，头脑中都必须先有一幅清楚分明的图像。首先，我要'看到'希望球最终停留的位置，然后，我要'看着'它前往那个位置、它的弹道和着地过程。随后一幕'场景'要让我看到挥杆的姿势，而且这种姿势要将前面的画面变成现实。"请注意这位金熊奖获得者对自己现实中所做的事情的描述、库珀博士的指示和本书中的指导是多么惊人地相似。

想象力练习并不一定仅限于打高尔夫球或打网球，认识到这一点非常重要。精神练习的同一原则实际上适用于一切行为，如自信地大声说话、在商业会议上发表自己的观点，而不是始终战战兢兢、默不作声，或者直接向征订客户要订单，而不是让产品宣传和推销行动以你怯懦的话语、对方暧昧的态度结束，使订单的问题"悬而未决"，如此等等。

我已经针对精神练习和想象力练习制定了一套非常具体实用的强化训练法，即"精神影院"法。杰克·尼克劳斯用了"场景"这个词：他把自己成功的挥杆击球过程，当成一个小小的"精神电影"演完，就是说，离开现实中实实在在的击球而到"精神影院"看"电影"，然后再回到现实中，去体验那种在思维中似曾相识的感觉。在刊登于 2000 年 7 月的《高尔夫杂志》的一篇文章中，杰克·尼克劳斯说："我喜欢将自己的这种练习方法称为'拍电影'训练法。这种方法在你的头脑里越是根深蒂固，你就越能在现实中打出你希望打出的好球。"他在自己发明的"四步法"的第四步中甚至说："那部完整的'电影'告诉你哪支球杆合适，你就选择哪一支。"

了不起的是，杰克·尼克劳斯找到了他自己与我所描述的"过电影技巧"几乎完全一致的方法，甚至进一步向前发展，把选择正确的球杆这种烦琐的小事都交给他的自动成功机制去办，而不是试着让意识去做决定。我之所以说"了不起"，是因为据我所知，尽管尼克劳斯先生很可能受到过许多高尔夫球员以及他们教练的影响，但他从来没有读过这本书。事实上，几乎一切能到达运动巅峰的运动员都能通过运用这种技巧获得成功。

心理学家 R.A. 汪达尔证明，向标靶投掷飞镖的精神练习（在这种练习中，投靶人每天要在标靶前面坐上一段时间，脑海里想象着如何朝它投飞镖）能提高投掷的命中率，其程度就像实际扔飞镖那样高。

《科学季刊》曾报道一个实验，研究精神练习在提高篮球的罚球技能时所起的效果。第一组学生连续 20 天每天坚持实地练习罚篮，并在第一天和最后一天计算得分。第二组学生也在第一天和最后一天计算得分，但在之间的十几天里不进行任何练习。第三组学生在第一天计算罚球得分，然后每天花 20 分钟想象自己将球罚进篮筐。如果想象中球没有罚进，他们就想象自己对罚球过程相应地进行纠正。

每天坚持 20 分钟实地罚篮练习的第一组学生，其罚球得分最后提高了 24%；中间阶段不进行任何练习的第二组学生，最后一天计分时没有任何提高；只通过想象练习罚球的第三组学生，其罚球得分竟然也提高了 23%！

这个奇特的实验曾经被四处报道和提及，而且在此后多年，在许多大学里经常被人们挂在嘴上。当然，这样的实验结果未必靠得住，毕竟沙奎尔·奥尼尔那么低的罚球命中率始终是个不解之谜！然而，尽管其科学性值得怀疑，但对想象力练习的运用则是一门很有效果的科学，事实证明，它是提高技能、改善根深蒂固的"真理"的有效手段。

►►◄ "心像"是强有力的良药

《精神上的运动员：巅峰表现的内心训练》的作者、哲学博士凯·波特和作家朱迪·福斯特，曾为缓解痛苦、加快伤口愈合提供了一个有效的良方。她们在《网球世界杂志》中曾撰文指出："自愈的一个重要组成部分，就是形成一幅精神图像，图像上反映出未来的积极结果。这一'显示'行为能刺激你的思维和身体，形成一种希望治愈的意念……通过精神刻画，人们有可能改变身体的自动生理反应。当你运用想象、心像和暗示时，可以与自己的身体相互交流，并促使它做出响应。"

请不要搞错：这是医学上的科学事实，而不是痴人说梦。如果每个住院病人和每个进入生理康复期的人都有本书可以阅读，他们肯定会更快地好转。如果你有某个亲爱的人或者朋友处于上述情况，请将这句话牢记在心。

⋙ "心像"能帮你实现高水平销售

作家查尔斯·B.罗斯曾讲述过底特律的一个推销团体怎样试图通过某个新主意使销售量翻一番的故事。纽约的另一个推销团体使他们的销售量提高了150%。甚至有个别推销员运用相同的主意使销售量的增幅高达400%。推销员们取得如此辉煌成就的魔法是什么呢？从罗斯的书中我们看到：

> 这种方法我们称为"角色扮演"。你应该了解它，因为你如果让它发挥作用，它就能帮你使销售量翻一番。
>
> 何谓角色扮演呢？
>
> 哦，其实不过是想象你自己置身于各种推销场面中，然后在你的头脑中解决问题，直到你知道在现实生活中出现各种场面时该说什么、该做什么。
>
> 这种方法竟然有如此大的威力，其原因在于推销实际上不过与场面有关。
>
> 每当你和某个顾客说话的时候，就产生了一种场面。他说着话、提着问题，或者发表某个反对意见。如果你始终知道怎样应对他说的话，怎样回答他的提问或应对他的反对意见，你的生意就做成了……
>
> "角色扮演"的推销员在晚上一人独处的时候，会制造各种场面。他想象着客户怎样尽可能地为难他，然后，他会努力找出最佳答案回应对方……
>
> 无论何种场面，你都可以提前做好准备。方法是想象你自己和客户面对面交流，他提出反对意见或提出问题，而你则给予适当的回应。

实际上，如果你在销售领域做事，肯定已经在教室、研究室或销售会议上亲身参加过角色扮演，还可能与某位同事或配偶一起练习过。但有一点你可能没有认识到：将角色扮演方法从研究室搬到"精神影院"其实同样有效，因为你可以通过从笨拙和无常摸索到"完美"和成功来取得进步。因此，你只用对头脑中的"戏剧"反复彩排，直到它成为你的"习性"。

如果将"谈判"看成一种高层次的推销，那么下面这个故事就能很好地证明我的观点。这是一位专业人士给我写的信。此人在一家公司工作，代表公司参加一项非常复杂、非常具有挑战性，而且关系到几百万美元合同的谈判。谈判对手是一家上市公司的执行总裁，此人由于难缠而远近闻名。尽管我不能透露有关人员的真实姓名，但我敢向你保证，这封信现在在我手上。以下是从信中节选的部分内容：

> 亲爱的马尔茨博士：
>
> ……自从我忙里偷闲，拿出几个星期的时间准备与对方的首度会晤（这将是一次秘密会谈）以来，我一直在埋头做准备。凡是与此人有关的资料和信息，我都要想方设法弄到手研究一番。我读了一本他写的书，看了有关他的图书和文章，从网络电视和电视节目中找到他的采访录像观看，细读了他的传记，最后在头脑中形成了他有声有色、有血有肉的"复制品"，目的是为了能和他进行交谈。我在现实生活中找不到与此人言行举止相近的人进行角色扮演（就像政治家与政敌展开辩论前要准备的那样），于是只好在思维想象中"克隆"一个。
>
> 说老实话，我按照你书中指导的步骤去做，希望能举一反三、触类旁通。在构建完这个想象中的人以后，我会花数个小时去你所称的"精神影院"练习，实实在在地把开会、我们可能的对话等场景展现出来。我假想自己任编剧、导演、主要演员和旁观者。一开始我发现很难做到

这些，但坚持下来之后，一切迎难而解。我很快发现想象中的克隆品"真的"在主动提出论点、问题和主张。我现在还能回忆起自己坐在舒适的椅子上，双眼紧闭，沉浸于这种虚构的会议中，还突然停顿一下、大发雷霆，"砰"的一声用拳头砸在椅子扶手上！

随着这种练习演变为一部结果完美的"精神电影"，我开始过渡到后一阶段，就是反复重演同一部"电影"。在观看多遍之后，我甚至发展到把它逐字逐句记下来，就像法庭上的书记员，坐在那里准确地逐字记录我们的交谈一样。

结果让人欣喜：真的开会那天，会议不仅按照我的"剧本"有序地进行和展开，我说的话与头脑中多次演过的"精神电影"内容如出一辙，甚至连他的言谈举止，也像是从同一部"剧本"中搬过去的一样！

他在这封信中接着描绘了一个很成功的结果，即这次谈判果真让他谈成了一笔大订单。

目前还有一本基于心理控制理论写成的书，特别适合专业推销员阅读：书名叫《零阻力销售》，由 Prentice-Hall 出版公司出版。你可以从商店买到，也可以通过网络书店订购，还可以到 www.psycho-cybernetics.com 下载。

利用"心像"找了份好工作

著名心理学家、已故的威廉·莫尔顿·马斯顿向前来请他指点求职的男男女女推荐他称之为"彩排练习"的做法。如果你马上要参加一次重要的面试，比如申请某个职位，这一建议就是：提前为面试制订计划。把所有可能要提的问题在脑海里倒腾一遍，再仔细想想你会给出什么答案，然后再在脑子里对面试进行"彩排"。哪怕你排练的问题面试时一个也没有问到，这种排练做法仍然会带来神奇的效果，因为它能给你以信心。即便现实生活中根本没有舞台剧那样需要反复排练的事，这种做法还是能帮助你即兴发挥，帮你自主应对各种场面，因为你经过练习能自发地做出反应。

这一点其实毫不为奇，其原因就是我刚才为专业推销员讲述的"在大脑里彩排"的做法：求职面试时，你其实是在推销自己。你既是产品，也是产品的销售代表。像前面那个谈判者一样，你也许同样需要在百忙之中抽点时间（几个星期，甚至可能是几个月），为找到一份新工作或得到更好的职位进行筹划和准备。假如腾出了这一块时间，你无论如何都要充分利用好它，你需要利用想象力构建"完美"的求职面试场景并进行排练，以便真到求职那天你能够轻松、自信、平静。

一位"在头脑中"练习的音乐会钢琴演奏家

世界知名的音乐会钢琴演奏家亚瑟·施纳贝尔仅仅学了七年钢琴。他讨厌练琴，很少真正在钢琴键盘上长时间练习。当有人质疑他练琴的时间与其他音乐会钢琴演奏家相比太少时，他说："我在头脑中练习。"

荷兰的 C.G. 科普是公认的钢琴教育权威人士。他建议，所有钢琴家"都要在头脑里练琴"。他说，一首新乐曲应当首先在脑子里过一遍。乐曲应当先在脑海里记忆和演奏，然后再到钢琴前用键盘现场练习。

可以说，"在脑子里练习"已经成为现代钢琴指导的重要基础。帕特·卡尔森是作曲家、演奏家和讲师，由于推广《怎样于一夜之间弹好钢琴》声像教程而名声斐然。她在教程中教人们怎样"感知"音乐，而不是进行枯燥无味的练习。

想象力练习能提高你的高尔夫比赛成绩

玩高尔夫已经成为一种广受欢迎的消遣活动，高尔夫与心理控制之间的关系也由来已久。我在前面已经把伟大的高尔夫球员杰克·尼克劳斯的"精神练习法"作为例子提及了。

《时代周刊》报道，本·霍根在参加高尔夫巡回赛时，要在头脑中排练每次击球的场景，然后立即去实践。他在想象中把击球动作和效果设计得完美无缺，然后便走到球前面，依靠他称为"肌肉记忆"的能力，像想象中那样完成击球动作。

本·霍根是当代高尔夫球心理学的开路先锋，这门科学如今已经成为一项产业，其主要基础就是"直观显示"和对放松技巧的掌握。

亚历克斯·莫里森也许是我写本书首版时世界最著名的高尔夫球指导老师。事实上，他真的制定了一套精神练习体系，通过这套练习方式，你坐在舒适的椅子上、用大脑去练习他称为"莫里森七大要点"的做法，就能提高高尔夫比赛成绩。莫里森认为，高尔夫精神层面的因素占该项运动的 90%，物质层面占 8%，机械层面占 2%。在他的《不练习就能打好高尔夫》一书中，莫里森讲述了他怎样教卢·里尔在不进行任何练习的情况下首次突破 90 分大关！

莫里森让里尔坐在他家客厅里一把舒适的椅子上，放松自己，而他则为里尔演示正确的挥杆动作，还对"莫里森要点"进行简要的讲解示范。按照莫里森的指示要求，里尔什么实际练习也不进行，相反，他每天要花 5 分钟时间，肌肉松弛地坐在椅子上，想象着自己怎样正确领会"要点"中的动作要领。莫里森接着写道：几天以后，在身体方面没有做任何准备的情况下，里尔加入莫里森定期举行的四人对抗赛，却以标准杆数 9 杆、9 洞的成绩让他们大吃一惊。

莫里森系统的核心是："在能够成功实践之前，你必须首先有一幅关于正确做法的清晰'心像'。"通过这种方法，莫里森使许多社会名流在击球杆数上的减量多达 10~12 杆。

🎀 清晰地看着靶子，让自动成功机制完成其他细节

著名职业高尔夫球员乔尼·布拉曾写过一篇文章。文中说，就你希望球到哪里去、希望球干什么等内容形成一幅清晰的"心像"，要比实地打高尔夫球更加重要。布拉说，多数职业高尔夫球员在挥杆动作上都有一个或多个严重缺陷。然而，他们却能想方设法打出漂亮的高尔夫球。布拉的理论是：如果你描绘出最终结果，看着球前往你希望它到达的位置，并且有信心知道它会去你希望它去的地方，那么潜意识就会接过工作，正确指挥你的肌肉。如果你握杆的姿势有错误，姿态又非最佳，那么你的潜意识仍然会改进它们，办法就是指导你的肌肉去做纠错（指姿势上的错误）所需的一切事情。

这句话描述了掌握这些心理控制技巧得到的回报：你能到达某个特定的熟练程度，在此程度上，你可以简洁、迅速地形成对合意结果的清晰画面，将它交给你的伺服机制，让后者去处理使该结果发生所需的所有细节。

高尔夫是演练这些技巧的优秀实验平台，因为与许多其他体育运动不同，打高尔夫到最后纯粹就是你与自己在斗争。

莫里森对里尔只用精神练习法演习高尔夫球的指导，要比《网球的内心竞赛》一书作者蒂姆·戈尔维接受某一实验的挑战早很多年。这项实验的目的是观察戈尔维如果只将打网球、指导网球形成的"内心构图技巧"用于学

习高尔夫球，到底能学到什么程度。他为自己设定了"突破 80 分"的目标。其间，他每星期只打一次高尔夫球，不接受任何技术指导。另外，他只是凭借在想象中进行练习，持续时间不到一年。当时，他每年只打几次高尔夫，成绩在 95~105 分之间。介绍这次实验的日记已经收入了他的著作《高尔夫的内心竞赛》中。

多年来，我有幸与许多顶尖高尔夫球手、高尔夫指导老师共事。由于职业使然，为慎重起见，我应当为他们当中多数人的身份保密。他们当中有些人仅靠这本书（并没得到我其他方面的帮助）就使自己的表现得到了很大提升。下面这个例子已经人所共知：1964 年，戴夫·斯托克顿正在为职业巡回赛的出线资格而努力。"总体讲，我打得不错，但击球入洞的推杆太一般。"斯托克顿对《洛杉矶时报》的一名记者说："我父亲是一名退休的职业高尔夫球员。他坚持认为我的推杆问题出在精神上，而不是由于外在原因，并给了我一本马尔茨博士的书。我在职业高尔夫联盟锦标赛开赛前一个星期才读了这本书，随后我去参赛时，便知道我会赢。"戴夫·斯托克顿在那场比赛中打败了阿诺德·帕尔默，之后便享受了漫长而成功的职业生涯。事实上，使他一举成名的正是推杆技巧！ 32 年后，戴夫赢得了 1996 年的美国高级别高尔夫杯赛。

▶◀ "心像"的真正秘密

很久以来，成功男女都运用"心像"形成法和彩排练习法取得成功。比如，拿破仑在真正上战场拼杀的很多年以前，就在想象中练习怎样当兵。韦伯和摩根在他们合著的《充分利用你的人生》一书中告诉我们："拿破仑读过的书籍，光是笔记印刷出来就有整整 400 页。他把自己想象成一个指挥官，画出了科西嘉岛的地图。我们不难发现他将自己无比精确的计算本领用到了什么地方。"

康拉德·希尔顿在真正买下一家旅馆之前的很长时间里，就一直想象自己在经营旅馆。还是小孩时，他就经常扮演成一个经营旅馆的行家。他最早的成功是购买一些损毁了的"过时"物件，然后恢复它们原有的美，把它们重塑成一流的物品。他说，当他认出这些物件并想得到它们时，不会去看它们的真实状况，而是生动而详细地想象它们在翻新后出现在旅馆时是什么样子，然后在大脑里"拍照"，并把这些"照片"存贮在脑海里。由于看到的是它们应有的样子，因此，他看到了这些物件身上别人看不到的价值。

▶️ 强烈"心像"能导引你走向成功

简·萨瓦是美国最久负盛名的马术教练之一。2000 年，她指导美国马术奥运代表队参加了悉尼奥运会的马术比赛。她曾经描写了一个例子证明想象的力量能让可能变成现实：

> 以我为 1989 年北美锦标赛选拔赛做准备的那段经历为例。我有大量事实证明我不太可能在选拔赛上取得好成绩。我的确有一匹好马扎帕特罗，但是其他方面的情况是：第一，扎帕特罗对我还很陌生，我们没有时间建立亲密关系，也没有时间真正沟通；第二，它还是一匹很年轻的马，没有强壮到能做所需的各种动作的程度……
>
> 这些事实使我很难想象怎样才能完美地进行比赛。于是我只好转而想象颁奖仪式。有好几次，每当一天快要过完时，我会找一个安静的地方，闭上双眼，全身放松，想象着我在以胜利者的姿态绕场一周。在此过程中，我强迫自己停止思考"那些事实"，从而阻止疑虑和不安

全感钻进头脑。事实上，那天最终成绩公布时，扎帕特罗和我真的在那里以胜利者的姿态绕场一周。

听起来似乎难以置信，而我也绝对无意淡化充分准备和刻苦训练的必要性。但是，从精神上对想要的结果（如果结果在你脑海里已然存在）集中注意力，是我们最终取得成功的重要因素。集中精神于某个积极结果（这个结果是你在头脑中已经形成的结论），而不是任由生动的想象力去想象失败的画面，这一点至关重要。由此，我的思维（伺服机制）便能通过帮助我娴熟而高效地骑马，为我提供实现目标所需的手段。

当然，怀疑论者希望将这种现象归结为巧合或运气。但是简·萨瓦是心理控制理论的娴熟实践者，她有许多可用作证据的事件支持自己的信念。实际上，作为冠军骑手的指导老师和教练，她运用心理控制技巧已有多年，众所周知的，就是她的队员们最近在奥运会上的表现。

即便只是成功形成一幅单个、简单但栩栩如生的画面，也足以阻碍我们的疑虑、恐惧、担忧和不安全感，并引导成功机制瞄准某个想要的靶子射击。相比之下，全面的精神排练画面威力更大。

无论你是专业运动员，还是周末才参加体育运动的业余运动爱好者，是专业销售人员、实业家、管理人员、在校教师，还是医生或从事其他职业的人士，都可以在日常养生练习中掺杂精神排练进行实践。大量证据表明，你应该学会运用这种工具并经常付诸实践，以达到各种有价值的目的。可以这样说，如果不运用这种方法，在做事时，你就享受不到我们所知道的最基本、最可靠、最普遍的心理学"成功途径"带来的好处。这就好比一个木匠在做木工活时，不去使用电力或电力工具方便自己。当然，不用电也能干木工活，但那又何必呢？

为什么"心像"的力量如此强大

控制科学使我们对"心像"为什么能产生如此神奇的效果有了新见解。我发现，人们对它发挥作用的道理认识得越深刻，运用它的可能性就越大。

你身上的自动成功机制只能通过一种方式发挥作用。正如著名高尔夫球指导者亚历克斯·莫里森所言，在能够付诸实践之前，你必须首先在头脑中清晰地看见事物发生的过程和结果（如前所述，这一新理念并不表示你是一台机器，而是表示你的生理大脑和身体功能的作用相当于一台供你操纵的机器）。

在头脑中清晰地看到某个事物时，你身上的创造性"成功机制"就会接着做完余下的工作，其效果比你仅凭有意识的努力或意志力去做的效果要好得多。

你不要通过艰难尝试或钢铁般的意志去做事，也不要始终对那些有可能出现的坏结果表示担忧，而是干脆放松自己，不再紧张地试图去"搞定它"。你要在头脑里刻画出真正想实现的目标，然后把其他事交给创造性成功机制去做。

找到最好的自我

如果你在头脑中想象一幅关于你想看到的自我的画面，而且"看着"自己在扮演某个新角色，那么，同样是你身上的这一创造机制，也能帮助你实现最好的自我。无论采用哪种疗法治疗心理问题，这种情况在转变性格的过程中都不可或缺。出于某种原因，在得以改变之前，你必须首先"看到"自己在扮演某个新角色。

我曾亲眼目睹过一些真正的奇迹：当一个人改变自我意象时，他或她的性格也能随之改变。我们应该关注从人的想象力中产生出的潜在创造力，特别是关注与自己有关的形象。然而今天，我们在这一方面才刚刚起步。比如，我们可以探讨下面这篇美联社新闻发布稿的含义。从日期栏的时间看，该文发表于 1958 年：

只用想象你是个心智健全的人

旧金山。据洛杉矶退伍老兵管理处两位心理学家报道，有些精神病人只用通过想象自己是正常人，就能使病情大为好转，还可能缩短住院的时间。

哈里·M. 格雷森博士和伦纳德·B. 奥林格对美国心理学协会说，他们在 45 个被诊断为神经性精神病而送至医院治疗的病人身上验证了这一观点。

病人首先接受了常规性格测试。随后，试验者脸色平淡地要求他们再接受一次检验，并回答一些问题，但在回答时，要假设他们自己是"对外界环境完全适应的典型的正常人"。

这两位心理学家报道，有 3/4 的病人完成了改进型表现测试，某些表明他们好转的变化简直让人吃惊。

这些病人为了像"正常人"那样回答问题，只好想象一个完全适应外界的标准正常人会有怎样的言行举止。他们必须把自己想象成在扮演正常人的角色。而这一点就其本身而言，已经足以促使他们"像心智健全者那样行动和感知"了。

我不太清楚这些好心的医生以及他们组织的开创性试验有何下文。然而我们知道，如今，自我意象心理学的各个方面，认为自我意象起到"舵手"作用的观点以及"像某某人一样做事"这一"直观显示"的技巧，都已经被人们普遍接受，并被广泛用来帮助各种患有精神病的人、残疾人、上瘾的人以及自我封闭者恢复健康。

当然，你也许没有被诊断出心智不健全或者使用化学药品成瘾，但如果你对心理控制技巧有一定了解，它很可能会成功地帮助你在生活中做得更好，或者提高生活中某一方面的质量。这些技巧已经成为多数疗法和治疗方式的重要组成部分，而这些疗法和治疗方式所针对的对象，在情感或心理上面临的困难可能比你的更多，甚至超出你的想象。鉴于此，可以假设：将这些技巧用到你身上，一定会更有力、更立竿见影、更有效，因为你的起点比起他们的更高。

◤ 揭示与自己有关的事实真相

自我意象心理学的目标并非创造一个无所不能、妄自尊大、"舍我其谁"的"假我"。我们的目的在于找到"真我"。然而心理学家普遍认为，多数人都低估了自己，看不清自身的真正价值，对自己的能力估计不足。其实，世上根本没有自大情绪之类的东西。看似具有自大情绪的人，其实在痛苦地体验着自卑，因为他们那"优越的"自我只是一种假定和掩饰，用于掩藏内心深处的自卑感和不安全感，以免被自己和他人发现。

⋈ 有关想象练习的结论

想象练习、直观显示、心像或用我自己的话说叫作"精神影院"，怎样表述都可以。关键是你要实施它，这才是最重要的！如果选定一个靶子，然后运用这一技巧，并真切地对其进行一次全面的 21 天试验，你就会欣喜地看到取得的成果。你肯定会下决心在余生继续运用这一手段，并且通过实践极大地获益，就像你之前的无数运动员、演艺人员、医生、律师、商业领导人以及其他人员经历的那样。

Chapter 04

让自己从错误信念的催眠中苏醒过来

    人们总是反复问我一个有关心理控制的问题，这个问题把"信以为真"的想象等同于"虚构它直到你实现它"或纯粹的幻想。这与事实远远不符。"虚构它直到你实现它"是表象的、肤浅的、不切实际的。有时候，人们这样教推销员，导致他们在经济和情绪上都受到伤害。相反，包括"信以为真"式想象练习在内的心理控制术并非虚构和捏造，而是对被隐藏事实的探索。它通过创造性地挑战被你作为"事实"加以接受的自我意象，去揭示你的"真我"。这种所谓的"事实"也许一时是正确的，但从长远看肯定不正确。本书第一版中有个故事证明了这一点：

    我的朋友艾尔弗雷德·阿德勒博士小时候曾经有过一段经历，恰恰证明了信念的力量对于行为和能力的影响有多么强大。他最初数学成绩很差，连老师都确信他对数学一窍不通。老师随后把这一"事实"通报给他的父母，还告诉他们不要对孩子期望过高。于是父母也确信了。阿德勒被动接受了老师和父母对他的评价，而数学成绩也证明他们的看法没有错。然而有一天，老师在黑板上写出了一个问题，其他同学都回答不上来，而阿德勒却灵光一现，觉得自己找到了答案。他如实地向老师报告，而老师和全班同学却都笑了起来。在笑声中，他一开始还有些愤愤不平，但很快便大步走到黑板前，答出了那个问题——这让在场的人大吃一惊。从此，他意识到自己完全能学好数学，对自己的能力也重新有了信心。后来，他的数学学得非常好。

阿德勒博士的经历与若干年前我的一个病人的经历类似。这个病人是位商人。由于他对自己在某一强手如林的领域取得不凡成就有很丰富的经验，并想与别人分享这一经验，所以很希望通过公开演讲崭露头角。他嗓音不错，又有一个重大话题可讲，却没有办法在陌生人面前、在众目睽睽之下把自己想说的话表达清楚。妨碍他自如发言的是他的信念，因为他认为自己之所以讲不好话、无法给听众留下好印象，只是因为自己没有让人过目不忘的外表——他"看上去不像一个成功的经理人"。这一信念在他内心藏得那么深，以至于每次当他站在一大群人面前开始讲话时，它就会扔出一块"绊脚石"阻碍他。他错误地认定，如果做个手术使外表好看些，也许就能获得所需的信心。手术也许会带来成功，也许不能。我与其他病人交往的经历表明，外表的变化并不一定总能保证性格的改变。具体到这位先生身上，当他相信是消极信念阻止他向大家讲授他所知道的重要经验时，他就发现了解决问题的良方。他成功地用一种积极信念取代了这一消极信念，即外表长得好坏，并不影响他讲授那些极为重要的经验。不久，他便成为商界最火爆的演讲人之一，而起变化的仅仅是他的信念和自我意象。

至此，我想表达的观点是：阿德勒被一种错误的自我认识所催眠——这不是比喻，而是指他的确被催眠了。大家还记得，我们在前一章说过，催眠的力量就是信念的力量。请允许我在此重复巴勃尔博士对催眠力量的解释："我们发现，催眠主体只有在相信催眠师的话千真万确时，才能做出让人吃惊的事情来……当催眠师引导主体到达某种境界，使后者相信催眠师的话是正确的言论时，主体便会由于想法和信念的变化而表现出异常的行为。"

对你来说，有个重要的观点需要记住：你怎样得到想法、想法从哪里来，这些都无关紧要。你也许从未见过某个专业催眠师，但是你已经接受了某个想法（来自你自己、老师、父母、朋友、某则广告或任何其他渠道）；进一步说，如果你坚信这一想法是真的，那么，它给予你的力量，就像催眠师说给催眠主体听的话那样有力。

科学研究表明，阿德勒博士的经历并不罕见，而是在所有学习成绩不佳的学生中都具有代表性。我们在第一章讲述了普雷斯科特·莱基怎样通过指导在校学生改变自我意象，使这些学生的成绩得到了大幅提高。在经过数千次试验和多年潜心研究之后，莱基得出结论：在每个例子中，学生在校成绩差，都从某种程度上源于学生对自我的感觉和定义。这些学生完全被一些负面的想法所催眠，比如"我真笨""我学不好数学""我天生就不擅长拼写""我没有那种机械般准确记忆的头脑"，等等。带着这种自我定义，学生为证实自己的想法没有错，只好学习差了。学习不好在无意中成为一个信念问题。在他们看来，学出好成绩应该是错误的，就像他们定义自己是好人却去偷东西一样。

请不要忘记，我们说过，这种催眠式的灌输如果来自某个权威渠道、经常反复而且非常强烈和严厉，那么它造成的影响长期都挥之不去。消除毒害的影响或者重新灌输新的思想，都要求你获得与以上完全相同的三个要素。阿德勒博士儿时的经历中含有权威渠道（他父母和老师）、反复听到、通过当众出丑的强烈体验得以强化这三点。他的解放始于另一次强烈的体验和情绪反应，后者使他重获自由，并激励他拷问和质疑原先的信念。

受到催眠的推销员一例

在《成功推销的秘诀》一书中，约翰·D.墨菲讲述了著名销售专家埃尔默·惠勒怎样利用莱基的理论提高某位推销员收入的故事：

> 某家公司邀请埃尔默·惠勒担任其销售顾问。销售经理请他关注一个很不寻常的案例。有位推销员总是想方设法保住5000美元的年薪，不管公司分配他推销哪个领域的商品，也不管给他多少酬金。
>
> 因为这位推销员在一些小商品领域曾有不错的销售业绩，所以公司就给他分配了一种市场较大、前景较好的商品去推销。但是第二年，他拿到手的酬金数目和他在小商品领域推销时拿到的几乎一模一样——5000美元。在接下来的一年里，公司付给所有推销员的酬金都有所增加，唯独这位推销员仍然只挣5000美元。于是，公司派他去推销最难推广的一种商品——但这次和往常一样，他仍然只得到5000美元。
>
> 惠勒与此人谈了一番，发现问题并不在于推销哪个领域，而是这位推销员对自己的评价。他认为自己每年只能挣5000美元，只要怀有对自己的这种理念，外界条件怎样变化似乎就不重要了。
>
> 当分配他去某个难以推销的领域时，他拼命工作以挣到那5000美元；而当分配他去推销某种好推销的商品时，只要那5000美元有把握挣到，他就会找出各种各样的借口不去再接再厉。有一次，目标刚一达成，他便开始生病，在那一年剩下的时间里无法再工作。但奇怪的是，医生在他身上找不到一点毛病，而且在随后一年的年初，他又神奇地康复了。

显然，这是一个很久之前的故事了，光从5000美元这个收入数字就可以看出故事发生的年代。当它出现在本书的第一版中时，一些销售经理开始一个接一个地就这则故事给我写信，每封信都举了一个类似的故事为例。他们都说，他们公司就有个人与这位推销员一样，他们对此人已经灰心丧气、失去了信心。一位销售经理写道："霍华德像提前就设定好了收入界限一样，无论有多少机会、情况怎样，他都不会改变这一界限。"这话说得千真万确，这种信念深深地"设定"在他的自我意象中。一旦重新设定，他就会设法追求新的目标。

►◄ 错误的信念能使人变老20岁

我在前一本书《保持青春奇遇记》中曾详细地介绍过一个例子，讲的是拉塞尔先生由于某个错误的想法几乎在一夜之间便老了 20 岁，然后在接受事实真相时又以同样快的速度重获青春。

长话短说，这则故事是这样的：我为拉塞尔先生的下嘴唇做了一个整形手术，收费很低。但我提了一个条件，就是他必须告诉自己的女朋友，说这个手术花光了他一生的积蓄。他的女朋友对他把钱大把地花在她身上非常满意，而且一直表明很爱他，还说由于他下嘴唇太大，她绝对不能嫁给他。然而，当拉塞尔把这件事告诉她，并且自豪地展示全新的下嘴唇时，她的反应与我预料的如出一辙。她勃然大怒，几乎失控，说他把自己所有的钱全部都花光简直是个傻瓜，还明确地说她从来没有爱过他，今后也永远不会。她只是把他当成容易上当受骗的家伙戏耍，因为他总是大把地把钱花在她身上。不过，她接下来的言行超却出了我的预料。她在生气和反感之余，还宣布她要给他一个"伏都教式"（voodoo，伏都教，一种主要在加勒比海国家尤其是海地流行的宗教——译者注）的诅咒。拉塞尔和他的女朋友都出生于西印度群岛的一个小岛，在那里，无知者和信奉迷信的人都信仰伏都教。他的家庭经济相当宽裕，受到过良好教养，而且是名大学生。

在勃然大怒之际，女朋友便"诅咒"了他。虽然他隐约觉得不舒服，但事后也没有想太多。

然而，一段时间之后，他觉得嘴唇里长出一个又小又硬的奇怪肿块，茫然之余，他想起了对方的诅咒。一位对"伏都教式"诅咒有所了解的朋友坚持认为，他嘴里的这个肿块正是可怕的"非洲小虫"，它会慢慢吃掉他的所有精力和体力。他开始担忧，着力寻找自己力量衰弱的迹象，并从此食不甘味、夜不能寐。

第一次和拉塞尔先生交谈的几个星期后，他又到办公室来找我，于是我从他嘴里听到了这些情况。护士已经认不出他了，这也不奇怪。第一次拜访我时的拉塞尔先生是个让人过目不忘的年轻人，嘴角稍大，整个人也很高大。他身材魁梧，有着运动员般的体格，言谈举止也都显示出内心的高贵，使他显得魅力四射。

然而，此时坐在我办公桌对面的拉塞尔先生，似乎一下子老了至少20岁。他像老年人那样双手轻轻颤抖，眼眶和下巴深凹进去，体重至少减轻了30磅。外表的各种变化都表明了医学称之为"老化"（要是能找到一个更好听的名字就好了）的过程。

在迅速检查他的嘴唇之后，我向拉塞尔先生保证说，我只用不到30分钟的时间就可以去掉他嘴里的"非洲小虫"，然后我照着做了。曾经作为罪魁祸首的肿块原来不过是他手术后留下的疤痕组织。我割掉了它，拿在手里让他看。重要的是他看到了事实真相，并且不再怀疑。他长舒一口气，看上去似乎姿势和表情都立即发生了变化。

几个星期后，我收到拉塞尔先生写来的一封热情洋溢的信，信中还夹着他和新迎娶的新娘的一张合影。他回到了故乡，与青梅竹马的心上人结了婚。照片中的男士是那个最早的拉塞尔先生。他再次于一夜之间返老还童。一个错误的信念曾经使他苍老 20 岁，而事实真相不仅让他从恐惧中解脱出来、恢复了信心，而且还真的使老化过程完全颠倒。

如果你像我一样见过拉塞尔先生（无论在我之前还是之后），请千万不要再对信念的力量怀有丝毫疑虑，因为作为一种事实加以接受的想法无论来源于何种渠道，都完全可以像催眠那样具有强大的威力。

►◄ 每个人都在催眠中吗

毫不夸张地说，从某种程度上讲，每个人都在催眠之中。催眠他们的，可能是从别人那里不加鉴别地接受的思想观点，也可能是他们反复向自己重申或者说服自己相信的想法。这些消极想法对行为所产生的影响，就像某个专业催眠师向催眠主体大脑灌输的消极想法所起的影响一样。你见过地地道道的催眠演示吗？如果没有，请让我描述由于催眠师暗示而产生的几个简单现象。催眠师告诉某个强壮的足球运动员，说此人的手被粘在桌子上，根本抬不起来。这不是个"试不试"的问题，而是他根本做不到。他既紧张，又想努力抬起，到最后，胳膊和肩膀上的肌肉鼓得像绷紧的绳子，但他的手仍然像长在桌子上一样。催眠师告诉一位举重冠军，说他无法把桌子上的铅笔拿起来。尽管正常情况下此人能将 400 磅重量的东西举过头顶，此时他却真的无法拿起一支铅笔。

让人奇怪的是，在这些例子中，催眠并没有弱化运动员的身体。他们的身体其实和平时一样强壮。但是，由于无法有意识地认识这一点，他们自己在与自己作对。一方面，他们企图通过主观努力抬起双手或拿起铅笔，实际上是在收缩举东西时要使用的那些肌肉；另一方面，"你做不到"这一想法却使相反的肌肉在违背他们意志的情况下收缩。消极想法使他们自己击败自己；

他们体现不出或用不上真正可用的力量。

另一位运动员则在测力计上测试握力，发现读数是 100 磅。无论怎样努力、怎样紧张，他都无法使测力计上的指针向 100 磅前挪一点。此时他受到催眠，催眠师对他说："你非常非常强壮，你有生以来从来没有这样有力过。你要比以前强壮很多。你自己都为你这么强壮感到惊讶。"此时再次测试他手部的握力。这一次，他轻而易举地就把指针"逼"到了 125 磅刻度处。

同样很奇怪的是，催眠并没有给他的实际力量带来任何提升。催眠暗示所做的，就是战胜某个消极想法，而正是这一想法此前阻止了他展示自己的全部力量。也就是说，这位运动员在处于清醒状态时，由于消极地认为自身握力只有 100 磅，所以给自己的力量施加了限制。催眠师只是解开了这道精神枷锁，使他能展示出自己的真正力量而已。这种催眠其实就是暂时"解除他的催眠状态"，把他从自己设定的自我信念中解放出来。

正如巴勃尔博士所言，当你在催眠期间看到如此神奇的事情发生时，很容易想当然地以为催眠师必定有某种魔力。口吃的人能够流利地说话；胆怯、害羞、内向的人变得喜好交际、镇定自若，并能发表动人的演讲；在清醒时面对纸笔特别不善加法运算的孩子，竟然能在头脑中默算三位数的乘法。之所以发生这一切，皆是因为催眠师告诉他们自己有这个能力，并引导他们付诸实施、顺利完成。对旁观者来说，催眠师的话似乎有一种魔力。然而事实并非如此。其实，在遇到催眠师之前，做成这些事的力量和基本能力始终都存于催眠主体的内心，只不过催眠主体由于不知道自己身上有这种能力，从而无法运用它罢了。由于脑子里存有消极信念，他们将这种能力封闭了起来，抑制了它。由于认识不到这一点，他们陷入了自我催眠，认为自己无法完成这些事。与其说催眠师催眠了他们，倒不如说催眠师解除了他们的自我催眠更准确。

无论你是谁，你身上都具有某种能力和力量，使你能做为追求幸福和成功而想做的一切事。此时此刻，那种连你想都没有想过的力量就存在于你内心。而且只有当你改变自己的信念时，这种力量才开始为你所用。尽快将自己从"我做不到""我活得没有价值""我不值得那样"以及其他自我限制想法的催眠状态中解脱出来吧。

▶ 自卑情绪可以自我医治

至少有 95% 的人在某种程度上让自卑感影响了自己的人生，而对无数人来说，这种自卑感成了他们获得成功和幸福的严重障碍。

在这个地球上，每个人都在某些方面不如另一些人或另一个人。即使以演讲家的身份出现在人数众多的观众面前，我也知道还有很多人在讲台上比我更优雅、更雄辩、更有魅力。我知道这一点，但这个事实并不能诱发出我内心的自卑感，从而影响我的生活，只是因为我不会不识时务地拿自己和他们比，不会觉得仅仅由于我在某些领域没有他们那样老到和娴熟就否定自己。我还知道，在某些领域，我遇到的每个人——从偏僻西部的牛仔到银行行长，都在某些方面比我优秀。但是，和前述一样，这些人无法像我那样擅长修复一张带有伤疤的脸，或者像我那样出色地做其他一些事情。而我敢保证他们也不会因为这一点就自惭形秽。

自卑感与其说源于事实和经历，不如说源于我们对事实所下的结论和对经历的评价。比方说，我打高尔夫球比不上杰克·尼克劳斯和阿诺德·帕尔，但这并不会使我低人一等。阿诺德·帕尔不会做手术，他在外科手术方面低我一等，但也不能表示他这个人就低我一等。这一切完全取决于我们采取什么标准、采用谁的标准来衡量自己。

使我们产生自卑感、影响我们生活的，并不是我们对技不如人的认识，而是对自卑的感觉。

自卑感的发生只有一个原因：我们自己判断自己，我们不以自身标准或普遍标准衡量自己，而是拿别人的标准来对号入座。这样做的时候，我们无一例外在任何情况下都只能"屈居第二"。但是，由于我们认为、相信、假定自己应当达到其他人的标准，所以当达不到时我们便觉得痛苦和平庸，并认定是自身出了问题。循着这种荒谬的推理过程，接下来自然就会得出这种结论，即我们"没有那本事"，我们不值得享有成功和幸福，我们根本做不到完全展示自己的能力和才华，并为此觉得内疚。

之所以发生这一切，是因为我们听任自己受到一种完全错误想法的催眠。这种想法如"我应该像某某人那样""我必须成为某某人"。稍加分析，这些想法的错误性都很容易被识破，因为事实上，世上并没有适用于所有人的、放之四海而皆准的固定标准。组成"所有人"的是个体的人，而世上没有哪两个人完全一样。

▶◀ 新鼻子和新鞋子都无法确保成功

不妨想想围绕迈克尔·乔丹设计的那个著名广告计划，其口号是"我想成为迈克尔那样的人"。几乎没有哪个年轻人的身体条件足以复制迈克尔·乔丹那样的表现，即便他们同样拥有乔丹那样的敬业精神、职业态度和永不言败的灵魂。如果这种广告计划的目的是无害的，只是为了推销运动鞋和运动服，那倒还好；如果对某些人来说，它能起到积极的激励作用，能成为奋发向上的动力，那倒也值得肯定。然而可悲的是，对另一些人而言，它唯一的作用就是树立了一个不可能实现的理想，或者更糟的是，使一些年轻人从自我存在的中心飘移到自我存在的边界，而当他们发现一双新运动鞋产生的魔力，和手术刀造出的新鼻子产生的影响差不多时，就只能以失望而告终。

如果以更成熟、更睿智的眼光看待迈克尔本人和这一广告计划，我们就不会受到它的"反向催眠"，而是将其转化为动力，更加深入地分析那些造就乔丹成功的最大原因的特质和行为，不去沉迷于追求天生而非凡的身体天赋。这种特质和行为可能存于一个人的内心，你可以强化它，甚至模仿它。我们甚至可以说，一个生来身体条件就不如乔丹的篮球运动员，如果以乔丹为榜样，也可能在篮坛比肩乔丹甚至超越他的成就。

具有自卑情绪的人总是通过追求卓越而错上加错。他的感受产生于"我不如别人"这一错误前提。从这个错误前提出发，一个完整的"逻辑思维"和合理感受便得以建立。如果他由于自认为低人一等而感觉不佳，那么救治的良方就是使自己变得和所有人一样好，而真正感觉良好的唯一途径就是使自己高人一等。这种追求卓越的心理会给他带来更多苦恼，导致他更加灰心，有时候甚至会造成以前从未有过的神经衰弱。他变得比过去任何时候都更痛苦，而"越是努力地尝试"，痛苦就越深。

自卑和优越是同一枚硬币的两面，治愈自卑感的途径在于认识到硬币本身就是人造出来的。

只有这几句话才是你的真理：

> 你并不低人一等；
> 你也不高人一等；
> 你不过就是"你"。

"你"作为一种客观存在，不应与任何其他人形成竞争，因为在这个地球上没有任何人和你一样，和你处在完全相同的水平线上。你是一个个体，是独一无二的。你不"像"任何其他人，也永远不会"像"任何其他人。你不应该去和其他人相像，也不能指望其他人像你。

造物主并没有创造一个"标准"人，并通过某种方式给此人打上一个写有"这个人"的标签。他把每个人都创造成独一无二的个体，就像把每一片雪花都创造成独一无二的个体一样。

造物主造出矮个儿和高个儿，魁梧的人和小巧的人，瘦人和胖人，黑种人、黄种人、白种人、棕种人。他从来没有对某种尺寸、体形或肤色表现出偏爱。

自卑情绪和与其相伴的每况愈下的表现，在心理学实验室是可以相互转变的。你要做的事只有一件，就是设立一个"标准"或"平均值"，然后让你的实验对象相信他达不到这个标准或平均值。我在本书首版中介绍了一位心理学家，此人希望搞清自卑感对解决问题的能力具有哪些影响。他让学生们参加一整套例行测试。"但是随后他郑重宣布，那些'普通人'只须花费测试所要求时间的 1/5 就可以完成任务。测试进行中，铃声响了，这表示'普通人'所要求的时间已经到点。事实上，这时候一些很聪明的测试对象反而变得战战兢兢、不知所措，认为自己才是笨蛋。"

假设一下，如果你对高尔夫无甚了解，第一次被人带到高尔夫球场，别人向你演示这项运动的基本技巧，并告诉你新选手的平均成绩是 80 杆。如果你相信这句话的正确性，那么在你打完第一轮高尔夫时，对其结果有什么感觉？

或者再假设，如果你对保险业知之甚少，但打算进军保险业，并且相信新加盟的保险代理人一开始每月酬金是 2 万美元。第一个月下来，你对收入的结果有何感受？第二个月呢？

还可以想象把自己和某种非常不公平的"田忌赛马"式标准对照，会带来什么危险。比如说，如果我拿自己图书作品的销售量与小说家汤姆·克兰西或斯蒂芬·金的相比，以此来衡量我作为一名作家的价值，那真是和龙王比宝了。

不要拿自己去与"他们的"标准比。你不是"他们"，所以永远赶不上他们的标准。同样，"他们"也不会拿你的标准去追求——他们也不该那样。

如果用心理控制技巧与你的自我意象交流，你的目标就不应该是觉得比别人高上一等，也不应老是觉得比别人逊色一筹，而应该是形成自己的独特人格，取得独一无二的成就。

▶◀ 怎样通过放松来解除催眠

肉体的放松在催眠过程中起着关键作用。我们眼下怀有的信念，无论是好是坏、是对是错，都是在毫不费力、不带紧张感、不经过意志磨炼的情况下形成的。我们的习惯，无论是好习惯还是坏习惯，也都是通过同样的方式形成的。由此推断，我们必须运用同样的过程去形成新信念或新习惯，也就是说，要处于放松的状态下。

如果能每天坚持肉体放松练习，就能带来与之相伴的"精神放松"和"态度放松"。从本质上讲，要解除消极态度和消极反应模式对我们的催眠作用，肉体的放松也至关重要。

Chapter 05

运用理性思考的力量获得成功

　　有一种被广为接受的谬论认为，理性的、合理的、有意识的思维对潜意识过程或手段没有影响，并认为要想改变消极的信念、感觉或行为，就必须从"潜意识"里挖掘出一点东西来。

　　你的自动机制完全不带有个人色彩。它像机器那样运转，根本没有自身意愿。它总想努力对你当前的信念以及与环境有关的认知做出恰当反应；它总想为你提供恰当的感觉，去实现你在有意识时决定追求的目标。你要通过想法、信念、解释、意见等形式向它提供素材，而它也只对这些素材起作用。

>< 你现在就能得到积极效果

在电影和电视节目中，"心理治疗"通常被描绘成一位精神病专家引导某个病人追溯遥远的童年，就像考古学要求的那样去追寻和挖掘。结果呢，人们普遍达成共识：只要去治疗一次，你就要经常进行心理治疗。

还记得一位经理人告诉我，说他有许多问题要解决，有许多行为希望改变，但绝不同意一个星期接一个星期地去拜访精神病专家，无休止地挖掘和讨论童年时代的事。

于是，我问他是否真心希望发生某种变化，是否在从来不回忆童年时代的条件下也能做到这一点。得到他肯定的回答后，我和他讨论起本章的观点，即运用眼下与想象一致的理性思维，去改变自我意象。

如果你还记得我们在前面列出的公式，不妨在分母前面加几个字，于是公式变成了：

> **你，自我人生经历的创造者**
>
> ---
>
> **理性思维导致（1）有意识思维决定 +（2）想象力将目标传递给**
>
> **（3）自我意象 =（4）发给伺服机制的指令**

用简单的话来说，在继续用制导导弹来比喻自我控制的条件下，我们运用蓄意的、有意识的理性思维去选择"靶子"，然后再运用想象力，以一种能被自我意象接受和实施的方式，把"靶子"传递给自我意象。

►►◄ 用理性思维检验自我强加的限制

不妨设想一种非常简单的情况：食物的喜好与厌恶。我曾经有个朋友从来都不吃绿豆炒腊肉，而这种配菜我爱吃得不得了，往往还就着上好的牛排一起吃。我多次想说服他试着吃一点，但他固执地说他讨厌绿豆。最后，我把他折磨得疲惫不堪。一天晚上，我们在一家饭馆里共同进餐，他勉强同意尝一点我推荐的菜，用他的话说，这道菜是"你那该死的绿豆"。"就是为了你不再给我找麻烦。"他说。

咬了第一口之后，他低声咕哝了一声"嗯"，又试着吃了第二口，接着是第三口。他说："这些东西味道还真不错。"

几个月之后我们再次共同进餐时，他主动点了绿豆炒腊肉！

如今，他认为有好几种原因使他不喜欢绿豆的味道。我并不知道是什么原因，也不了解他是否知道。我也不打算知道，因为他从来就没有透露过。但是，他并不需要仔细搜寻童年经历，不需要把年轻时的各种体验亮到大众面前，不需要费尽心思躲在楼梯口偷听大人谈话，以便挑战自己的信念，并在长大后的此时此刻，去检验这种信念的真实性。

诚然，几乎没有哪种心理问题像喜欢或厌恶绿豆炒腊肉那样无伤大雅。但是，与你品尝绿豆的味道相比，渴望自我完善、感觉良好的方式也不会复杂到哪儿去。

虽然我承认精神病学专业人士可能会提出反对意见，但我仍然坚持认为：多数人无须深入分析过去经历的人生大事，便可以通过运用心理控制技巧以及其他相关的自我完善方式，来解决大部分困扰他们的自毁问题。

✎ 别惹火烧身也许再好不过

关于过去挫折的记忆和令人不快的痛苦经历一起被埋藏在潜意识之中，但这并不表示为了改变性格，就必须"挖掘"、暴露或检验这些记忆和经历。正如前面指出的那样，任何技能的掌握都是通过"试错法"实现的，即通过"进行试验，有意识地记住错误程度，然后在下次试验中纠正"这一过程来实现的。从此，成功的反应模式被记住，在未来的试验中得以回忆和"模仿"。一个人掌握"掷马蹄铁"游戏的技巧、扔飞镖、唱歌、驾车、打高尔夫球、在社交活动中与别人打交道或者学习任何其他技能时，都必须遵循这个道理。因此，从本质上讲，任何伺服机制都包含对昔日错误、挫折、痛苦以及消极经历的"记忆"。这些消极经历不仅不会阻碍学习过程，恰恰相反，它有助于学习过程，只要将这些经历作为反馈数据合理利用即可。

然而，只要错误被发现，错误的前进路线被纠正，我们就应当有意识地忘掉错误，就应当牢记和巩固成功的尝试。这一点同样重要。

只要将有意识思维和注意力集中在即将实现的积极目标上，对昔日错误的这些记忆就不会造成有害后果。因此，我们最好"不要惹这些麻烦"。

我们的过失、错误、挫折，有时甚至是耻辱，都是学习过程中必不可少的步骤。然而，它们必须作为通往终点的手段，而不能作为终点本身。一旦完成本职任务，就应当忘掉它们。世上最不幸的人，是那些顽固地总想重温昔日时光，在想象中一遍遍割舍不下过去经历，总为过去的错误自我批评，总为曾经的罪过不停自责的人。

有一个新词用来指代在不对过去追根问底的前提下控制情绪和自我形象，叫作"基于解决方案的疗法"。如果你对这个课题感兴趣，建议读读比尔·奥汉伦的《把事情做得与别人的不一样》。

▶◀ "遗忘"的力量

当有人要求奥托·格雷厄姆说出橄榄球界的伟大接球球员某个最重要的特征时，这位克利夫兰布朗队伟大的后场球员说："一个该死的坏记性。"不少球员和教练也对我这么说，而且这种场面在媒体采访中也年复一年地出现。其意思是说，接球球员所具备的最重要的技能，是不断忘掉刚刚漏掉的可以接住却没接住的好球，以便将精力集中在"靶子"上——成功接住下一个向他传来的好球。

我曾多次在电视上欣赏橄榄球比赛，看着射门的球员射出一脚臭球，连20~30码的近距离射门都失之交臂，却立即转身投入到比赛中。哪怕整场比赛意义重大，在面临下一次距离更远、难度更大的射门时，他们仍然毫不犹豫。与身体力量和射门技巧相比，射手先遗忘、再重整的能力同样重要。

为过去的错误和过失而不断自责（无论是若干年前还是数分钟以前的事）于事无补。如果我们老是停留在失败的记忆上，并且愚蠢地得出结论，"我昨天失败了，所以我今天还会再失败"，那么对过去失败的记忆反过来便会影响当前的表现。然而，这并不"证明"潜意识反应模式本身会重复、会永存，或者表示在行为得以改变之前，埋藏在深处的所有失败记忆都必须根除。一旦改变思维，不再为过去费尽心机，昔日的记忆便伴着错误一起，无法对我们起作用。

▶◀ 不在乎过去的失败，一路向前

如果在催眠过程中告诉某个害羞、怯懦、冷漠的人，让他相信或自认为是一名胆大、自信的演说家，他的反应模式便会立即改变。他此时此刻相信自己能做到什么，他就能做到什么。他的注意力完全交给了想要实现的积极目标，而根本没有考虑过去的挫折。

多萝西娅·布兰迪在其优秀著作《醒来并活着》中讲述了这一观点怎样使她硕果累累，成为一名成功、优秀的作家，以及怎样开发、利用她自己从不知道的才华和能力。在目睹了一次催眠演示之后，她既觉得好奇，又感到吃惊。后来，她无意读到心理学家 F.M.H. 迈尔斯写过的一句话。她说，这句话改变了她的一生。迈尔斯的这句话解释说，催眠主体展示出的才华和能力，应归功于在催眠状态下对过去的失败进行记忆上的"清除"。如果人在催眠状态下能做到这一点（多萝西娅·布兰迪不禁扪心自问），如果普通人身上具有的天赋才华，仅仅因为对过去挫折的记忆而受到阻滞、得不到利用，那么，为什么一个人不能在清醒状态时，通过无视过去的挫折最终获得成功呢？她决定一探究竟。行动的前提是：那些力量和能力是实实在在的，只要她勇敢向前，而不是怀着试探之心、毫不虔诚，那么她就能运用这些天赋。不出一年，她的作品数量猛增，销售量也翻了几番。另一个让人惊奇的结果是：她发现自己在公开场合演讲的能力突飞猛进，成了一名知名的演说家，而且对演讲乐此不疲。相比之下，此前她不仅没表现出丝毫的演讲才华，还恨透了在公开场合讲话。

有了本书诸多章节中描述过的那些心理控制练习，再加上为期 12 个星期的心理控制课程中提供的更具体、更复杂的精神训练练习，我的努力目标之一，就是帮助你凭自身想象"像梦想成真一样去做事"，并鼓励你反复地、创造性地那样做。

在《幸福之路》一书中，伯特兰·罗素写道：

> 我并非生下来就幸福。小时候，我最喜欢的歌曲是："厌倦了尘世，尘世充满了我的罪孽。"……长到少年时，我憎恨生活，始终处在自杀边缘，然而自杀的念头却被进一步学习数学的愿望所阻止。如今，恰

恰相反，我享受着生活，几乎可以说，每过去一年，我就更热爱生活几分……这主要是因为我越来越不那么过度关注自己。慢慢地，我学会了对自己、对自己的缺点漠不关心。我开始将注意力更多集中在外界物体上：世界的状态、知识的各种分支、让我产生好感的个人，等等。

在同一本书中，他描述了自己通过什么样的方法改变建立在错误信念上的自动反应模式：

通过运用正确的技巧来克服潜意识幼稚的暗示，甚至改变潜意识的内容，都是完全可能的。只要你开始因为某件事感到懊悔，而你的理智告诉你这件事其实并不坏，此时，你就应分析之所以懊悔的理由所在，并清清楚楚地查明这种懊悔心理的荒谬之处。让信念生动、强烈起来，以至于它们能给你的潜意识留下强烈印象，强烈到足以与婴儿时期保姆或母亲给你留下的印象相抗衡。深入观察不理性的一面，下决心不去看重它，不让它支配你。无论何时，只要它将愚蠢的想法和情绪灌输到你的意识当中，都要对其斩草除根，分析它们，然后拒之门外。不要听任自己当一个优柔寡断的傀儡，一会儿被理智摇到这边，一会儿被幼稚的愚行摇到那边……

多数人在表面上扔掉童年时代的盲目崇拜之后，总认为事情已经完结，不必再做什么，却没有意识到这些盲目崇拜的影子仍然隐藏在看不见的地方。一个合理的信念到达时，我们应该仔细窥探它、坚持它，直到最终结果出现，去查明与这一新信念不一致的信念是怎样存活的……

我的建议是：一个人应该着重记住自己在理智状态下信奉什么，永不允许相反的不理智信念顺利通过，或者听凭这些不理智信念支配他（无论这样的信念是什么）。其实，这表示当他经不住诱惑而变得幼稚时，必须努力说服自己理性起来。

►◄ 改变想法靠的不是"意念"，而是其他想法

借助伯特兰·罗素的上述技巧，可以找出那些与内心深信的信念不一致的思想。可以看出，这种技巧和普雷斯科特·莱基经过临床检验并取得巨大成功的技巧其实是一回事。莱基的方法在于让主体"看出"他们的某些消极观念与内心深处持有的某些其他信念不一致。莱基认为，构成"个性"的所有想法和观念都必须看似彼此一致，这是"思维"本身的本质属性。如果某个既定想法的不一致性被意识识破，那么它必然会被拒绝。

我在本书首版中曾讲述我与一位推销员的相遇。在这次相遇中，我运用这种技巧聚焦于两个相互冲突的概念，并将那个没有效果的信念消灭掉。

我有个病人是名推销员，此人一拜访"大人物"就"吓得要死"。他的恐惧和紧张通过一次心理咨询就得到了克服。在这次咨询中，我问他："从客观上讲，你是不是特别重视那些人，当你畏畏缩缩地进入那些人的办公室时，总是毕恭毕敬、点头哈腰？"

"我想说'不'！"他被激怒了。

"那么，为什么你从心理上要奴颜婢膝、点头哈腰呢？"

另一个问题是："进入某个人的办公室时，你会不会像叫花子那样伸出手，讨几枚硬币或一杯咖啡？"

"当然不会。"

"当你过于注重他会不会同意你的推销、会不会让你失望时，你看不出自己所做的其实是一回事吗？就是说，如果你大大方方地伸出手，恳请他在你的订单上签字，并且把你当作一个'人'而接受，会有什么不一样呢？"

▶◀ 用心理学杠杆搬掉前进途中的 "高山"

莱基发现，有两个强有力的杠杆可用于改变信念和观念。这两个杠杆是：1.某种感觉或信念，即"我能做好分内之事，我在独立发挥着作用"；2.一种信念，即不应该让身上的"某种东西"遭受侮辱。

有意思的是，神经语言规划（NLP）（以格林德勒和班德勒两位博士的深入研究为基础，托尼·罗宾斯又将其推广）为这两个产品提供了一个工具箱：痛苦和成就。

我认为，痛苦和根深蒂固的信念（你不应该受到极大侮辱）是完美的激发器，它们最迅速、最轻易、最果断地激励人们采取行动，这并非偶然。懂得这一点，你就能运用它们激励自己采取建设性的行动。

不妨告诉你，有一个人就是这样受到激励的。杰夫·保罗是心理控制基金会董事会成员，也是《零阻力销售》的合著者。他曾经是一位签证财务规划师，而且颇有成就。但他从事这项工作时，感到特别不快乐。他不喜欢上下班来回坐车、穿西装打领带、打电话或亲自上门推销，也讨厌这项工作的重复和枯燥。一天，理性思维的火花一闪，他发现不必总是为了谋生而去做某一件特别不喜欢做的事。他清醒地意识到，要实现经济目标，肯定还有别的路可走。于是，杰夫着手行动起来。他想出了一大堆自己根本不想做的事，一一罗列出来。他的清单中包括"必须穿西装打领带""必须管理某个职员团队"，其他十几项与此内容差不多。接着，他运用想象力"货比三家"，想想另外一些对他有些吸引力但不需要他牺牲自我的职业和事业。

经过慎重考虑之后，他决定从事邮购业务。他发现，自己曾经加以完善并成功吸引客户的那些方法，能让许多财务规划师从中获益。他构想了一项业务：经营这一业务时，可以通过图书、手册和录音节目等形式出版这些信息，然后通过广告和直接邮寄等手段，将制作的产品卖给所在行业的其他成员。他在自家一间办公室里就能经营，而获取订单、打印和送货等工作，则由外部承包商为他做。他使自我意象相信：他能通过集中精力，比如，对同行的渴望和挫败洞若观火，拥有丰富的推销经验，对邮购日益提高的兴趣以及愿意学习的渴望等，来做成这项业务。尽管早期尝试很不成功，但他采取了一系列措施进行"路线纠正"，并最终取得了令人瞩目的成就。我不妨在此处简要列举：

首先，杰夫创立了一项邮购出版业务，面向财务规划师和保险经纪人销售，这让他只须待在家中的小办公室里，便能坐享每月 10 万美元以上的收入。其次，杰夫制作函授课程、开设研讨班以及通过其他方式，向别人讲授他的邮购业务模式，由此激发了许多人开创此类业务。为进一步把事业做大，他写了一本书介绍经验，书名叫《怎样穿着衬衣坐在厨房餐桌旁每天净挣4000 美元》。这本书的销量已达 10 万册以上。最后，他培养出了高水平的推广技能与营销广告词的撰写技能，使自己成为一名红得发紫的高薪顾问。也许最重要的是，他发展了自己的业务，积累了一笔不小的财富，却无须再做自己不喜欢的事。

杰夫把成功归因于使用心理控制技巧，但也强调他所称的"精确思维"（我称之为"理性思维"）是成功的首要起点。

对信念进行认真分析并重新评价

理性思维的力量之所以能够起作用而没有被发现，原因之一就在于我们很少运用它。

我们应该对潜伏在消极行为之后的信念追根溯源。成功看似触手可及时，是否总会发生什么事使你与成功失之交臂？也许只是你心里以为自己不值得获得成功，或者认为你不该成功。你与其他人一起时是否局促不安？可能是你认为自己不如他们，或者认为其他人本身就不热情、不友好。当处于某种相对安全的环境时，你是否会莫名其妙地焦躁和害怕？可能是你相信所处的世界本来就是个充满敌意、不利和危险之地，或者认为自己活该受罚。

可想而知，有多少人希望获得杰夫那样完美的终身事业（当问到是否希望时，总有人会给出肯定的答复），却又能立即找出一大堆原因，说明他们为什么无法做到杰夫做到的那些事。这些"原因"其实根本不是以当前理性思维为基础的原因，而只不过是信念，是易受改变的信念而已。

还记得吗？行为和情感都源于信念。要想根除促成情感和行为产生的信念，就要问自己根除它的原因。是否有某种任务你本希望去完成，某种渠道你希望借以自我表达，却总因为觉得"我做不到"而止步不前？为什么不扪心自问"为什么"呢？

"为什么我认为自己做不到？"

然后问自己："这一信念是建立在确切的事实上，还是基于某个假设，或者说以一个错误的结论为基础呢？"

接着，问自己以下四个问题：

1. 这种信念的产生有没有合理的原因？
2. 我固执地坚持这一信念是否正确？
3. 在类似情况下，如果别人是我，我会不会依旧得出相同的结论？
4. 如果并没有足够的理由让我信奉它，为什么我必须表现得就像它是真的一样？

不要草率地放过这些问题，而要苦思冥想、认真考虑它们，怀着感情去思索它们。你是否发现你在自欺欺人、在低估自己，其原因并非某个"事实"，而只是由于某个不合理的错误信念？如果是这样，不妨试着激起自己的某种愤慨甚至怒火。愤慨和怒火有时候可以作为一剂释放的良药，让你摆脱错误的想法。艾尔弗雷德·阿德勒曾经对自己、对他的老师"发疯"，从而得以摆脱对自己的消极定义。这种经历其实并不罕见。

一位老农说，他永久戒烟的那一天，是因为发现自己把香烟丢在家里，而回家拿烟又要走上两英里。走到半路时，他觉得自己在被某种坏习惯所"利用"，这让他觉得很丢脸。他疯了似的掉头就往回走，一直走回地里，此后再也没有吸烟。

美国著名律师克拉伦斯·达罗说，有一天，他试图拿一件物品做抵押，想换 2000 美元买一套房子。他说，那一天让他发疯，也让他走上了成功之路。当天这桩交易即将顺利完成时，债主妻子对债主说："别傻了，他根本挣不了那么多钱赎自己的东西。"达罗本来也对这件事的真实性产生了深深的怀疑，但一听到对方这句话时，"某种意想不到的事发生了"。他变得非常愤怒，这种怒火既针对那个女人，也针对他自己。于是他决定要当一个成功者。

沃尔特·迪士尼说，他曾经想出一些好主意，但是一群游乐园所有者却调侃般地贬低他，还笑话他痴人说梦，竟然想实施迪士尼乐园计划。也就是在那时，他决定要把计划实施成功。

我有个商人朋友也有过一段类似的经历。年届四十仍然毫无成就的他总是为将来怎么办而担忧、为自己无能而懊恼，但又怀疑自己能否顺利完成每一项投机业务。怀着恐惧而焦虑的心情，他想通过赊账买一台机器，但被对方的妻子拒绝。这位女士并不认为他将来还得起借款。一开始，他因希望破灭而沮丧，但随后便开始义愤填膺。他被谁这么粗暴地摆布过？他何曾在世上如此艰难，并且总对失败心有余悸？这种场面唤醒了他身上的"某种东西"（某个"新我"），他立即发现这个女人的话（以及他的自我看法）是对"这种东西"的公然冒犯。他的确没有钱、没有商业信誉，也没有办法实现自己想实现的目标，却找到了一条蹊径。不出三年，他就获得了自己从未奢望过的成功。

▶◀ 深深渴望的力量

要想让理性思维有效地改变信念和行为，就必须让内心深处的情感和渴望与其相伴。

为自己描绘你希望成为的那种人、描绘想拥有的那些东西，并假定这些设想成为可能的那一刻就在眼前。要唤起对这些目标的深深渴望，对它们充满热忱；要仔细分析它们，在脑子里来回查看。你当前的消极信念是通过想法加情感形成的。如果能产生足够的情感或内心感受，你就会产生新的思想和想法，从而将过去的消极信念一笔勾销。

如果进行深入分析，你将发现自己现在运用的过程在以前也常常被用到，它就是：担忧！唯一不同的是你使自己的目标由消极的改变为积极的了。担忧时，你首先会在想象中栩栩如生地描绘一种不希望出现的后果或目标。你忍不住对它来想去（仔细思考它），把它作为一种可能发生的情况描绘给自己。你反复认为它真的可能发生。

这种不断重复的对可能性的不断思索，会让最终结果变得越来越真实。一段时间后，就会自动产生与其相应的情绪（如恐惧、焦虑、沮丧），所有这些情绪都与你不想看到的、你所担心的那个最终结果对应。现在，不妨改变目标图像，以便从此同样容易地产生"美好"情绪。不停为自己描绘某个想要的结果。这样做也能使美好的可能变得越来越真实可信；同样，与其对应的情绪，如热情、快乐、鼓舞和幸福也能自动产生。

▶◀ 理性思维能做什么、不能做什么

还记得吗？自动机制既能作为一种失败机制，也能作为一种成功机制，

成为二者的难易程度是一样的。至于成为成功机制还是失败机制，那取决于你提供什么样的数据让其加工以及为它设定什么样的目标。从本质上讲，它是一种目标追寻机制。它将要实现的目标取决于你。许多人都无意识地、不明智地通过怀有消极态度、习惯性地在想象中向自己描绘失败，来设定失败的目标。

你也许还记得：自动机制对你提供的数据并不进行推理或提出质疑，而只是对数据进行加工，并做出相应反应。

许多人在公众场合应邀上台发言时都怯场，这很有意思。大量研究结果表明，怯懦是所有成年人共有的最常见的三四种恐惧症状之一。从理性思维的角度看，至少在美国，没有哪个人在公众场合呆若木鸡却又大受欢迎。多数情况下，公开露面时忘记几句台词或者开几句玩笑，其实无伤大雅，总比怯场要强。

自动机制所接收的，是与环境有关的真正事实，这一点非常重要。有意识理性思维的工作是：了解事实、形成正确判断、评价、发表意见。在这种关联中，多数人都容易低估自己而高估面临的困难。

心理学家丹尼尔·W.约瑟琳写道："我做了大量实验想查明阻滞思维变通的真正原因何在。实际上，其原因在于某种倾向的存在，即夸大困难和脑力劳动的重要性；而人们看重脑力劳动，是因为这样就不会显得自己过于无能。"

▶◀ 其实不过是一场游戏

阿兰·夏皮罗博士在他的著作《高尔夫的精神危险：战胜它们，结束自毁式回合》中列举了六条精神危险，其中前四条与我们的话题直接相关，其寓意远远超出了高尔夫球比赛本身。

危险1：对恐惧的恐惧。 陷入这一危险困扰的高尔夫球员在开始一个回合之前，会体验到预期的焦虑，击第一杆时会战战兢兢，而在关键时刻又会"卡壳"。

危险2：失态。 怀抱这种感觉的高尔夫球员会把球杆扔到地上，扔进某个水障或者将其缠到树上。

危险3：大喜大悲。 这些高尔夫球员总是突然瞧不起自己。他们的情绪可以从打出一记困难的标准杆之后经历狂喜，一下子转变为击中球座后球无法入洞的沮丧。这些高尔夫球员在打完一轮比赛后，可能连续好几天得意扬扬或垂头丧气（当然，这要根据他们往常的表现来定）。

危险4：担心别人怎么想。 这种人害怕在高尔夫球场陷入窘境，容易产生自卑感，对别人的玩笑非常敏感，觉得别人老在密切注视他们，或对他们评头论足。

显然，这些危险中的任何一种都足以阻碍伺服机制的运行。当然，分析后可以发现，它们都是不合理的。危险3是典型的对生活中的事件反应过度，发生这种事几天或几星期之后，才知道这样的事件多数看上去根本没有当时想象的那么严重。饱受过度反应这一坏习惯折磨的人，离躁狂抑郁症其实只有一步之遥。在一生中，他们至少有一半时间会处在毫无来由的痛苦中；他们会慢慢让自我意象相信"我没有自控能力"；还会导致别人避免与他们交往。危险3能使其他危险变得更危险。

有一个经典的高尔夫故事：一个周末常去打球的水平一般的人，有一天回家时心情特别郁闷，闷闷不乐地干了一些家务。最后，妻子忍不住了，说："宝贝儿，别忘了这不过是一场游戏。"他生气地反驳："你根本不知道打高尔夫最该死的事是什么！"

不错，这的确只是一场游戏。今天不过只是今天。错误不过是一个错误。我们应该用理性思维去培养长远的眼光，超越这些让人心灰意冷的精神危险。将理性思维创造性地用于"心像"，向自我意象输入鲜活的新证据，向伺服机制传递一个新目标，这样的思维过程才是成功的过程。

▶◀ 事实并非如此

检验和分析导入的信息，排斥不真实的信息，这都是合理的有意识思维的任务。许多人都被某个朋友偶然的一句话吓倒，如"你今天早上的气色可不大好"。如果某人冷落或怠慢他们，他们便会盲目相信这种行为意味着他们低人一等。多数人每天都会受到消极暗示。如果有意识思维此时正在工作，我们就不必盲目接受这些暗示。"事实并非如此"是一句很好的座右铭。

在《与内心傀儡做斗争——外表正常者的疯狂》一书中，作者将此现象形容为"脑边缘系统的抢劫"，意思是指始终处于潜伏状态的自动失败机制突然"造反"，静候良机将控制力从你的理性思维和自动成功机制中夺走。说到底，自动失败机制和自动成功机制不过是同一枚硬币的两面，只有通过最锋利的刀刃才能将其分开。他写道："……有位网球球友对我说：'小伙子，你又长胖了。'不出几个小时，由于被'看似发胖'这一不合理的恐惧感所笼罩，我开始拼命节食。秤上的读数显示我才减掉3磅，不过，引发这种恐惧感的，是对'看似发胖'的认识，而不是我真的胖了。今天，如果有人对我再说这种话，我会跑到卫生间，关上门，对自己'内心的傀儡'大喊：'不要在乎这种冷冰冰的话。不要觉得不安。好了，今天晚上，我们先不吃土豆泥和肉汁，但仅此而已。'"

暂时放下手中的工作，腾出时间给自己"练习理性思维"，这样做很有效，而且也为你确立以理性思维为基础的"心像"做好了准备。这种"心像"在必要时能一下子被唤起，从而帮你打断自己的过度反应。

►◄ 无法解决的问题就不去解决

形成合乎逻辑的正确结论，这也是有意识理性思维的工作。"我过去曾经失败过，所以将来可能还会失败"，这种结论既不合逻辑，也不合理。在不去尝试的前提下，就提前做出"我做不到"的结论，这是不合理的。倒不如学学下面这个人：有人问他会不会弹钢琴。"我不知道。"他说。"你的意思是说你不知道自己会不会？"别人问。他说："我从来没试过。"

前迪士尼大学校长迈克尔·万斯写过一本书《跳出框框思考》，他也是研究创造性思维的权威。他说，他曾向一位公司管理人员就该公司存在的最大问题提问。在聆听对方详细介绍后，万斯问："谁在解决这个问题？"那位管理人员回答："没有人。""为什么不解决呢？"万斯问。"因为解决不了。"管理人员回答。

我猜这位管理人员对万斯说"因为解决不了"时，腔调中带有恼怒和不耐烦。他认为万斯是个傻瓜，连这么简单明显的道理都不懂。

许多人一生中的表现就像这位管理人员，相信环境无法得到改善、问题无法得到解决，甚至相信：明明看到别人随随便便就能获得成功或幸福，他们不知什么原因却无法得到。结果，他们对自动失败机制释放的"精神危险"没有还手之力，就像一个血友病患者哪怕被一张纸割出口子都会致命一样。

▶◀ 搞清你想要什么，而不是不想要什么

搞清你想要什么、选择想要实现的目标，然后将注意力集中于这些目标，这也是有意识理性思维的工作。一旦认识到自己想要什么，却将时间和精力集中在不想要的东西上，这是不合理的。艾森豪威尔总统在二战时还只是个将军。有人问他：如果你的进攻军队在意大利海滩被人扔进大海，会对全体盟军的胜利产生什么影响？他说："那肯定非常糟糕，不过我从不允许自己的脑子想那种事。"

那么，你让自己的脑子想些什么呢？

多数人在日常工作中，从不对那些匆匆进入大脑（或者被迫进入他们大脑中）的东西进行任何控制。电视、广播、报纸、偶然的谈话、无意中听到的交谈、一丁点批评之词甚至广告牌都能控制他们。有一种很麻烦但发人深省的练习，就是随身带一张便笺或一个笔记本，将突然想起的每个想法都记下来。每天结束时看一眼所记的内容，亲眼看看你决定思考的那些想法是多么微不足道！多数情况下，我们就像终日在家无所事事的懒鬼：电视遥控器的电池没电了，却懒得起身换一块新的，而只是整晚坐在那里锁定那个偶然遇到的电视频道看个没完！

你总该做得比这个家伙好吧？

▶◀ 时刻保持警惕

密切关注手头的任务，关注你在做什么、周围在发生什么，以便这些输入的信息能让你的自动机制始终对当前环境了如指掌，并使它能够自发做出反应。这些都是有意识思维的工作。借一句棒球场上的用语就是：你必须"始

终盯着球看"。

　　然而，创造任务或做手头工作却不是你有意识理性思维的任务。简而言之，有意识理性思维要选择目标、搜集信息、做出结论、进行评价和预测，并让事态向前进展，但它并不保证结果。我们必须学会做自己的事，按照最理想的假设行动，至于结果，到时候自然水到渠成。

Chapter 06

放松自己才能启动自动成功机制

"压力最近已经成为我们语言中的一个流行词汇。我们称现代为压力时代。我们已经将担忧、焦虑、失眠和胃溃疡作为所处世界必不可少的组成部分而加以接受。"我在 1960 年这样写道。

1960 年，我们还不知道什么是压力！

我们没有手机持续不断发出的噪声，没有电子邮件以及其他高科技使我们始终处于"想找就能找到"，能与别人随时通信，使自己总是处于要立即对每个人做出回应的压力之下。我们根本无法预见多数企业文化中中级管理层的瓦解，这种企业文化迫使每一个人去做三个人做的事。

如今，普通人的业余时间越来越少，越来越没有私人"休整"的时间，上下班堵车的时间更长、次数更多，信息流动规模更大、速度更快，需要应对的环境也越来越复杂。

与我一开始把心理控制作为压力管理技巧而谈论的时候相比，如今，克服压力和焦虑心理，对我们生活施加控制的紧迫性要突出得多。

我始终相信，人生不必处在无情的压力和重压之下。

我们只要懂得这个简单的事实就行了：造物主通过提供一种内置创造机制来为我们的生活做好充分准备，使我们无论处在哪个时代都能成功地生活。我们无所不能的伺服机制能够毫不费力地应对社会或科技变革。实际上，伺服机制并不理解过度操劳或压力过大的含义，因为它能力有限。

我们的问题在于忽视了自动创造机制，企图通过有意识思考或意志力去完成一切任务、解决一切问题。提出问题并分析问题本来是有意识思维的任务，但从本质上讲，有意识思维自己从来就没有具备过解决问题的能力。要想把所有问题都解决完，你的压力便会与日俱增；学会将"问题"交给自动成功机制去办，然后当"甩手掌柜"，你的压力就得到了缓解。

▶◀ 不要太小心

我在本书前面运用的例子是威纳博士提供的。这个例子是：凭借有意识思考或意志力，我们甚至无法完成从桌子上拿铅笔这种简单的动作。

当一个人几乎完全依靠有意识思考和意志力做事时，会变得过于小心、过度焦虑，对结果过于畏惧。

然而，美国心理学家协会主任威廉·迪恩若干年前为我们提供的，恰恰就是这种建议，不知道我们有没有听进去。他在小短文《放松之道》中说，现代人太紧张、太在乎结果、太焦躁不安，还说有一种更好、更简单的活法。

"一旦做出某一决定，并将决定付诸实施、提上议程时，我们就应该完全放开所有责任感，只关注结果。总之，让思维自由运行，它们为你提供的服务质量就会提高一倍。"

顺便提一句，这种放松方式与简单的直觉有所不同。我非常清楚：许多人反对把重要决定和责任委托给某种像直觉那样虚无缥缈的东西去完成。在此我要提醒你，我们现在谈论的是一种实用方法，它从有意识理性思维开始，通过与自我意象相一致的想象，把任务交给某种威力无比强大的"搜索引擎"和伺服机制，而后者则会帮助你在完全没有压力的情况下完成任务和解决问题。

创造性思维和创造性实践的秘诀

可以说，刚才我们讨论的观点是正确的，其证据可以从作家、发明家以及其他从事创造性劳动的人的经历中看到。这些人总是告诉我们，创造性想法并不是通过有意识思考想出来的，而是自动、自发地产生，有点像"晴天霹雳"，即有意识思维将问题撇开，转而想其他事情。这些创造性观点并非在不对问题进行思考的情况下无序产生。一切证据都支持这样一个结论：要想接收某个"灵感"或"预感"，人们必须首先对解决某个特定问题或得到某个答案有特别浓厚的兴趣。他必须收集一切与主题相关的可用信息，考虑各种可能的行动过程。尤其重要的是，必须有解决问题的强烈愿望。但是，对问题进行界定，在想象中"看到"想要的结果，得到所有信息和事实之后，又额外地对问题焦虑、担忧，那根本没有用，反而会阻碍问题的解决。

拿破仑·希尔在其经典作品和畅销书《思考致富》中，说到他的出版商给他施加了很大的压力——让他在一天内提出一个恰当的书名。希尔对这本书的题目已经想了好几个月（那时他已经完成书稿并交给出版商），但总是不得要领。截止日期那天，编辑对他说，他只剩下一天来想出好主意，否则，这本书就会按照编辑推荐的最佳书名《用好你的智商，获得你的钞票》去印。希尔反对这个题目，认为这一名称宣传意味太浓，有点像小报上的文章标题，说那样会毁了他，说之后没有人会再看重他。"只有一天。"他的出版商说。

这便是压力！简而言之，希尔想有意识地想出新题目，但很快又放弃，因为他试了几个月都没有成功。于是，他决定把整个问题交给潜意识，它想出什么结果，就用什么结果，随它去吧。接着他小睡了一会儿，醒来时便想出了一个题目。仔细分析不难发现，他的自动成功机制所做的一切，其实就是对那个"低劣"题目的重述。"智商"就是"思考"，而"钞票"就是"致富"。

我相信，每位作家都有过类似经历。有些人故意反复脱离正常思维轨道去获得它，往往在自己打盹儿、与孙子孙女嬉戏或者坐在船上手里拿着钓竿时，把整个章节或将要写完的演讲稿交给伺服机制去完成。本书美国版的编辑、心理控制基金会会长丹·肯尼迪写过九本书和无数文章（现在还在写每月通讯），创作出数十种录音带课程，而且还是一个忙碌的广告词撰写人。他一直将心理控制技巧运用于写作，以便经过一夜睡眠后，能在醒来时立即坐在计算机键盘前，将睡梦中"为他"准备的写作内容"一股脑儿倒出来"。尽管其他人经常说写作是一件压力非常大、特别艰难的事情，但对他来说，写作一点压力也没有。

丹·肯尼迪说，他第一次受到启发想尝试这种做法，是因为我在本书首版中描写了伯特兰·罗素的经历。他说：

"我发现这样一种情况。比如说，如果我必须就某个难度相当大的主题写作，最好的方法就是尽我最大的努力苦思冥想达几个小时或几天，在这段时间快结束时，我就会做出决定，也就是说，要把这件任务先放一放。过了几个月，我会有意识地再回到这个主题，发现想做的事情已经做完了。在发现这一技巧之前，我通常要花去几个月用于担忧，因为我没有取得丝毫进展；当然，这种担忧对于我尽快找出解决方案没有任何帮助，时间算是浪费了，然而，现在如果再遇到这种事，我会将这段时间用于做其他事情。"

能为作家服务的那些东西同样也能为你服务。将创造性工作委托给伺服机制，是放之四海而皆准的实用过程。

曾任美国国家广播公司主管的雷诺克斯·莱利·洛尔写过一篇文章，讲述那些帮助他成功完成事业的想法如何产生。"我发现，当你做其他事，但让思维在不经受太大压力的前提下保持活跃时，最容易产生好想法。比如，你去美容、开车、锯厚木板、钓鱼或狩猎，或者与朋友进行开发心智的交谈。我有一部分最佳想法是偶然获得的，或者来源于与工作完全无关的信息。"

曾任通用电气公司研发负责人的C.C.苏斯说，在研究实验室里，几乎所有发现都来源于放松过程中的预感，但在此之前，要经历一段时间的深入思考和资料收集过程。

换言之，当你解除了通过有意识思考迫使答案出现的压力时，伺服机制能作为一种自动成功机制自由运转，甚至常常能做你百思不得其解的事。

你是"创造性劳动者"

我们所犯的错误在于想当然地认为这种"无意识思考"过程只是作家、艺术家、发明家和其他所谓的"创造性劳动者"所独有。其实，无论是在厨房做饭的厨师，在校教师、学生，销售人员还是企业家，都是创造性劳动者。所有人身上都具有同样的成功机制，在我们解决个人问题、经营企业或出售商品时，它能为我们帮忙，就像别人在讲述一则故事、发明一种产品时它做的那样。伯特兰·罗素说，他在写作时运用的方法，他的读者在解决平时个人问题时也能采用。杜克大学的 J.B. 莱因博士说，他倾向于认为，人们所称的"天赋"是一个过程（人脑开展工作以解决任何问题的一种自然方式），但是我们错误地只将这一过程用于写作或绘画时才叫它"天赋"。

迈克尔·J. 吉尔伯最吸引人的著作《像达·芬奇那样思考》就建立在这样一个假定之上：天赋更多的是一个过程，而不是遗传的禀赋。

实际上，每个人身上都有天赋。在多数情况下，它等待我们唤醒、释放、激励并利用。此时此刻，成为天才也许不是你自我意象中的内容，但我希望很快就是。不过，只有领会了天赋究竟是什么，身上的才华如何运用这些广义上的观点之后，你才能很快在自我意象中纳入"我是一个天才"的画面。

▶◀ "天生"行为和技能的秘诀

无论是在体育运动中、弹钢琴时、交谈中还是推销商品时，从事任何工作的技能都不仅在于实践中要辛苦地、有意识地想出每个动作和行为，还在于放松下来，让工作通过你自动完成。创造性表现是自发和自然的，不必通过自我意识或学习来实现。世界上最娴熟的钢琴家如果试着有意识想出演奏时哪根手指应该弹哪个键，那么她肯定连一首简单乐曲也弹不了。她此前（在学习过程中）已经对此类问题进行过有意识思考，而且经过刻苦练习，直到动作变得自动化、习惯化。只有当她达到某个特定层次，即能够停止有意识地努力并把演奏乐曲的事交给潜意识习惯机制（这是成功机制的一个组成部分）去完成时，才能成为一名优雅而杰出的表演艺术家。

你也许在其他地方了解过以下这四个学习步骤或叫学习层次：

1. 无意识条件下的不掌握；
2. 有意识条件下的不掌握；
3. 有意识条件下的掌握；
4. 无意识条件下的掌握。

在第 1 层次，你甚至连自己哪些地方不懂都不知道。进入第 2 层次时，你痛苦地认识到哪些事对你来说很难。在第 3 层次，你已经能够完成某件事，但在实践过程中仍然艰难，对有意识思考依赖较大，可能还要靠坚忍不拔的精神来完成。上升到第 4 层次时，曾经难做的事已经能够自动完成。这几个层次是对任何学习经历最合理、最准确的描述，无论这种学习指小孩学习系鞋带，还是指大人学习操作电脑。

重要而激动人心的是，通过运用心理控制技巧，特别是运用"精神影院"技巧代替客观的"摸着石头过河"的过程，你沿着这四级递进式阶梯向上攀登的速度越快，你就越能从这一过程中消除压力。

不要阻滞创新机制

有意识努力会妨碍和阻滞自动创新机制。有些人之所以在社交场合难为情、笨手笨脚，只是因为他们太有意识地在乎做事合理、正确，太担心做得不好，太害怕说错话、做错事。虽然很累，但他们对自己的每个动作都有清醒的认识。每个动作都是经过深思熟虑后做出的，表达的每个字都在出口前对效果进行了反复掂量。我们说此类人很拘谨，一点不错。但是，如果说"此人"并非拘谨，而是"拘禁"了创新机制，也许更为合适。如果这种人能够放手，停止尝试，不要太在乎，对行为后果不过多考虑，他们就能有创造性地、自发地做事，就能做到"我就是我"。

在体育运动中，有人说："你不能只靠不想输的劲头去获胜。"在人生中，甚至在日常生活中的各个场合，我们也会说同样的话。其实，想赢怕输这一心理起到的作用只是制造并放大压力，从而增大犯错误的概率，而不是与此相反。

给创新机器以自由的五个处方

1. 一旦决定做出，就要集中精力支持它，而不要放"马后炮"。

在本书首版中，我讲过一个故事，说的是某位企业家特别喜欢用转轮赌博。此人曾向我面授机宜："将担忧用于下注之前，而不是在轮子开始转动之后。"

我于是有机会向他引用前面提到的威廉·詹姆斯的建议，大意是说，焦虑情绪在筹划并确定某个行动过程中应该有用，但是，"一旦做出某一决定，并将决定付诸实施、提上日程时，我们就应该完全放开所有责任感，只关注结果。"总之，松开智力系统和实用的机器，让它们自由运行。

几个星期后，他突然闯入我的办公室说："我在前往拉斯维加斯时，突然想起了这种办法。我已试过了，确实管用。"

"你想起了什么？什么管用？"我问。以下是他的回答：

就是想起了威廉·詹姆斯的建议。你当初对我说的时候，我对这句话印象还不深；但当我玩转轮赌博机时，我想起了这句话。我注意到，许多人在投注之前，似乎对下注一点都不担心。显然，他们对成功的概率没有任何顾虑。不过，只要轮子开始转动，他们便目不转睛，开始担心下的赌注数量与结果是否相符。多么愚蠢啊，我想。如果他们想担心、想关注或者想推算出成功的概率，其时机应该在做出投注决定之前。那时你还可以通过深思熟虑，为投注做点什么。你可以推算一下，使投注的数量尽可能达到最佳，或者决定根本不去冒险。但是，一旦筹码放在桌子上，轮子开始转动，你不如就放松下来、好好享受。此时再苦思冥想也没有半点好处，反而会浪费精力。

于是我开始想，我自己是不是在事业或个人生活中与他们的行为一模一样？我经常在不经过充分准备，不考虑所有相关风险和最佳可能替代方案的前提下，便仓促做出决定，或者着手实施行动。但是，使"轮子"转起来之后，我便不停地担心结果会怎样、担心做的事对不对。就在此时，我做出了一个决定：今后，我一定在决策之前，把自己的担忧和有意识思考全部进行完毕；一旦做出决定，一旦"轮子"开始转动，我就要"完全抛弃一切牵挂和对结果的责任感"。不论你是否相信，这样想确实管用。我不仅感觉更好、睡得更香、工作更有劲，而且连事业也进展得更加顺水顺风。

我还发现，同一原则也适用于许多无关紧要的私事。比如，我过去常常对看牙医以及做其他一些不想去做的事表示担忧，而且很恼火。后来我对自己说："这样做很愚蠢。你在决定去看牙医之前，便已经知道看牙医让你不快，那么你就只用下决心不看就行了。但是，如果你确定这次看病之行即使有点不快也值得，而且明确做出去的决定——那你就应该忘掉不快。你要在'轮子'转动之前便考虑风险。"如果开董事会议时需要我发言，那么前一天晚上我会很担心。后来，我对自己说："我要么发言，要么不发言。如果决定发言，就没必要考虑'不发言'是不是更好——或者从心理上老想逃离这件事。"我发现，之所以引发许多紧张和焦虑情绪，都是由于我们在精神上总想逃离或逃避某件已经决定要做的事。如果你决定把事情进行到底（而不是在现实中躲避）又何必在精神上老是希望躲开或者逃避呢。我过去很讨厌社会活动，就算参加这种活动，也只是为了取悦妻子，或者出于商业原因。人虽然去了，精神上却有抵触心理，于是时常闷闷不乐、脾气暴躁或者不与人交流。后来我想，如果决定真要参加现实中的活动，那么精神上就要持赞同态度——就要消除一切抵触想法。昨天晚上，我不仅参加了以前被我称为"愚蠢社交"的活动，而且还惊奇地发现自己竟然乐此不疲。

我曾与许多商业领导人进行过交谈，有一次就详细地讨论了这个故事。我曾经为保险业巨头——都市生活保险公司举办过一次研讨会。休息时，一位高级经理和我说起"在决定做出之后又忧心忡忡"的那个人的故事，之后他又说了一番话。我认为，这番话意味深长、发人深省：

"马尔茨博士，其实世上几乎没有天生的正确决定或错误决定。事实上恰恰相反，我们做出决定，然后想办法使它变得正确。这便是领导才能的全部要义所在。"

世界最大的广告代理商麦肯·埃里克森公司主席尼娜·迪西萨曾经被《财富》杂志（在 2000 年）提名为美国商界杰出女性 50 强之一。她说："你随时可以纠正一个不合理的决定，但是，如果光想不做，你永远也不能让时光倒流。"

2. 只将注意力集中于此时此地的秘诀。

有意识地考虑目标、评估取得的进步、制订计划，这些都有所必要，但这种思考应该出现在恰当的时机和地点。在其他时间，要有意识地养成"不要有意识地考虑明天"的习惯。你的创新机制无法在明天起作用或者工作——甚至从现在起的一分钟之内也不行。你应该为明天打算，但不要老想着活在明天或者活在过去。创造性生活的意思是自发地响应环境，或者说对环境做出反应。只有当你把全部注意力都集中在当前环境上、为它提供与眼下正在发生的事相关的信息时，创新机制才能恰当地、成功地做出反应。根据你的目标筹划未来，为明天做准备，这都无可厚非，但是不要担心你明天甚至从现在开始5分钟以后会做出什么反应。关注正在发生的事，创新机制就会对现在的环境做出适当反应。明天它也会如此。它无法成功地对可能发生的事做出反应，而只能响应正在发生的事。

我曾经在一家价格高昂的美食馆招待某大公司的一位总裁戴那莫先生。他大吃大嚼、狼吞虎咽，吃完后，面前很快又送上来满满一盘食物。我问他为何如此大吃大喝，他说："我从不品尝食物。我太忙，要考虑其他更重要的事。"哦，他这样吃所吸收的营养和服用一粒药丸的差不多。我想，也许有一天的确会如此。但是，戴那莫先生吃饭的方式有两个问题：第一，他自我否认在吃美食、喝美酒时能体验到充分的愉悦，不欣赏那一片好肉经过怎样的精心准备，不知道那盘西红柿是多么鲜嫩和爽口。可以想象，他肯定同样得不到人世间的许多其他享受。第二，他的投入"华而不实"，并没有真正体现出高级主管的忠诚、经理人的严谨、企业家的热忱，也没有体现出时效性。如果人总以尽可能快的速度始终不停地运转，中间从不喘气或休整，那么是无法达到最佳状态的。保守一点说，他几乎根本不在"当下"，没有全身心地关注、投入在一件事或一个人身上，尽管这样做能给别人留下"他很忙"的印象，却不会使他最大限度地发挥智慧和才华。第二天早上，我根据自己的分析和判断，给经纪人打了个电话，将我持有的戴那莫先生所在公司发行的股票统统卖光。

如果学会从精神上为自己"减速"到能尽情享受人生体验的程度，你的人生就会愉快得多，你的"自我"就会有效得多。

3. 试着一次只做一件事。

导致混乱的原因除紧张、匆忙、焦躁等情绪之外，还有一个原因，就是企图一次做几件事。这是一种不合理的习惯。学生一边学习、一边看电视；商人不是集中精力只去"搞定"自己正在口授的信件，而是在头脑里考虑今天或本星期必须完成的所有事，在潜意识中企图把它们一次办完。

这种习惯特别害人，因为几乎没有人认为它是坏习惯。当我们对眼前的大量工作思来想去而不安、担心或焦虑时，这些情绪并不是工作本身导致的，而是我们的心理态度使然，即"我也许一次便能做完这些事"。之所以紧张，是因为我们总想尝试做不可能完成的事，从而多做"无用功"，结果让人垂头丧气，也就在所难免了。事实上，我们一次只能做一件事。认识到这一点，使自己相信这一简单而浅显的道理，我们就能从精神上不再尝试去做将要做的一大堆事，而是将所有精力都集中于正在做的这一件事上。抱着这种态度工作时，我们会感到轻松，不会有匆忙或焦虑的感觉，从而能最大限度地集中精力思考。

如果你经常看电视上的橄榄球比赛，应该见过接球队员把传到他们身边的球停下来，并且听到评论员解说"他在接到球之前就在跑"或者"他肯定听到了对手的脚步声"。换言之，他并没有将全部注意力集中在停、接球上，而是害怕对方其他球员聚拢到一起抢他的球。他想做到一拿球就立即走人，甚至提前把身体移动到远离传球方向的其他地方。

关于这一点，在专业领域有一个相对较新的词即"多任务"。多数时候，对大部分人来说，这种任务是毫无意义的骗局。顶尖高手会集中精力"各个击破"，而不是同时完成多项任务。尽管许多平庸的专业推销员在开车通过繁华路段甚至步行通过忙碌喧嚣的街道时，会用手机给客户打电话，你却看不到顶尖销售人士那样做；你将发现，当他想打这样的电话时，会找一个能100%集中注意力的地方和时机。尽管许多平庸的经理人在与人会面或者浏览重要信息时，允许自己不停地被电话铃声、内部通话设备或不速之客打断，但我所知道的最成功的经理人却绝对不允许受到此类无序状态的干扰。

▶◀ 沙漏的启示

詹姆斯·戈登·吉尔奇博士在 1944 年曾宣传过一种理论叫"获得情绪平衡"。此文曾在《读者文摘》再版，几乎于一夜之间成为经典之作。凭借多年的咨询服务经验，他发现，精神崩溃、担忧以及所有其他个人问题，都是对"我现在应该同时做许多事"这一感觉的不良心理习惯造成的。看着桌子上的沙漏，他受到了启发。就像一次只能有一粒沙子能通过沙漏一样，我们一次只能做一件事。使我们陷入困境的不是工作本身，而是我们对工作的固执看法。

吉尔奇博士说，多数人之所以感觉匆匆忙忙、筋疲力尽，是因为形成了对自身义务、责任和职责的错误心像。在某个特定时刻，似乎有十几件不同的事同时压在我们身上，有十几个不同的问题要解决，有十几种不同的压力要承受。吉尔奇博士说，无论生活多么忙碌和喧闹，这种心像都是完全错误的。即使在最繁忙的一天，我们也只会在某一时段的某一时刻焦头烂额；无论面临多少问题、任务或压力，它们也总是成"一列纵队"来到跟前，因为这是它们得以出现的唯一方式。要想获得正确的心像，他建议我们在脑海中构思一个沙漏，细口处有许多沙子一粒接一粒地向下坠落。就像错误心像会带来不安的情绪一样，这种正确的心像会给我们带来平衡的情绪。

我还发现另一个类似的心理手法对病人非常管用。这一手法也体现了以上观点：

> 你的成功机制能帮助你从事任何工作，完成任何任务，解决任何问题。想象自己把工作和问题"输入"成功机制，就像科学家把某个问题"输入"电脑一样。向成功机制运送材料的"漏斗"一次只能应付一件事。如果你把三个不同问题混在一起同时输入电脑，电脑无法给出正确答案；与此类似，我们的成功机制也无法一次处理多项任务。给自己减压吧。不要老试着一次向机器中输入一件以上的工作，那样会把它堵住。

4. 把问题留到第二天解决。

如果你成天被某个问题折磨得死去活来，但一点明显进展也没有，不妨把它从大脑中剔除，推迟做决定的时间，直到有机会"睡一觉，明天再说"。请记住：创新机制只有在你的意识不存在过多干扰时，工作效率才会最高。入睡时，创新机制便拥有理想良机，在排除意识干扰的前提下工作，当然，在此之前，创新机制的"轮子"必须已经开始运转。

还记得鞋匠和小精灵的神话故事吗？鞋匠发现，如果把皮革裁好，在休息前设计出样式，小精灵就会在他入睡时真的为他把鞋子做好。

许多从事创造性劳动的人都在使用与此相似的技巧。托马斯·爱迪生的夫人说，每天晚上，她丈夫都会把第二天要做的事在脑海里预习一遍。有时候，他还要把想完成的工作、想解决的问题列出清单才放手。

爱迪生著名的"打盹儿"习惯远不是简单的暂时休息以缓解疲劳。约瑟夫·A.罗斯曼在《发明心理学》中说："被某个问题难倒时，他会在位于门罗的工作室伸直身子平躺着，打个盹儿，从睡梦中得到某个主意来帮助他解决难题。"

亨利·沃德·比彻曾经每天布道，长达 18 个月。他的方法何在？他会让几个想法同时"孵化"，每晚就寝之前，会选出一个"正在孵化的想法"，并通过深入思考让它"出壳"。第二天早上，它多半已经自动组成一篇布道稿了。

5. 工作时要放松。

无压力下取得的成功

从某种意义上讲，没有压力却取得成功，这个想法就像不付出代价就能成功减肥一样荒谬。然而，"不劳无获"这个广受推崇的公理本身就是一个愚蠢的观点。为了在人生中取得成就、获得满足，你肯定要像沿着陡峭山坡向上推一块巨石那样，承受巨大的痛苦，不懈奋斗。如果相信这便是一个颠扑不破的真理，那么这种视野极为受限的理念只能使你的生活更加不幸。

我在本书多次使用"创新机制""自动创新机制"和"伺服机制"等词，现在我想花时间澄清一下。许多工作需要你通过绞尽脑汁的思考、担忧、计算和咬紧牙关的意志力去奋斗拼搏才能完成，而这种机制有能力都完成这些工作，而且能在不给你任何压力的情况下完成。你必须学会指导它、信任它、授权给它，然后撒手让它去干。

乔治·S.巴顿将军曾经说："永远不要告诉别人怎样做事。只告诉他们做什么，他们的独特创造力便会让你大吃一惊。"同样是这条领导原则，也适用于你与创新机制之间的关系。告诉它做什么即可，任凭它以独特的创造力让你欣喜若狂、大吃一惊吧！

不妨按照两种管理模式即宏观管理和微观管理来考虑这个问题。我所见过的长期在岗的经理人都是微观管理经理人，即使有一大帮精明能干的人供其呼来唤去，他们却从不把一些琐事甚至购买办公用品这样的小事放权让下属去办。而有些经理人尽管担子很重，却并没有很快变得白发苍苍、弯腰驼背（肉体、心理和情绪上都不堪重负）。这种人懂得怎样授权让下属放手去干，善于最准确地表达意图和目标，然后依靠某个百里挑一的同事贯彻他们的想法或执行他们的指示。微观管理经理往往妨碍所在单位的成长和繁荣，而宏观管理经理通常能让所在单位摆脱各种羁绊和约束。

同样，我建议你不要对自己的伺服机制进行微观管理。那种对每个细节都小题大做的做法实在没有必要，有时候还会适得其反。你的工作就是尽可能准确地向它传递目标，这种传递过程决定着伺服机制是作为一种自动成功机制运转，还是作为一种自动失败机制运转。无论如何，你要让它做自己该做的事。

我的妻子安妮有一个对我来说不可理喻的习惯，就是在清洁工每星期三来我家之前，她总要先把房子打扫一遍。我听说许多女士也有和安妮一样的习惯。我之所以说这种习惯不可理解，是指两个人非得做同样一件事。我不会请一个司机驾车送我通过熙熙攘攘的曼哈顿大道，然后再让他坐到乘客座位上，换我来亲自驾车。你为什么要亲自打扫房间，然后又请清洁工把你刚刚打扫过的房间再清扫一遍呢？我奉劝各位，不要"聘请"伺服机制按某条命令做事，而在它做事之前、之间和之后，你又在旁边跑来跑去、包办代替，那样做你只会妨碍它。

Chapter 07

你可以养成快乐的习惯

当人们被问及有何人生目标时，最常见的回答就是"我不过就是想活得快活些"。通常这不过是一个没有思考过人生目标的借口！他们希望躲进笼统的、难以界定的地方，而不是面对可以量化的具体问题。不过，确实有一条切实可行的途径能通往快乐。

在本章，我将从医学而不是哲学角度谈论快乐话题。约翰·A.辛勒博士对快乐的定义是："快乐是一种精神状态。在这种状态中，思想在一段时间内享受着愉悦。"无论从医学还是从道德观点看，我都认为这个简单的定义准确无误。本章要讨论的内容正是这些。

快乐是良药

快乐对人的思维影响极其巨大。快乐时，我们思想更活跃，表现更出色，感觉更良好，身体更健康，甚至连生理感官都工作得更高效。俄罗斯心理学家 K. 科克切耶夫对人们在思考快乐的想法和思考不快的想法之间的区别进行试验。他发现，当思考快乐的想法时，人们的视觉、味觉、嗅觉和听觉都更加出色，在接触物体或人时能感觉到更细微的差别。威廉·贝茨博士证实，当人在思考快乐的想法或者在想象快乐的场景时，视力会立即提高。身心医学已经证明，快乐时我们的胃、肝、心以及所有内脏功能都更加良好。

以前的医学传统主义者曾经拒绝承认心理状态的改善和治愈疾病之间存在直接联系，但是，《星期六晚报》的出版商诺曼·考辛斯（如今以与癌症做斗争而闻名）对此提出质疑。他在对付癌症过程中运用了"幽默疗程"，包括在他所在医院的病房让病人看《三个臭皮匠》等录像片。考辛斯先生在他的著作《对一种疾病的解剖》中详细描述了他那与众不同却又具有教育意义的经历。伯尼·西格尔博士在快乐疗法领域做出了突出贡献，我建议读者朋友们如果有机会，不妨读读他写的书或者聆听他的演讲。

辛德勒博士说，不快乐是一切身心疾病的唯一根源，而快乐则是唯一药方。"疾病"（disease）这个词本身就表示一种不快乐的状态，即"dis-ease"。

对快乐的普遍误解

快乐并非某种挣得或应得的东西。是否快乐并不是个道德问题，就像血液循环也不是道德问题一样。这两种东西对于健康、幸福都必不可少。快乐就是"一种精神状态。在这种状态中，思想在一段时间内享受着愉悦"。如果你只会坐等，那么你很可能就会被认为自己无足轻重的不快乐想法所纠缠。荷兰哲学家斯宾诺莎说："快乐不是对美德的奖赏，而是美德本身；我们也不应由于压制内心的欲望而快乐；相反，正由于为欲望而快乐，所以我们能够压制欲望。"

▶◀ 追求快乐不是自私

许多诚实的人都强迫自己不追求快乐，因为他们觉得那样做是"自私"或"错误"的。无私的确能带来快乐，因为它不仅使思想向外发散，远离我们自己、我们的内省，使我们审视自身的错误、过失、苦恼（都是不快乐的想法），或者为自己的"善良"而骄傲，还能使我们创造性地表达思想，在帮助别人的过程中实现自身价值。任何人最快乐的想法之一，就是"别人需要我"这一想法，这说明他重要、能干，以至于可以帮助别人得到快乐。然而，如果从道德层面来理解快乐，把快乐想象成某种可以挣得的东西，认为它是由于无私而得到的某种奖赏，我们很可能就会因为希望得到快乐而强迫自己变得无私。快乐源于无私地做人、做事，它自然而然地与生命相伴而生，而不是一种"回报"或奖金。如果我们由于无私而得到奖赏，那么照此下去，随后一个阶段自然就会认为：我们越是克己、越是可怜，就越会感到快乐。这一假设会引出一个荒唐的结论，即得到快乐的方式就是变得不快乐。

有句诗是这样写的：我所知道的帮助穷人的最佳途径，就是不要成为他们中的一员。这是不是最佳途径姑且不论，但我们很难看到"通过降低自己的幸福程度或生活标准来帮助穷人"这样的现象。除非你错误地认为天地间普遍存在一种"补偿存款"（你拥有的多了，别人的就少了）而不是物质财富无限丰富。同样，你不能通过让自己变得痛苦，来帮助不快乐的人。

一位女士曾经对我说："我的同事工作起来既可怜又沮丧，所以，看着他们工作时死气沉沉的样子，我就觉得自己享受工作、快乐做事是不对的。于是，我努力克制自己工作时兴高采烈的倾向，以便不惹恼他们，或使他们感觉更糟。"

快乐不是通过"补偿存款"给予的。快乐的她并没有耗尽同事们失去的那部分数量有限的快乐。她的快乐不存在不平或自私之说。即便有意识地压抑或减少自己的快乐，她也不能把自己的快乐提供出来，自动传递给他们。快乐并非商品，它不是三个逃难者共居孤岛上的最后一块方糖，也不是同时锁住几个人的密闭容器中只能用上最后一个小时的氧气。

▶◀ 快乐存在于当前而不是将来

法国哲学家帕斯卡说："我们从来都没有活着，而只是希望活着；有希望总是快乐的，但如果从来只想着未来，不快乐就是必然的。"

我发现，我的病人之所以不快乐的最普遍原因，就是他们并没有活在现在，也没有享受眼前的生活，而是坐等某些未来事件的发生。洞房花烛夜，找到一份好工作，购房款付清，孩子熬到大学毕业，完成某项任务或者取得某个胜利，这些时候他们才会快乐，而现在他们总在失望。快乐是一种心理习惯、一种精神态度，如果眼下学不会快乐，不能实践快乐之道，就永远不会经历快乐。快乐不能建立在解决某个外部问题上。一个问题解决了，另一个问题又会出现并取而代之。人生就是由一连串问题组成的。如果你想永远快乐，就必须现在快乐，而不是"因为什么"而快乐。

✄ 快乐是一种可以培养和形成的心理习惯

亚伯拉罕·林肯说："多数人由于下决心要得到快乐，所以已经离快乐不远了。"

心理学家马修·N.查佩尔博士说："快乐纯粹是内心的事。制造快乐的不是物体，而是观点、想法和态度，而后三者完全取决于我们自身。"

除圣人之外，没有人能够在任何时候都百分之百快乐。正如萧伯纳一语道破的那样，如果任何时候都 100% 快乐，那么我们可能非常悲惨。不过，我们可以通过思考和做出简单的决定变得快乐。我们可以花很多时间去想高兴的事，无论眼下有多少鸡毛蒜皮的小事或日常生活所处的环境多么让我们不快。我们之所以对无关紧要的苦恼、挫折以及类似的东西脾气暴躁、发泄不满、心存怨恨、过于敏感，纯粹都是出于习惯。我们对这些东西一直都如此反应，以至于已经成为习惯。这些习惯性的不快乐反应的来源，很多都是因为我们将有些事情理解为对自尊心的打击。司机在不必要的时候向我们按汽车喇叭；有人在我们说话时打岔或表现冷漠；有人在我们以为他应该打招呼的时候却没有打。甚至连那些与个人无关的事也会被我们理解为对自尊心的公然蔑视。我们希望赶公共汽车，它却不得不晚到；我们计划去打高尔夫球，老天却开始下雨；我们需要赶航班，公路交通却乱成一团。我们的反应便是生气、抱怨、自怜，或者换句话说，就是不快。

不快乐的一个主要原因，就是本来与个人完全无关的事，我们却非要让自己对号入座。

不要再让事情摆布你

我发现，这种问题最好的解决办法就是利用不快本身的武器——自尊。"你有没有看过某个电视节目，见到某位主持人操纵观众？"我问一个病人，"他发出一个信号，意思是'请鼓掌'，于是每位观众都鼓掌。他又发出一个信号，意思是'请笑笑'，于是每位观众又都笑起来。观众就像温驯的绵羊或任人摆布的奴隶，让他们干什么，他们就温顺地做出相应的反应。你的表现跟这一样。你在让外界事件和其他人来指示你应该有何感受、做何反应。你表现得就像一个听话的奴隶，当环境向你发出信号说：'快生气''变得不安''现在是感到不快的时候了'等等时，你就做出相应的反应。"

掌握并形成快乐的习惯，你就会变成主人而不是奴隶，正如罗伯特·路易斯所言："快乐的习惯能使一个人摆脱外界环境的支配。"

你的看法能使不快乐的事雪上加霜

当遇到不幸事件，身陷悲惨处境甚至面临最不利的局面时，只要不向灾难倾注我们自怨自艾、怨恨以及消极的看法，就算不能完全变得快乐，我们通常也能设法使自己更快乐些。

"我怎样才能快乐起来呢？"有位女士问我。她的丈夫是个酒鬼。"我不知道，"我说，"不过，如果你不向自己的不幸增添怨恨和自怜，肯定就能比现在更快乐。"

"我怎样才有可能快乐起来呢？"有位商人问我，"我刚刚在股票市场损失了 20 万美元。我既濒临破产，又觉得很丢人。"

我说："不要将自己的主观看法加入到事实中，你就能快乐起来。你损失了 20 万美元，这是事实；你濒临破产并且觉得丢脸，这是看法。"

于是，我向他推荐古希腊哲学家爱比克泰德的一句名言，这也是我一直非常喜欢的一句话。这位圣贤说："让人苦恼的并不是发生的事情本身，而是他们对所发生的事的主观看法。"

幸福与不幸福=事实与看法

当我宣布想当一名医生时，有人说我的愿望不会实现，因为我的家人和亲属都没有钱。母亲确实很穷，这是事实；但我永远不会成为医生，这却只是一种看法。后来又有人对我说，我不可能在德国上研究生，一位年轻的外科医生不可能在纽约挂牌营业，靠自己从事整形医学事业是不可能的。而这些事情我都做到了。其中有一点帮助了我，就是我始终提醒自己：所有这些"不可能"都是看法而非事实。我不仅通过努力实现了目标，而且在此过程中非常快乐，即便把外套大衣拿去典当以购买医学书籍，为买到用于解剖的尸体而不吃午饭，我也没有觉得不幸。我曾经与一位美丽的姑娘相知相爱，但她后来却嫁给了别人。这些都是事实。但是我不停地提醒自己，认为这是一场"灾难"，认为人活着没意思，都只是我的主观看法。我不仅没有山穷水尽，而且事实证明，这件事成为了今生今世发生在我身上的最幸运的事情之一。

写完本书首版之后的那些年，经常有访谈者或观众问我能否将心理控制理论归结为一个带有"不成功则成仁"性质的观点、一句话或一种技能。你在人生中有了它，要么成功，要么失败。第一次被问到这个问题时，我怔了一下，以为这是对我个人的不敬，于是便有些愠怒：他们怎么敢提议将心理控制理论浓缩为针尖那么小的一点点文字，使我的所有艰苦劳动变得无足轻重？当然，这是因为我错误地理解了人们"化难为易"的愿望（这完全可以理解为对我个人和我的工作并无丝毫不敬之意）。好在我运用理性思维对自己倡导的理论进行了实践，从而阻止这种看法像一根钢针一样，刺进我的自我意象的"皮肤"里。这也让我想出了这个"全局性"问题的答案：

> 心理控制理论的实质，就是准确而冷静地、从而最终自动地将事实与假定、事实与看法、真实情况与放大的障碍分离开，使我们的行动和反应牢固地建立在真相而不是自己或他人看法的基础之上。

▶◀ 能带来快乐的人生态度

前面指出，由于人是具有目标追求能力的生物，当人面向某个积极目标并为了某个想要的目标奋斗时，能够自然、正常地发挥功能。快乐是人正常、自然运转的表现，当人作为目标追求者活在世上时，无论环境怎样，他们通常都会觉得很快乐。那位年轻的企业家朋友非常不开心，是因为他损失了20万美元。托马斯·爱迪生价值数百万元的实验室被一把火烧得精光，而且拿不到任何保险金。有人问他："在这个世界上你还有什么可干的？""我们明天一早就会开始重建实验室。"爱迪生说。他始终保持着积极进取的态度，无论面临什么灾难，他都会一如既往地追求目标。正因为始终保持着一种对目标不懈追求的人生态度，所以我敢说他绝不会因为受到的损失而闷闷不乐。

回首自己的人生经历，我发现自己不快乐的那些年是在从医生涯的早期。那时，我是一名为勉强糊口而挣扎的医学学生。好多次，我又冷又饿、衣衫褴褛。我努力工作，每天至少工作 12 个小时；我经常不知道支付房租的钱从哪里来。但是我却执着地始终怀有一个目标。我有实现目标的强烈愿望，有坚忍的精神，而正是这种愿望和精神，使我不停地向目标靠近。

我向那位年轻企业家讲述了所有这一切，并且提出：他不快乐的感觉的真正根源，并不是因为损失了 20 万美元，而是他失去了追求的目标；他失去了进取的人生态度；他选择了消极屈服而不是积极应对。

后来他对我说："我肯定是疯了，竟然让你说服我懂得经济损失并不是造成我不快乐的原因，但是我特别感激你说的话。"他不再为自己的不幸怨天尤人，而是勇敢面对，确立了另一个目标，并且着手朝新目标挺进。不到五年，他不仅挣到了比此前所挣的都要多的金钱，而且平生第一次进入了一个让他无比快乐的行业。

为你自己的快乐负责

快乐（或者说大部分时间内只想让人高兴的事）可以通过一种多少有些残酷的方式，有意地、系统地培养。第一次提出这种观点时，我的许多病人都大为吃惊。他们认为，我这种想法就算不愚蠢，起码也让人难以置信。然而经验证明，以上观点不仅可以实现，而且也是培养快乐习惯的唯一途径。首先，快乐不是发生在人身上的某种东西，而是需要你身体力行和自主决定的东西。如果坐等快乐寻找你、降临在你头上或者由某人给你带来，那么你很可能要等待很久。除了你自己以外，谁也无法决定你的脑子里应该想什么。如果你一直等着环境验证你的想法是不是快乐的想法，那么可能会永远等待。每一天都是善与恶的结合，没有哪一天、没有哪种环境完全由 100% 的"善"组成。世界的组成部分、你个人生活中的事实，无时不在证明人的看法，至于你的脸色是悲观和郁闷还是乐观和快乐，那要取决于你自己的选择。另外，这个问题与思想上是否诚实无关。善和恶一样"真实"。一切都仅仅取决于我们决定优先选择什么——以及我们在头脑中保持什么样的想法。

在美国剧作家戴维·马梅特于 2001 年年初发行的电影力作《欲望小镇》中，一位神清气爽的年轻姑娘和一位来自大城市的作家交谈。作家对她住在小城镇的生活有些茫然。他问："这么说，你是自娱自乐啰？""只有自己给自己找乐子的时候才叫真正的开心。"她耐心地解释，"如果别人给你制造快乐，那叫娱乐。"同样，我们可以给自己创造快乐，因为我们能选择自己的思想甚至能选择自己的形象。我真诚地奉劝大家要"自娱自乐"，不要指望其他人给我们带来快乐。

需要做思想"手术"而非鼻修复手术的推销员

在 1936 年出版的我写给医学同事们的著作《新面孔——新未来》中，我介绍了一位名叫亚瑟·威廉姆斯的推销员的病史。威廉姆斯在一次到英格兰销售区域调研的途中遇到一场车祸。一位乡村医生为他做了手术，补好了他那个严重骨折的鼻子。绷带拆除之后，他的鼻子虽然修好了，但是严重错位和变形。鼻子上部突出、中间凹陷，而且向一侧扭曲。威廉姆斯先生重新工作时，很快便意识到客户们似乎老是盯着他的面部缺陷认真打量，这让他自己和对方都十分难堪。他们似乎急于让会面赶紧结束。从此，威廉姆斯的销售量急剧下降。几个月后，威廉姆斯先生决心采取行动纠正这一问题，于是我为他的鼻子重新进行外科手术，并且取得了成功，使他的相貌恢复到了车祸发生前的模样。之后，他重新找回了自信。自然，他的销售业绩能一日之间迅速好转，也就没什么好奇怪的了。

亚瑟·威廉姆斯有真实的外表缺陷，并非他的消极想象所致。在我看来，他也准确估计了别人对他有何反应，因此他的行动就是找医生做整形手术，对外表进行重构。

不过，对每个与亚瑟·威廉姆斯类似的人来说，有许多经历与他们一模一样的男女整形的真正原因并非别人真的对他们有什么反应，而是因为他们自己的消极想象所致。下面的这位罗伯特·本杰明先生遇到了和亚瑟·威廉姆斯一样的问题，但原因不在于某次车祸，而是他自己的自我意象。

年轻的推销员罗伯特·本杰明向我咨询，打算请我对他的鼻子做手术时，他下定决心暂停工作，专心治病。他的鼻子比正常人的略大，但完全不像他固执认为的那样"招人讨厌"。他觉得客户们都在私下偷偷笑话他的鼻子，或者因为他的"大鼻子"而敬而远之。他有个大鼻子，这是事实；有三个顾客曾经给他所在的公司打电话，投诉他态度蛮横无礼、行为盛气凌人，这也是事实；老板曾经警告他说"以观后效"，而且他在两个星期内一次推销都没有成功，这还是事实。鉴于此，我并不打算给他的鼻子动手术，而是建议他给自己的思想"做手术"。他打算花 21 天时间把所有这些消极的想法全部从脑海中剔除。他要完全置所处环境中一切消极的、让人不快的事实于不顾，有意地将注意力集中在那些快乐的想法上。此外，我们还就某些具体"精神画面"和"需强化的语言"达成了一致。

说实话，我心里清楚：虽然他同意试试，但并不太相信这样做就能出现奇迹；他不过想以此来安慰我，以便如期进行他所希望的外科手术罢了。有趣的是，一个人如果想检验心理控制理论的概念及其有用性，不一定非得相信这一理论是否真的有效。21 天快要结束时，本杰明先生不仅感觉良好，而且发现客户和主顾都比以前和善得多，他的销售业绩也在稳步上升，老板还在一次销售总结大会上公开表扬了他。

➤ 打断有害的思维模式

励志演讲家李·弥尔蒂尔在《成功源自内心》一书中描述了这种有趣的方法：

> 当你的行为或表现达不到期望值时，不要心存消极之念，不要小看自己……你应该用积极的自我意象取代那些不能在人生中创造价值、不想继续下去的消极的自我意象。
>
> 例如，想想有多少次你忍不住说"我总是迟到"。现在，想想你向自己脑海灌输的是什么——"迟到"两个字！
>
> 今后，你不要进一步强化不想保留的习惯，而是对自己说："戒掉它们。那样做可不像我。下次我要……"
>
> 之后，你便要迅速遵守上面说的那些话，使一种全新的安排在头脑中打下烙印。在本例中，可以这样想：时常迟到可不是我的作风。我今后每次都要提前 10 分钟出发，永远守时。

李指出，这样做并不能立即实现"换位"。不过，正如我再三劝说并引导本杰明先生去做的那样，我们确实需要抓住对那些不想要的、没有好处的行为所做的反复而习惯性的"证实"，将其从脑海中剔除，以打断有百害而无一利的思维模式。如果你经常做到反复剔除再三出现的具体想法，自动失败机制就会停止将它再向外界发送。你的自我意象将会得到这种信息：如果它每次都对我们喊出"剔除"这样的话，那么我们再将这种内容发送出去就毫无意义。我们不妨试一点其他内容。你看，我们总在与自我意象进行潜在的对话。通过每次都运用"切断模式"这种技巧，反复对积极内容进行肯定的确认，你就能成为自己反复印证新的自我意象的"权威来源"（不要忘了，"权威来源"、反复以及强化是这种灌输过程的三个要素）。

如果快乐成了我们综合思维习惯的结果，那么，改变某一具体习惯的技巧就会非常有用。李·弥尔蒂尔曾在数百个电视脱口秀节目中任专家嘉宾，谈论"习惯改变"问题，还以心理控制技巧为基础，就这一主题制作了录音课程。这些节目和课程你也许可以拿来为己所用。

▶◀ 一个剔除消极想法的练习

著名功夫影星李小龙曾做过一个练习，以摆脱消极想法的困扰：他在想象中看着自己把这些想法写在一张纸上，然后把纸揉碎，用火点燃，直到烧成灰烬。

他的密友，演员、企业家查克·诺里斯，则把李的练习又向前推进了一步。诺里斯在自著的《你身上看不见的力量》一书中写道："其实，无论有什么消极的想法，我都把它写在一张纸片上，然后烧掉。把灰烬处理掉时，这些想法也从我的脑海里消失了。"

应该指出，这些人（成功商人李·弥尔蒂尔，战争艺术践行者、成功演员、制片人和商人查克·诺里斯）绝非"想入非非"型的人，他们既不幼稚也不愚蠢，而是最高水平的实用主义者。他们找到了一种简单易行的手段，通过一种有意而为的方式控制自己的思想。

想快乐就必须做出牺牲

牺牲？是的。你也许要牺牲怀疑的态度、愤世嫉俗的心理、过时的习惯和信仰。尽管这些东西对你没什么好处，却让你"舒服和坦然"。

在丹尼尔·笛福的传世佳作《鲁滨孙漂流记》中，鲁滨孙由于船只失事流落到一个荒岛上。他将营地建在漂流上岸的地点附近。但是，随着开始探索整个岛屿，他很快发现，从各个实用角度出发，他将营地安排在岛屿的这个位置都是不明智的。荒岛另一边可以更好地获得食物，更容易建立安身之所，还有其他一大堆好处。但是，即使鲁滨孙懂得这些道理，他也仍然懒得实施！

可不能任凭"懒得动"的想法禁锢了我们的自我意象和伺服机制！当理性思维告诉我们某种东西不适用时，我们就必须着手尝试新方法。有一条广为接受的公理把"神经错乱"定义为固执地做同一件事，同时却希望得到不同的结果。朋友们，你们不是一棵树，深深扎根于某个心理学或行为学的土壤，无法挪到某个阳光充足之地。你也许像鲁滨孙一样不愿挪动自己的根基，但是你完全有这个能力！

有位科学家检验了快乐理论，并且挪动了不快乐的根基

埃尔伍德·伍斯特博士在他的著作《肉体、心智与灵魂》中，描述了一位世界知名科学家的证言：

直到 50 岁，我还是个既忧郁又没用的人。我赖以成名的所有作品没有一篇得以发表……我生活在持续的忧郁和挫折之中。也许最让我痛苦的症状是头疼，时常疼得头晕目眩。这种情况通常每星期会有两天反复出现，那时我什么也干不成。

我读过一些"新思想运动"的文学作品。在当时，这些作品似乎是无稽之谈。我还看过美国心理学家、哲学家威廉·詹姆斯的一些作品，他介绍了怎样将注意力集中于有用的好想法上，而忽略其他想法。我记得他说过这样一句话："我们也许不得不放弃对邪恶的看法，但是，与获得充满'善'的人生相比，这又算什么呢？"还有一些话意思与此差不多。到目前为止，这些教义似乎对我来说只是深奥的理论，但是，由于认识到我的灵魂羸弱不堪、正在变得越来越糟，而且我的生活也让我无法忍受，我决定验证一下这些话……我决定把有意识主观努力的期限定为一个月，因为我认为这么长时间足以验证它对我有没有价值、是否值得我去实践。在这一个月里，我决定对自己的思想进行转化。如果想起过去，我会试着让大脑只想过去发生的高兴事、童年那些无忧无虑的时光、老师的鼓励以及我毕生事业是怎样向前一步步展开的；在考虑当前时，我会有意将注意力转到那些称心如意的事情上，如我的家庭、寂寞和孤独怎样为我带来了就业机会，如此等等。而且，我决定最大限度地利用这些机会，同时忽视那些看似会无果而终的事实。当时看起来这样做似乎很可笑，但从随后给我带来的效果看，我发现，我所做计划的唯一缺陷就是当时目标定得太低，没有把更多的内容包括进去。

他接着讲述了头怎样在一周之内不疼了，以及怎样比平生任何时候都更快乐、感觉更良好。但是他又补充道：

　　由于思想的变化，我的人生由内向外发生了转变。这种转变比内心的转变更加让我惊奇，然而，这种变化却源于内在的变化。比如说，一些知名人士对我很赞赏，那些赞赏也是我内心深处渴望得到的。这些人当中声望最高的人给我写了封信，这很让我意外。他邀请我当他的助手。我的所有作品全都付梓出版，为将来的创作"百发百中"打下了良好基础。我效力的那个人对我非常关心和支持，这主要是由于我的性格发生了变化。而换在以前，这种人根本接受不了我……再回头看看所有这些变化，我冥冥之中觉得自己似乎误打误撞地走上了一条正确的人生之路，使某种以前与我作对的力量开始为我服务。

　　我敢肯定伍斯特博士的书肯定早已绝版。他的故事仍然具有启示意义的原因只有一个，就是他曾经对自己即将检验的观点怀有强烈的怀疑态度，而正是这些思想观点最终让他重获新生。尽管仍在实验，但我已经多次向病人提供"心理控制处方"，即让他们利用短短30天的时间做一个心理学实验，并答应如果他们完成实验后仍然希望做整形手术，那么我会给他们做手术。在这种情况下，这些病人会半信半疑地勉强同意尽可能照我说的去做，其实，他们最初的想法不过是为了安慰我，以便我能如期进行他们想要的手术，使他们身上某些生理缺陷（这些缺陷在他们的想象中被放大了许多倍）得到消除和修复。

　　即使在实施过程中始终抱有怀疑态度，这些技巧仍然取得了显著成效。很多病人在30天后，再也不想做整形手术了。

▶◀ 一位发明家是怎样运用"快乐想法"的

　　史密森学会的埃尔默·盖茨教授是美国有史以来最成功的发明家之一，

是一个举世公认的天才。他曾经每天练习"唤醒快乐的想法和记忆",并且相信这样做能在工作中帮助他。如果某人想自我提高而向他请教,他会说:"让他唤醒内心的美好情感;让他像举哑铃那样将此作为每天的必修课;让他逐渐增加用于'心理锻炼'的时间,一个月后他会发现自己产生了惊人的变化。这种变化明显地体现在他的行为和思想中,此人与之前相比会有一个大幅度的提高。"

盖茨对"心理锻炼"这个词的使用,其实和我在本书中所提出的各种练习及技巧是一回事,我称其为"精神训练练习"。尽管将自我意象比喻成肌肉不甚贴切,但是每天都有意练习某些技巧(比如在"精神影院"构建积极的精神电影并播放、使自己放松,等等)能强化自我意象,而且最终的确能使你对所处环境自动产生心理控制效应。

当前,适当的身体锻炼应遵循的法则是每次 30 分钟,每星期至少练三天。我敢向你保证:只要你将同样的时间和精力用于心理控制"锻炼",就能极大地改变人生。

▶◀ 怎样"树立"快乐的习惯

自我意象和习惯似乎是一对孪生兄弟,改变这一个,也就自动改变了另一个。"习惯"一词最早的意思是一件外衣或罩衣。我们今天仍然还说"女骑装"(riding habits)和"行业服饰"(habiliments)(这两个词中都有英文"习惯"即 habit 的原形——译者注),习惯其实是我们的性格所"穿"的"服装"。习惯不是偶然或意外发生的。我们之所以具有习惯,是因为习惯适合我们。习惯与我们的自我意象以及整个性格模式一致。有意识地形成新的更好的习惯时，我们的自我意象往往就会超越过时的习惯，成长并发展为新的模式。

我发现，当我提到改变习惯性行为模式，或者将新行为模式付诸实施直到变成自动自发的行为时，许多病人都变得战战兢兢。他们把"习惯"与"上瘾"混为一谈。上瘾指某件事你不得不做，这种事通常会引起严重的退化后果，即戒除上瘾的东西会让你退缩。上瘾的治疗问题远非本书内容所能涵盖。如果你确实在生理、化学药物甚至情感上上了瘾而无法自拔，那么我所能对你说的、与自我意象有关的最重要的一点就是：下决心去求助并立即展开行动，这并不表示你是弱者，相反，它是一种特别勇敢的表现。

从另一方面讲，习惯不过是一些响应和反应，我们在不必思考或决策的情况下就能自动学会使用它们。执行这些反应的，是我们的伺服机制。

人的行为、情感和反应中，足足有95%都具有习惯性。钢琴家不必"决定"每次弹哪几个琴键，舞蹈家不必"决定"将哪只脚迈向哪里。他们的反应都是自动的，根本不必细思量。

同样，我们的态度、情感和信仰都有可能成为习惯。过去，我们已经"懂得"某些态度、感受方式和思想"适用于"特定环境；现在，有了这些基础，无论在什么时候，只要遇到的环境被我们理解为与过去面临的环境相同，我们就会倾向于以同一种方式去思考、感受和行动。

长期共同生活的夫妻或商业合作伙伴之间的争执也会成为习惯。你对我这样说，我对你那样说，你一言我一语，大家都按照一成不变的"剧本"演出，在面临同一种刺激时，我们的反应每次都一模一样。

需要认识到的是，与上瘾不同，这些习惯是可以修正、改变或推翻的，其手段就是你要不厌其烦地去做某个有意识的决定，随后再去练习、实施新反应或新行为。只要愿意，钢琴家可以有意识地决定弹奏不同的键，而舞蹈家也可以有意识地"决定"学习新舞步——并且一点也不为此而痛苦。合作伙伴也可以下决心打破旧模式，在遇到类似争执时，在想象中巧妙地设计一个不同的结果。这确实需要不断观察和历练，直到新的行为模式已经被彻底掌握，不过这个目标绝对可以实现。

Chapter **08**

成功型性格是培养出来的

　　正如医生善于根据某些症状诊断疾病一样，失败和成功也可以诊断。这是因为，人们不能直观地看到成功或失败，而是将成功或失败的种子装在自己的个性和性格中随身携带，并用他们的思维习惯和行为习惯栽培这些种子。

　　我发现，要想帮助人们获得某种恰当或"成功"的个性，有一种最有效的办法，就是先为他们提供一幅生动的图画，在上面描绘出成功性格是什么样子。请记住：你身上的创造性引导机制是一种目标追寻机制，要想使用它，首先要有一个明确的目标。许多人都想自我提高、渴望有更好的性格，但对于提高的方向，却没有明确的认识，也不知道好性格由哪些要素组成。好性格就是指某种让你能有效、恰当地应对环境和现实生活的性格，它能使你由于实现重要目标而感到满足。

我不止一次地发现，一些充满困惑和苦恼的人在面对某个需要追求的目标，需要沿一条笔直的路线前进时，往往会迷失自我，找不到前进的方向。比如说，有位从事广告业务的先生刚刚 40 岁出头，在刚刚得到一次重要提拔后，竟然奇怪地觉得没有安全感，甚至对自己不满。

▶◀ 新角色需要有新的自我意象

"真想不通，"他说，"我之所以拼命工作，就是为了被提拔，而且也梦想得到重用。这正是我一直以来想要的。我知道我能在新岗位干好工作。然而，不知出于什么原因，我的自信心动摇了。就像突然从梦中醒来一样，我问自己：'像我这种长得跟小土豆一样的人，究竟能在这种职位上干些什么呢？'"他对自身外表过于敏感，认为"瘦削的下巴"可能是使他不安的原因。"我长得不像个商业主管。"他说。他觉得整形手术也许是解决问题的最佳答案。

有位既是妻子又是母亲的女士觉得孩子们"要把她逼疯"了，丈夫也老是惹她生气，以致每星期她都会为一点小事对他又喊又叫、厉声指责。"我到底怎么啦？"她问我，"孩子们的确都是好孩子，我应该引以为豪。先生也的确是个好男人，而我事后也总在自责。"她觉得，外表的整形也许能使她树立更强的信心，促使家人"更加欣赏她"。

这些人以及更多和他们一样的人所遇到的苦恼，并不在于他们的外表，而在于他们的自我意象。他们发现自己处于一种新角色，不敢肯定为了演好这个角色应该成为什么样的人。还有一种情况，就是他们针对某一角色，根本没有形成轮廓分明的自我意象。

成功是什么模样

在本章中，我要为你开一个"处方"，它和你来我办公室时我给你的处方是一样的。我发现，有一种关于成功性格的画面易懂好记，它包含在"成功"（success）这个单词的各个字母中。成功型性格由以下要素组成：

S（方位感，Sense of direction）　　E（尊重，Esteem）

U（理解，Understanding）　　　　S（自信，Self-confidence）

C（勇气，Courage）　　　　　　　S（自我接受，Self-acceptance）

C（宽容 / 同情，Charity/Compassion）

方位感

那位广告主管茫然失措，但他一旦认识到好几年来他想实现的个人目标（包括他希望得到当前这个职位）一直在激励他这一事实，就能在很短的时间内重拾自信。这些对他而言非常重要的目标，能使他始终不偏离正确的前进轨道。然而，一旦获得提升，他就不再根据自己想要什么，而是根据别人对他有何期望，他能否达到别人为他设定的目标和标准来思考问题。他就像一个攀登高峰的人，仰视即将攀登的顶峰会感到无畏，行动也就勇敢，但一旦到达顶峰，向下看心里就害怕起来。他目前的目标是保住当前职位，而不是像目标追求者那样继续保持进攻状态。如果为自己设定新目标，并开始按照这些问题思考，如"我想从这一职位得到什么？我想实现什么目标？我应该朝哪个方向奋斗？"他就会重新获得控制能力。

在一次有关心理控制理论的电视节目中，我们让主持人坐上一辆自行车，要求他把两只脚都放在踏板上，在某个位置保持静止状态。你也可以自己试试，这根本做不到。从功能上看，人和自行车有些相像。自行车只有在向前骑行、有确定方向时才能保持平衡。同样，造物主已经为我们设计了目标追寻机制。我们天生就能克服艰难环境、解决问题、实现目标；如果没有障碍需要跨越，没有目标需要追求，我们就无法在人生道路上真正找到满足和快乐。说人生没意思的人，其实是说他们没有值得追求的个人目标。

理解

理解取决于良好的沟通和交流。交流对任何制导系统或计算机都至关重要。如果你作为行动依据的信息是错误的，或者不了解此类信息，那么就无法做出适当反应。许多医生认为"混乱"是神经症的基本要素。要想有效解决某个问题，你必须对问题实质有一定了解。我们在人际关系中的多数失败，都是由于误解所致。

我们总希望其他人做出的反应和响应、得出的结论，都和我们在特定事实面前或特定环境下得出的结论一般无二。我们应该记得前一章中所说的话：人们会对自己的心像而不是事实的本来面目做出反应。多数时候，别人做出的反应或采取的立场，其目的并不在于让我们难受，并不是生性顽固或怀有恶意，而是由于对同一局面的"理解"和我们的不一样。他们只不过对于自认为是事实的环境做出恰当反应罢了。如果相信别人的错误态度是出于诚实而不是故意而为、恶毒攻击，这种信任便能使我们的人际关系更圆融，也能使人与人之间更好地彼此理解。问自己："他对这个问题怎么看？""她对这一局面怎样理解？""他对此有何感受？"试着理解为什么他会按照表现出来的那种方式去行动。

事实与看法。很多时候，当把主观看法与事实掺和在一起并得出错误结论时，我们便会陷入混乱局面。事实：一位丈夫指关节骨折。看法：妻子得出的结论是"他之所以这样做，是因为觉得这样能让我生气"。事实：丈夫在吃饭之后剃牙。看法：妻子得出的结论是"如果他对我还有尊重可言，就应该改进自己的行为"。事实：当你走到两个朋友身前时，他们在窃窃私语。你走过的时候，他们突然停下来，而且看上去窘迫不安。看法：他们肯定在说我的坏话。

这位妻子如果认识到丈夫惹人讨厌的怪癖并非故意的存心行为，目的并非为惹她生气；如果她不再像自己受到人身侮辱那样反应，那么她就能停止错误的想法，认真分析局势，从而选择一种恰当的，甚至富有建设性的反应。

愿意面对事实真相。有时候，我们用恐惧、焦虑或渴望来改变瘆人的感官信息。但是，要想有效应对环境，就必须愿意承认与环境有关的事实。只有透过迷雾看清环境的真相是什么时，我们才能做出恰当反应。我们一定要认清真相、接受真相，无论它是好是坏。伯特兰·罗素说，希特勒在二战中战败的原因之一，就是没有完全认清形势，使报告坏消息的人受罚，于是此后没有人敢对他说真话。由于不了解事实真相，希特勒无法采取正确的行动。

"枪毙信使"这种心态使任何军事领导人、商业领袖、教练和父母都注定要吞下失败的苦果。据多方报道，萨达姆·侯赛因这样做了，所以他的下场和希特勒差不多。的确，枪毙报送坏消息的信使足以让人震惊，但枪毙自己人而不是理性地应对准确的坏信息，这种罪行看起来似乎更加不可饶恕！

我们不喜欢承认自身过失、错误或缺点，也不喜欢承认自己的错。如果某种局面不像我们所希望的那样出现，我们便不喜欢承认它。所以说我们在自欺欺人。由于看不到事实真相，我们无法采取正确行动。有人说，每天都承认一件与自己有关的痛苦事实，对我们是一种很好的锻炼。成功者不仅不骗人、不说谎，而且还学会了善待自己。我们所称的"诚挚"，本身就是建立在自我理解、真诚的基础之上，因为把"谎言合理化"或者对自己说谎的时候，你是无法做到诚挚的。

要想做到这一点，就要接受另一个与心理控制理论有关的基本假设，以保卫和强化自我意象，这个假设就是：你身上的缺点不是你的错。打高尔夫球时，挥杆前不平衡的准备姿态和让人不舒服的打出曲线球的动作，不会使你"在高尔夫比赛中丢脸"，更不用说放在某个无能或不成功的人身上了；这种错误不过是技巧和精神上的，而且可以纠正。

某公司一位杰出的 CEO 曾对我说："我之所以有今天这点名气，要归功于几个非常机敏的决定。不过我也做过许多糟糕得让人难以置信的决策。我的决定通常既不是最好，也不是最糟。我是一个成功能干的管理者，但是该犯的错我都犯过，再成功的人也是这样。"

你身上的缺点不是你的错。完全接受这一假设时，你就能毫无负担地承认它们，就可以离开错误继续前进，而不是深陷错误的泥潭。

勇气

拥有目标、理解形势还不够。你还要有行动的勇气，因为目标、愿望和信念只有通过行动才能变成现实。

美国海军将领威廉·F.哈尔西的个人格言引用了纳尔逊的话："如果一位船长把自己的船靠在敌人的某艘船旁边，那么他犯再大的错误也错不到哪儿去。"哈尔西说："'最佳防守就是猛烈进攻'是一条军事原则，但是其应用范围远远不限于战争领域。只要你在面临问题时不仅不逃避，还勇敢面对，那么一切问题，无论是个人问题、国家问题还是斗争，都在你面前显得很渺小。"

你怎样才能在人生中更加勇敢无畏？心理控制理论有能力回答这个问题。当你系统强化自我意象并懂得"我身上的缺点不是我的错"时，你会发现，合理冒险但不用顾忌别人在你跌跟头而显得很愚蠢时怎么想，就变得极为简单。在工作场合宣扬观点时，怎样才能显得更果断、更有说服力？当你在客户面前把想要推销的产品介绍完毕时，怎样才能明确无误、果断自信地得到一笔订单？怎样做到在一直相信自己"走路顺拐"的情况下，还能自信地步入舞池？当"上年纪的人学不了新玩意儿"成为一条公理时，人过中年的你怎样才能开始从事一项全新的职业或副业？怎样才能在严重的灾难后卷土重来？这些都是勇敢生活的例子，这些都需要你有一个宁折不弯、"刀枪不入"的自我意象。

为什么不拿自己赌一把

在这个世界上，从来没有任何绝对肯定或绝对可以保证的事物。成功者和失败者的区别往往不是前者能力更强、想法更高明，而是因为前者有一股敢拿主意赌一把，敢在缜密掂量后合理冒险，敢于行动的勇气。

我们通常把勇气看成是与战场上、海难中或危险时期出现的英勇事迹密不可分的东西。但是，日常生活同样也需要勇气。

"按兵不动"（不采取行动）会使面临问题者紧张不安，觉得处境艰难或身陷囹圄。这种做法会带来一大堆生理症状。我对这种人说：

要透彻分析形势，在头脑里把你可能进行的各种行动过程过一遍，再想想每种行动过程会带来什么后果。选择那个最有前途的过程——然后为之奋斗。如果我们一直等到完全肯定、绝对可信后再采取行动，那么永远都会一事无成。在任何情况下采取行动，你都有可能犯错误；你做出的任何决定都可能是错误决定。但我们千万不要因为可能出错就放弃对所希望的目标的追求。你应该每天都有勇气去冒犯错误的风险，冒可能失败的风险，冒可能遭受羞辱的风险。在你的一生中，向错误的方向迈出一步，也要比"原地"坐等、束手待毙好。一旦开始行动、着手向前，你便可以在前进的途中纠正错误的路线。当你原地踏步、按兵不动时，你的自动引导机制是无法引导你的。

李·艾柯卡曾说，果断是他在"关键先生"们身上找到的首要品质，正是因为处事果敢，这些人才一呼百应、不负众望。诺曼·施瓦茨科普夫将军曾经说，领导才能需要果断决策。

多数领导人都认为，成功源于果断决策和路线纠正、不拖拉以及有可能尝试做出美中不足的选择。几乎没有任何成功是通过直线获得的，即从 A 点直接到 B 点，从形成想法直接到硕果累累。绝大多数成功的取得，都经过了蜿蜒曲折的过程。

这里还有一条有用的建议：在做一些"小事"时大胆、勇敢地进行行动练习。不要等到你在遇到某些可怕危机时才去练。日常生活中也需要勇气。通过在一些小事上练习勇敢精神，我们能培养出勇敢应对更重要事件的力量和能力。

宽容

我有一次发表演讲，题目是《怎样在一个缺乏尊重的世界里拥有自尊》。正如我在 20 世纪 50 年代末 60 年代初观察到的日益加剧的压力，与如今疯狂的生活节奏相比不过是"小儿科"一样，我在 20 世纪六七十年代看到的礼貌与尊重的日益缺失，也不过是当今世界不文明的恰当"预演"。日常生活中的一切，真真切切地伤害了人的自尊：我们打交道的公司对我们就像对待电脑中的数字；个体户、商店店员、服务员以及类似人员在工作中经常冒冒失失、手忙脚乱、粗鲁无礼，并把不快发泄到顾客身上！随着生活节奏日益加快，文明和礼仪在各个地方逐渐丧失。

我曾在演讲中说，缺乏尊重的世界是一点点变好还是一点点变坏，取决于每一个居住在这个世界上的人，最关键在于这两点：人们的自我意象和对他人的尊重。

成功者关注他人、尊重他人。他们对别人的问题和需求很尊重。他们尊重人性的高贵，与人打交道时将其当作人看待，而不是当作他们人生游戏中的"过河卒"。他们认为，每个人都是上帝的孩子，都是应该得到尊严和受到尊重的独一无二的个体。

我们对自己的感觉和对他人的感觉相一致，这在心理学上是个事实。当一个人与人交往、自己又比较有礼仪时，他总是觉得也应该善待自己。觉得别人不怎么样的人，内心深处对自己也没有多少尊重和关心。克服愧疚感有一种最有名的方法，就是不要在脑海里谴责别人——不再评判他们，不再为他们的过失而责备和憎恨他们。觉得别人值得你尊敬时，你就会树立更良好、更恰当的自我意象。

宽以待人之所以是成功者的外在体现，还有一个原因：宽以待人意味着此人尊重现实。人都是重要的、显要的，你不能为了达到个人目的，而长期把别人当作动物或机器看待，或者当成"过河卒"。

善待任何人是宽容之举，因为这样做对个人来说，并非总能立即起到互惠互利的效果。你不能将它看成是交易，而是必须有长远的眼光，将这样做看成是强化自我意象的一种手段，看成是你对整个社会做出了贡献。

尊重

多年前，我借用卡莱尔的话为《本周》杂志的"以文字为生"特别报道投了一篇稿件。卡莱尔说："唉！可怕的怀疑就是怀疑自己。"当时我说："在人生的所有陷阱中，最要命、最难克服的陷阱就是自己看不起自己；因为它是我们亲手设计、亲自挖掘的陷阱，用一个短语来总结就是：'没有用的——我办不到'。"

陷入这一陷阱就会受到严厉惩罚。从个人角度讲，它会使你失去物质奖励，而从社会角度看，它会阻挡社会前进的车轮。

评价自己过低不是美德，而是恶习。比如说，忌妒是导致许多婚姻破裂的罪魁祸首，这种心理几乎总是因为疑神疑鬼引起。具有正确自尊心理的人对别人不会有敌视感，不会急于证明一切。他们能够更清楚地看到事实，在向别人提要求时，不会过分苛求。

自我怀疑是看不见的，它会逐渐吞噬你的自我意象，就像癌细胞侵蚀人体器官一样。

警惕偷盗快乐的贼——你内心的批评家。玛丽·伊莱恩·雅各布森博士在她的经典著作《释放平日里的才华》中写道："假如'我'是一个强大的对手，每当你怀疑自己时，都能听到它的尖声警告。它是一个敌人，总让我们远离真我，有时也让我们远离他人。"她还写道："神奇的是，当你的内心没有敌人时，外界的敌人也微乎其微。"如果说有一种伟大的推销方式，让你投入时间和精力与心理控制方法合作、与自己合作，那么这种伟大的方式就是上面这句话！

在接下来几章里，我会再次讨论怎样控制"内心批评家"。这个"批评家"其实是偷窃快乐、自我接受、自尊和安宁的贼，其影响力远甚于我们在现实生活中遇到的任何批评家。

正如前面那位精明的公司总裁懂得要想事业发达，就必须倾听他人的意见一样，他还知道自己必须小心谨慎地判断应该听谁的意见，这些意见以什么事实为基础。我们应该聆听内心的声音，但是必须谨慎运用！

当"内心批评家"开始絮絮叨叨地小看我们时，我们应该毫不犹豫地大喊"打住！"并把这位"批评家"送回原来所在的阴暗角落，让它可能因怀疑我们而受罚。

在一次电台采访中，有人曾问我这样的问题：我在65岁时着手撰写、出版并普及本书首版时，有没有想过"你认为人们之所以关注一个处在职业生涯末期的年老的外科医生讨论人脑运转问题的思想，原因是什么"？我回答说，老实讲，我从没有想过这个问题，倒不是出于自负，而是由于对我来说这种探索并非一时冲动想施展才华，而是因为我把它看作在整个探索过程中向前迈了一步。我已经在想象中多次实现这一步跨越，随后才着手将它变成现实。不过我说，如果我的"内心批评家"敢提出这样一个荒谬而消极的问题，我肯定会和"他"面对面坐下来，把他批评一通。

这位可怜的采访者回家后肯定想不通自己是不是该干采访这一行，想不通为什么要干坐到半夜采访一个老糊涂了的傻子（这个傻子想象力丰富，还和他争辩）。不过，正如任何接受过采访的作家都了如指掌的那样，他遇到的这种情况并不经常发生。不管怎么说，我和自己进行了这样一番交谈，但一点也不觉得局促不安，而换成是你也不应该窘迫。我相信，把这些"敌对想法""拟人化"，看成一个与你面对面坐着、使你当场下不了台但你最终击败他的"批评家"，是一种有益的想象力训练。

自信

信心以成功的经历为基础建立。当我们第一次取得一点成就时，很可能只会拥有一点点信心，因为之前我们没有成功的经历，所以还没有学会自信。学骑自行车、在公共场合发言或者做外科手术，都遵循这一规则。可以说，成功能培养成功。哪怕一点点成就，也能作为取得更大成功的跳板。拳击选手的经理在为拳师选择训练对手时非常谨慎，目的是为了他们的成功经历能够呈逐渐上升趋势。我们也可以运用相同的技巧，一开始取得一点点成功，然后逐渐积累成功的经历。

另一个重要技巧是培养记住昔日的成功、忘掉失败的好习惯。电子计算机和人脑都遵守这样的运转方式。通过练习能够提高打篮球、高尔夫球等技能并取得成功，但之所以成功，并不是因为动作重复本身有某种价值。如果重复有益于成功，我们就会从自己的错误而不是成功中学习。比如说，学习投篮的人投不中的次数远多于投中的次数。如果光凭重复就能提高技能，那么他的练习应该使他更擅长投不中，因为他在练习中投不中的次数居多。然而，尽管投不中的次数是投中次数的 10 倍，通过练习，他投不中的次数却在逐渐减少，而投中的场面却越来越多地出现。这是因为他头脑中的计算系统记住了成功尝试并加以强化，同时忘掉了投不中的经历。

电子计算机和我们的成功机制都是通过这种方式学会成功的。

不过，我们大多数人是怎么做的呢？我们总是记住往日的失败、忘掉过去一切成功的经历，从而破坏了自信。我们不仅记住失败，而且通过情绪把失败铭记在头脑里。我们为此而自责，用惭愧和懊悔指责自己（这两种东西都是特别自负、以自我为中心的情绪），自信由此不见了。

你过去失败过多少次并不重要，重要的是成功的尝试，你应该记住它、强化它、留住它。伟大的发明家、实业家查尔斯·凯特林说，任何人想成为科学家，都必须做好在成功 1 次前失败 99 次的准备，同时还不会因为失败而伤害自尊。可以说，在任何领域想取得成就，这一条都适用。顺便提一句，这并不是说你应该真的按这种比例做事，而是说像他建议的那样，在必要时不会因为失败使自我意象受到损害。

看到别人成功时，我们往往看不到或注意不到他们在成功历程中经历了多少曲折和艰辛。好莱坞著名女演员将奥斯卡金像奖奖杯拿在手中、发表获奖感言时，我们不记得她出演过的那些失败的影片，不记得评论家怎样挖苦她，社会怎样不接受她。当红作家的畅销书成为电视广播的热议话题，图书销售火爆时，我们从来不想他家里还放有多少鞋盒，里面塞满了被出版社拒绝的手稿，或者撕得堆成小山的纸片，那都是不太满意的草稿和修改稿。写成本书之前，我写过的大量草稿和改写稿现在还堆放在书架上。几乎每个辉煌亮丽的成功，其阴影中都隐藏着一长串失望、灰心和羞辱。你怎能指望不出现这样的场面？成功者对此并不以为然。

自我接受

在后来被改编成热门电影《天才雷普利》的书中，主人公是个饱受痛苦、性格复杂而又自卑的年轻人，生活得很不快乐，不愿意接受自我，同时又忌妒别人，以致杀害了另一位更富有的人，还想取代他进入对方的生活，甚至冒充死者与其女友和家人交往。值得庆幸的是，几乎没有哪个人缺乏自我到如此残暴和反社会的程度。更常见的是，这种人在生活中其实是在慢性自杀而不是迅速自杀（有时通过酗酒和吸毒，有时候则以不太明显的方式慢慢自毁）。用梭罗的话说："许多人在'平静的绝望'中度过一生。"

如果一个人得不到某种程度的自我接受，那么任何真正的成功或真正的幸福他都不可能获得。世上最悲惨、最痛苦的人，总在不断说服自己和他人相信：你们认为我是这样，我偏偏不是你们认为的那样。当你最终不再伪装、虚假并且愿意还原本来面目时，才会真正缓解痛苦、得到满足。成功来源于自我表现：当你竭力想成为"某个其他人"时，成功往往对你敬而远之；而当你愿意放松下来成为你自己时，它却通常主动现身。

改变自我意象并不意味着改变自己，而表示改变你自己的心像、对自己的评价、你的自我定义和对真我的认识。树立恰当实际的自我意象，会带来令人吃惊的结果，这种结果的出现，并非由于自我转变，而是由于自我实现和自我揭示。现在的你是一直以来的你，也是你可以成为、应该成为的你。你不能创造自我，无法改变自我，然而能够认识自我，并且能通过获得真我的心像，最大限度地释放自我能量。企图成为别人没有用，你就是现在的你。你就是你，并非因为你挣了100万美元，或者在所在的街区开着最豪华的轿车，或者打桥牌总是赢，而是因为造物主在"他"自己的形象中创造了你。

现在的我们，要比我们认识的更好、更睿智、更强大、更能干。创造一幅更好的心像并不能创造出新能力、新才干和新力量，却能释放并利用它们。

我们可以改变自己的个性，但不能改变"本我"。个性是一种工具、一条途径，我们可以用它来面对物质世界。个性是习惯、态度和已知技能的总和，我们要通过个性来展示自我。

你身上的缺点不是你的错。自我接受意味着接受，意味着接受现在的我（就像我们现在表现的那样），它不仅意味着接受我们的财富和力量，也要接受我们自身存在的一切缺点、弱点、不足和错误。然而，如果懂得这些消极面虽然属于我们但不是我们自身，那么自我接受更容易实现。许多人不敢进行健康的自我接受，是因为他们固执地把自己与自身错误混为一谈。你也许犯过错误，但这并不表示你就是一个错误；你也许不能恰当而充分地展示自我，但并不表示你"一无是处"。

在纠正错误、克服不足之前，你必须首先认出它们。

获取知识的第一步是承认你对该领域一无所知；变得强大的第一步是先承认你不强大。

这就要求我们承认（并接受）：我们的个性、我们"体现出来的自我"或某些心理学家所称的"实我"永远是不完美、有改进余地的。

没有人在一生中成功地完全体现"真我"，或者在现实中展示"真我"的一切潜力。在"实我""体现出来的自我"中，我们永远无法穷尽"真我"的所有可能性和全部力量。我们永远能够学得更多、做得更好、表现得更优异。"实我"必定不完美。在我们一生中，它始终都在向某个完美目标前进，却永远无法到达。"实我"不是静止的，而是动态的、活跃的。它永远无法完整，永远无法到达终点，始终处在一种发展状态。

学会接受这一"实我"并接受它的所有缺憾非常重要，因为它是我们拥有的唯一手段和媒介。精神病患者拒绝并憎恨"实我"，因为它不完美。他们想创造一个虚幻的、已趋完美的、已经"实现"的理想自我来取代"实我"。当人们企图在现实世界按照"假我"行事时，竭力保持伪装和虚假不仅是一种可怕的精神压力，而且还会带来持续的失望和挫折。

📳 自我接受与自我排斥

许多人都承认受不了别人排斥。比如说，精明能干的专业推销员就因为感情上无法接受与多数推销局面相关的固有事实，而在职业生涯中事事不遂心。因为作为一名推销员，多数情况下得到的是否定而非肯定的答复，是拒绝而非接受。作家、剧作家、演员、运动员、教练在媒体或公众潮水般的批评和否定下，都可能因为受不了巨大压力而遭受失败。不过，与自我拒绝的可怕破坏力相比，这种拒绝和否定的影响几乎微不足道。

人们自我排斥和自我贬低的方式有多种。女人之所以总是排斥自己，是因为她们达不到当前身体流行的三围尺寸和标准。20世纪20年代，许多女性由于胸部饱满而自惭形秽。男性化的体形风靡一时，而饱满的胸部让人讳莫如深。之后，流行趋势的方向开始颠倒，如今，许多年轻姑娘由于没有丰满的胸部而徒增苦恼。几十年前，女士们经常跑过来找我说："请将我胸部的尺寸减少一些，让我变得像某某人。"后来，这种恳求变成"请将我胸部的尺寸增大一些，让我变得像某某人"。这种对于像"某某人"的追求带有普遍性，但是，当希望与某某人一致或者达到某某人的标准时，我们在犯错误。这种错误可能会造成非常严重的后果。比如说，追求苗条使许多女士得了厌食症，甚至由于厌食而死亡，在这方面，天才歌手卡伦·卡朋特就是一个典型的例子。

这只是例子之一。人们往往拿自己和某种人为标准对比，从而排斥和贬低自己。他们希望在眼前不输给某位同事、亲友或邻居。许多人其实在对自己说："正因为太瘦、太胖、太矮或太高，等等，所以我一无是处。"或者说："正因为我没有她那么苗条、那么有钱，所以我只是一个零。"我认为，正如约克公爵夫人曾经说的那样："你永远也不是最苗条或最有钱的人。"不过，那些得了厌食症（通过自我意象体现出来的一种生理疾病）的人可不这么看！

你不应该自我排斥，而应该努力争取自我接受。这意味着承认自己是一个复合的、唯一的存在物，既有优点也有弱点，既博学又无知，既老于世故又纯洁无邪，既已经有所建树又有潜力等待开发，而且，这个星球上每个其他人亦是如此。你也许忌妒某些人，认为自己不如他们，但当你小心地剥去他们人生阅历最外面的几层表皮之后，就会发现他们也有不少与你不同的缺点和挫折。他们的缺点和挫折虽然与你的不一样，但绝对不比你的少和弱。唐纳德·特鲁普由于经营房地产发了横财，但是到目前为止，他却好像连个人的人际关系都维持不了。你钟爱的体育明星也许不时在聚光灯下"集万千宠爱于一身"，但他也会发现自己才30多岁职业生涯就面临终结，几乎不可能再调整状态；而你30多岁时也许事业才刚刚起步。每个人都应该通过自己独有的方式去争取自我接受，哪怕只实现一点点也不会遗憾。

接受自己吧。无论如何，你都要通过自我引导、通过合理的方式实现自我提高。不过，你仍然要做你自己。你是特别的、唯一的，这就是你。如果背离了这种特质，为它感到羞愧，憎恨它，不公正地拿它与那些虚幻的偶像比，不承认它是你最大的财富、最忠实的盟友，那么你就无法认识到它身上固有的潜力和希望。

▶◀ AQ（逆境商数）的秘诀

多少年来，IQ（智商）一直是学术界和思想界关注的中心，实际上，它的用途就是预先确定一个人在人生道路上能走多远。如今我们终于知道，界定一个人未来可能取得的成就的并非智商，而是自我意象（我们还知道，随着人步入成年的漫漫征途，智商是可以提高的）。

有一种东西可以通过科学来衡量，我将其称为自我的一部分，或者是自我意象的体现。1967 年以来，一位名叫保罗·斯托尔茨博士的管理顾问一直在研究人怎样应对逆境。

凭着与 100 多家公司深入合作过的经验，他对超过 10 万人进行了他所称的"逆商"（AQ）鉴定。"逆商"这一指标的目的，是为了衡量人们认识挑战以及应对挑战的本领。

斯托尔茨博士说，随着人步入社会时面临越来越难的处境，拥有高逆商显得日益重要。他定期对自己的客户对象进行调查，看看他们每天面对的不利事件数量有多少，这些事件可能是某次航班延误或取消，也可能是某个关键客户投奔到竞争对手的麾下。他说，10 年前，这一不利事件的平均数量是 7，5 年前这一数字为 13，几乎为 10 年前的 2 倍，而在 1999 年这一数字则为 23。

斯托尔茨博士从三个方面对拥有高逆商的人进行了界定：

1. 他们在遇到逆境或挫折时不将责任归咎于别人；
2. 他们不自责，不会将出现的挫折看成自身无能的表现；
3. 他们相信自己面临的问题在程度和持续时间上都有限，而且可以应对。

如果将这些特性与我们刚才讨论的特点相比，即将成功的个性看成自动成功机制的触发器，就会发现我的观点与斯托尔茨博士的研究成果异曲同工。

你能提高自己的逆商吗？当然。在公司管理这一层次，斯托尔茨博士的全部工作就是提供培训课程，帮助各个组织的所有员工提高逆商。他的方法包括为那些自以为逆商低的人"减负"，这种人的情绪表现为无助、自我怀疑、觉得问题无法解决、自责或愧疚。这种做法与改变或强化自我意象如出一辙。"减负"或"解放"其实就是"强化"。你不一定非得通过"加法"进行强化，通过"减法"也可以达到强化的目的。

　　这种做法与我在诊断患有各类严重疾病的病号时观察到的结果完全一致。有些人不加判断地认为他们的问题太多太难，无法解决，以致很无助。他们为此羞愧难当，责备自己太无能，而且还把身陷困境的原因归咎于别人、上天或者命运。而另一些人在面临同样严重的疾病时，则遵守上面三条高逆商标准去做，非常积极地从各个方面改造自身环境，不仅主动研究，加强自我教育，注重自身的医疗保健，而且还想办法坚持有意识的实践活动。比如，据我观察，伊丽莎白·泰勒和克里斯托弗·里夫就具备高逆商。伊丽莎白·泰勒好几次与死亡擦肩而过，做过多次医疗手术，包括臀部置换外科手术。她曾先后两次在贝蒂·福特诊所戒除恶习，之后才将康复情况稳定下来。她信心百倍地始终为保持美貌、优雅和幽默感而奋斗。她坚持在娱乐界（直到2000年还在拍片）、商界（曾与一家成功的香水公司做生意）打拼，做慈善工作（成立了为艾滋病研究筹款的基金会）时也一直很活跃。克里斯托弗·里夫在一次骑马时发生事故使脊髓受伤导致瘫痪，但他一直是个负责任的丈夫、父亲、作家、专业演讲家和电影导演，生活过得既成功又充实。不过与此同时，他就连起床、穿衣这样的事也需要费很大的力气和时间，而且需要护理人员的协助。

▶◀ 前往地狱的垂钓之旅

　　我曾经和几个刚刚钓鱼归来的朋友共进午餐。问到这次垂钓之旅时，他们七嘴八舌地描述说，这次旅行被一个接一个的天灾人祸搞得一团糟——天气不好，他们装满生活必需品的冰箱在河里漂浮，有个人还肚子疼，如此等等。"那么你们怎样评价这次旅行呢？"我问。

　　"再好不过的一次旅行，"其中一个人说，"我们经历了一次狂欢。"

　　他们在这次旅行中展示了自己的高逆商，成功地应对了一系列不利事件。如果在日常生活中能有这次垂钓之旅那样的表现，那么他们每个人在365天里都会更快乐、更成功，而不是只有5天。所有人都是一样的。成功的取得与期望和反应不无关联。如果我们由于对自身期望过高、不合理（从不公平地与别人攀比、固执地追求完美，到出海航行之旅毫无波澜或者对整个过程不满意）而压力重重，对一切事情都要讲究"黑白分明"，那么，这些人为的负担就会向我们施压并把我们压垮。

🎀 一则"减负"的神话

　　我将以一则神话或叫寓言来结束本章。我已经通过好几条途径听说过它。不妨想想它是怎样与你释放成功个性相联系的。

　　据说从前有个筋疲力尽的旅行者走在一条尘土飞扬的大路上，肩膀上扛着一块大石头，背上背着一个装满砖块的背包，头上晃晃悠悠地顶着一个大南瓜，腰上还缠着一捆干草和葡萄藤，以至于只能蹒跚地迈着碎步向前走。正如你想象的那样，此人像一匹驮着货物的马，步履不稳、腰不舒服地向下俯着，前进的步伐缓慢而沉重，体力消耗很大。

　　一个坐在路边的人和他打招呼，问："喂，伙计，为什么不把肩膀上那块又大又沉的石头卸下来，给自己减轻负担呢？"

　　行者令人不可思议地答道："嗯。你知道，之前我根本没注意到它有多重，直到你提到它我才想起来。我过去一直没有认真考虑过为什么要带着它。"琢磨了片刻之后，行者放下大石头，把它扔到路边，继续朝前走。此时，他的腰杆直了一点，行进的速度也快了一些。向前走了一段路，他遇见另一个旁观者。此人对他装满砖块的背包提出了质疑。"嗯。我很高兴你提到它。"

行者说，"我真的没怎么注意过背包里装着什么东西。"他拿出所有砖块，放在路边，继续朝前走。

又走了一段路，一个在路旁玩耍的好奇的孩子叫住了他："嘿，先生，你为什么要在腰间捆上那么多干草呢？"行者拿出口袋里的小刀，割掉了干草。

一个又一个的旁观者促使行者认识到自身毫无必要的负担。此后，他逐一接受了新认识，抛弃了长期束缚他的负担，并一一扔到路边。最后，他成了一个真正的自由人，直挺的姿势和行进的速度都和正常人无异。

他的问题是石头、砖块，还是干草？不，都不是。问题只有一个，那就是他缺乏对它们的认识。

Chapter 09

小心别激活你的自动失败机制

人都有"沸点"。在我那个年代，许多企业和工厂都使用蒸汽锅炉，这种锅炉其实离炸弹仅有一步之遥。如果科学地控制，它们能经济实用地提供日常生活必需的热量。不过它们也拥有巨大的潜在破坏力。这种锅炉上装有压力计，显示什么时候压力达到危险点。在察觉到这种潜在危险之后，就可以采取校正措施，确保安全。同样，我们今天有不少核电站，这些核电站使用电脑和人进行严密的监督和控制，以防止发生切尔诺贝利核电站发生过的那种"大规模泄漏"事故。

据我所知，史上最严重的核电站灾难事件之一，是美国三里岛放射性物质泄漏事件。这次事件差点造成严重的伤亡，但好在关键时刻居民迅速转移，才没有导致恶劣影响。而这次事件据说是因为一名工人泼了一杯咖啡引起的。

威力与危险永远密不可分。你拥有的伺服机制潜在的威力，远比你能相信的要强大得多。你越是了解它、试验它，就越能惊奇地发现它能为你所用。然而，这种可以建设性地、创造性地作为自动成功机制（ASM）的力量，还有一种潜在的破坏力，那就是它也可以转化成自动失败机制（AFM）。我们必须善于控制和调整这种内心的力量，对它那"压力计"上的红色标线时刻保持警惕，防止它"溜进"自动失败机制所在的区间。

消极情绪就是报警信号。灰心、暴怒、势不可挡的焦虑、持续不变的压抑、忌妒和怨恨、懈怠、徒劳地狂热追求、偏执和无礼，当然还有自我排斥，这些都是伺服机制的压力即将进入红色区域的信号。

人体有自己的危险信号和危险标志，医生们将其称为症状或症候。病人们往往把症状视为有害的表现，如一次发烧、疼痛或类似表现都视为"大事不好"。实际上，如果病人能搞清这些症状预示什么，并采取改进措施，那么这些消极信号对病人来说并不是坏事。症状或症候都是帮助人体保持健康的"压力计"或"报警灯"。阑尾炎的疼痛对病人来说似乎很难忍受，但在手术之后，它却能确保病人的生存。如果病人感觉不到痛苦，那么就不会采取措施把阑尾割掉了。

无意中可能唤醒和激活的自动失败机制也有其症状。我们应能发觉自身的这些症状，以便对其采取恰当措施。当我们学会将某些性格特点界定为失败的"路标"时，这些症状就会自动起到负反馈作用，引导我们离开原有轨道，取得创造性的成就。不过，我们不应仅仅意识到它们的存在，因为每个人都能"感觉到"它们。我们应该视它们为不受欢迎、我们不想要的东西，而最重要的是，所有人都必须从内心深处真诚地说服自己相信：这些东西不会带来幸福。

▶◀ 失败的画面

我再次发现，如果商人把这些消极反馈信号（或者我所称的"失败机制"）与组成"失败"（Failure）这个词的各个字母联系起来，就容易记住这些信号。对这些字母进行分解后如下：

F（沮丧、无助、徒劳，Frustration）   U（犹疑，Uncertainty）

A（好斗 / 错误导向，Aggressiveness）   R（怨恨，Resentment）

I（不安全感，Insecurity）   E（空虚，Emptiness）

L（孤独，Loneliness）

没有谁会坐下来，怀着事先期望好的恶意，有意去培养这些消极特性。这些特点不是凭空产生的，也并非人性不完美的体现。这些消极特点中，每一种在最初都曾用作解决某个问题或应对某个困难的途径。我们之所以采用它们，是因为错误地将其看成是走出困难的出口。尽管建立在错误的前提之上，但它们也有自身的含义和意图。请记住：人性中最强烈的冲动之一，就是做出适当的反应。要想治愈这些失败症候，我们不能通过意志力，而是通过理解，最终懂得它们起不到积极作用而且不合时宜。

这条真理能让我们摆脱它们的束缚。当能够透过迷雾看清事实时，促使我们采用它们的同一种本能力量，也能帮助我们根除它们。

大家可以想想殉道情结和牺牲情结。我们都认识这种人：他们总是以一种牺牲品的姿态出现，原因可能是不幸的童年、破裂的家庭、不恰当的教育、偏袒的老板、诡计多端的合作伙伴、骗人的伴侣、各种各样的疾病以及经济上的不幸。此人坚持认为，生活的方方面面都在合起伙来与他或她作对。发展下去，此人便老是把自己当成受害者，成天满腹牢骚、怨天尤人——"不，不，你只管去吧，今晚去看戏吧，好好享受欢乐时光。不要担心我不高兴，我已经习惯一个人。"如果像看鱼缸里的鱼那样从局外来观察此人，我们对这种人的行为要么会怀疑，要么会愤懑，因为他们的所作所为不仅让自己，也让周围的每个人都痛苦。不过大家不要搞错，此人并没有故意耍手腕，使自己和别人都最大限度地陷入悲惨境地。恰恰相反，这是他们所知的解决问题的一种方式，其目的可能是克服某些挫折，得到所渴望的关注和同情，或者是为了得到某种认可，因为他们觉得通过其他方式得不到这种认可。

由外向内重塑这些处事方式，从而达到帮助他人的目的，这非常难做到。但是你可以照管好自己的自我意象，重塑自己的自我意象，从而改变自身行为。

那么，就来看看自动失败机制有哪些警告标志可以用于实施控制吧。

沮丧

沮丧是一种情绪感觉，无论何时，只要某个重要目标没有实现，或者某种强烈愿望受到阻碍，都会让人沮丧。从人的本质讲，所有人肯定都体验过沮丧的感觉，因为人是不完美的。随着年龄增长，我们懂得：一切愿望都不可能立即得到满足。我们还会懂得，"做的"永远都没有"想的"好。此外，我们可以学会接受这样一个事实：人既不一定完美，也没必要完美，就一切实际目标而言，达到近似完美就算不错了。我们可以学会容忍某种程度的沮丧情绪，同时又不会为它而不安。

只有在受挫经历带来过度的情绪感觉，让人觉得深深不满和无助时，才会成为失败的征兆。

习惯性受挫通常意味着我们为自己设定的目标不现实，或者说明为自己树立的形象不恰当，或者二者兼而有之。

实际目标与理想化目标——对于朋友来说，吉姆是一个成功的男人。他从一个存货管理员干到公司的副主管，还有一个美丽的妻子和两个孩子深爱着他。尽管如此，他却总是觉得很失意，因为所有这些都达不到他那不切实际的目标。从每个具体方面讲，他都有所欠缺，但他必须做到完美。比如，如今他应该是公司的委员会主席，他应该是一个无可挑剔的丈夫和父亲，以至于妻子永远不会找理由质疑他，孩子也绝不会淘气。光射中牛眼（靶心）是远远不够的，他还必须射中牛眼中心那个极小的斑点。"你应该在日常生活中运用专业高尔夫球员杰基·伯克轻击入洞时采用的同一技巧，"我告诉他说，"也就是说，不要以为你在长距离击球的情况下，必须把球精确地打到球洞里面，而是只用瞄准洗衣盆那么大的一块区域即可。这样你就能放下包袱、轻装上阵，使自己表现得更好。如果这样做对专业运动员管用，对你也应该管用。"

他的自我实现预言使失败成为注定结果——哈里有些与众不同。他没有达到自己的预期。虽然曾经有很多机遇，但一个个都与他擦肩而过。他曾经有三次即将得到想要的职位，但每次"都有某件事从天而降"；当成功近在咫尺时，总会发生点什么事将他打败。他甚至还有两次走了桃花运，但每次都黄了。

他的自我意象给自己的定位是一个没用、无能、低等的人，无权获得成功、无权享受生活中的美好事物，于是他便不明智地试着将这一角色搬进现实生活。他觉得自己不是那种能够成功的人，于是便老是想方设法做点什么，以证明这一自我实现的预言不假。

将沮丧作为解决问题的方法不管用——挫折感、不满、不快等感受是每个人在出生之后就学会了的解决方式。饥饿的婴儿会通过号啕大哭表达不满。于是，一只温暖而柔和的大手便会神奇地从天而降，为他拿来牛奶。如果他觉得不舒服，会再次通过上述方法体现不满，同样，温暖的大手随之会再次神奇地出现，使他更舒服一些，让问题得以解决。许多孩子用此方法达到目的，能够解决问题，都是因为有过于溺爱他们的父母，他们只用表达出挫折感就行。他们要做的事只有一件，就是感到希望落空、对现状不满，之后问题便得到圆满解决。这种生活方式对婴儿和部分小孩子"行得通"，但在你步入成年社会之后就行不通了。而许多人长大以后仍然使用它。他们感到对生活不满，表现出对人生的愤懑，其用意显然是希望：只要他们感觉足够糟糕，人生就会同情他们，就会赶紧"跑过来"把问题解决掉。

吉姆无意运用了这种幼稚的手段，以图某种魔力会给他带来想要的"完美"。哈里已经"磨炼"出太多的挫折感和失败感，以致失败的情绪像幽灵一样附在他身上。他将失败的情绪投入未来，等着自己失败。他那习惯性的失败情结，进一步使他将自己描绘成一个失败型的人。想法和感受是一对孪生兄弟，感受是想法和思想成长的土壤。这就是为什么本书通篇都规劝你接受这样一种观点：想象你如果成功了会有什么感受——然后现在就以这种方式感受。

婴儿的行为不适用于成人世界，你必须设定目标、朝目标奋斗，从而超越这种行为。无论在什么情况下曲折前进却偏离正确的人生轨迹，你都千万不要躺在草丛中，像婴儿那样哭叫，等待有人伸出温暖的手，温柔地把你从草丛中解救出来，放回前进的轨道上，而且头朝正确的方向。你必须展示出自我意象的力量，下决心让自己站起来，把自己放回正确的道路原处，朝着选定的目标重新开始旅行。你必须展示出自我接受，以便认识到什么是犯错误（应该转弯的时候摔倒），什么是自我排斥。你千万不要允许从你身边经过的"迷雾"模糊了你的目标。

好斗

就像白天之后是黑夜一样，沮丧之后便会产生过分的、导向错误的好斗心。

如今最让人感到可怕的一种疾病是阿尔茨海默病，这种病的患者可能生理上保持得非常健康，但会失去记忆力和对身份的鉴别力，而且还会出现越来越严重的间歇性虚脱。此病的受害者不时会在毫无预警的情况下猛烈攻击他们的看护者或深爱的人。我相信，由于这种人根本记不住自己和对方是什么身份，因此会产生强烈得难以想象的挫败感，而攻击行为就是这种挫败感造成的直接后果。

当人们受到阿尔茨海默病的折磨而突然袭击别人，或者对别人行为不端时，其直接动因通常是他们的"真我"以不健康的自我意象为表现形式，"真我"受到了拷打、折磨和禁锢。

我妻子安妮有一位私交甚笃的女友。此人是个成功的职业妇女，嫁给了一个比她小一点而且成就不大的小伙子。作为家中的"顶梁柱"，她似乎很心满意足。几乎家庭的一切开销都要靠她去挣，而且她还要无私地支持丈夫。一开始男方也觉得很满足。但是，其他人心照不宣的非难、朋友们以开玩笑的方式善意的嘲弄以及妻子娘家人的批评，都成为一种负担，沉甸甸地压在丈夫心头，让他倍感沮丧。他几次尝试进行盲目的风险投资，结果只能是为他带来更大的挫败。同样，她也受到朋友和家人的取笑，这使得她先是不满，随后便怨声载道。当他所有的挫败感在这种过热环境中达到"沸点"时，两个人大吵了一架，他还打了她好几顿，终于导致妻子在忍无可忍的情况下报警。于是，警车抵达，警灯闪烁，警报拉得让人心惊肉跳。事情到此并没有完结（这种事很少有就此终止的时候），因为它标志着一桩婚姻开始走向终结。

男人打女人，根本没有任何可让人接受的理由，反之亦然。不过，这很容易解释为不加控制的挫败感导致歇斯底里的好斗心。

虽然存在此类让人不快的例子，但是好斗心本身并不像某些精神病学家曾经认为的那样，是一种不正常的行为模式。进取心和情绪"蒸汽"是实现目标必不可少的部分。我们应该与问题积极做斗争，为自己设立一个重要目标，光凭这一点就足以在我们内心的"锅炉"里制造出情绪"蒸汽"，并在现实中展示这种积极进取的倾向。然而，当我们在实现既定目标这个问题上受到阻碍或受挫时，麻烦便会接踵而至。此时，情绪"蒸汽"受到压制，需要寻找一条贯通的渠道。如果加以误导或误用，它就会成为一种破坏力量。有些工人老想一拳打在老板鼻子上，却不敢，反而回家骂妻子、打孩子或者对猫踢上一脚。还有些人在生气时，会将自己的好斗劲头都用来对付自己，就像南美洲的一种蝎子那样，发火时狂蜇自己，然后死于自身的毒液。

不要盲目开炮，要集中火力——自动失败机制不会引导好斗心去实现某个有意义的目标，相反，身体会通过溃疡、高血压、忧愁、酗酒或强迫性拼命加班等一些自毁渠道来使用它。它还可以采取另一些形式，如易怒、粗鲁、非议、唠叨、挑剔甚至暴力，将"炮口"对准其他人。

解决好斗心的办法并不是根除它，而是理解它，为它提供恰当的、合适的宣泄渠道。当发现好斗心刚开始露头时，应该把它再塞回生养它的"娘胎"即挫败感中，用尽一切力气采取有意义的行动，以解决挫败感本身。

知识赐予你力量——光是了解有关机制，就能帮助一个人应对"挫败—好斗"这一恶性循环。我们称方向错误的好斗心为"将力气用错了地方"，它是指本来想击中某个靶子（指最初定的目标），却将火力射到另外的靶子上。这样做没有用处。还记得孩子看的连环画吧？埃尔默·福德想狩猎机灵的野兔。在朝野兔打了几枪但无一命中之后，福德朝着十几个方向发疯似的胡乱开火。我想，狩猎野鸭或野鹅的猎人们有时候大概也会屈从于同样的诱惑吧！

你不能通过创造新问题来解决旧问题。如果你感到自己想打某人，不妨停下来扪心自问："这就是我在工作中遇到的挫折吗？是什么让我沮丧？""我现在是否在朝十几个方向胡乱开火？"当你发现自己的反应不合时宜时，就已经向控制这种反应迈出了一大步。如果有人对你粗鲁无礼，如果你认识到对方的反应也许并非出于恶意，而是某种自动机制在起作用，那么你的苦恼也就消除了大半。别人不过在宣泄无法用于实现目标的情绪"蒸汽"罢了。

许多交通事故就是由于"挫败—好斗"引起的。今天，它已经有了新名称——"马路风暴"。客机上的乘客也有"风暴"。这些名字其实只是表明由于沮丧情绪无处发泄而变成好斗心，并由此导致的后果。下一次如果有人在旅途中对你无礼，不妨试试下列办法：不要轻易上火影响自己的身体健康，而是对自己说："这个可怜的家伙对我本人并无恶意。也许他妻子今天早上烤糊了面包，也许是他付不起房租，或者被老板狠狠训了一顿。"

情绪"蒸汽"的安全阀——在实现某个重要目标过程中受阻时，你如同一台蒸汽机车，身上有膨胀的蒸汽无处排遣。你需要一个安全阀排出多余的情绪"蒸汽"。各种身体锻炼方式都有益于慢慢排遣掉好斗的"蒸汽"。轻快地长跑、俯卧撑、举哑铃，这些锻炼也不错。尤其值得提倡的是那些能让你击打或猛撞的运动——篮球、网球、保龄球、打沙袋等等。另一种好办法就是把火气宣泄到纸上。如果有人让你灰心丧气或是惹恼了你，不妨给对方写封信。把心中的怒火全部写出来，不给想象力留半点空间。然后把写好的信付之一炬。

排遣怒火的最佳渠道是把它全部用完——朝某个目标而奋斗。因为这股火气本身就是要使用的。工作始终是一种最好的治疗方法，也是抚慰烦躁心灵的最佳镇静剂。

不安全感

不安全感产生的原因，是内心认为或者相信自己无能。如果你觉得自己达不到要求的标准，就会感到不安全。有许多不安全感产生的原因，并非因为我们身上的智慧和能力真的不足，而是因为运用了错误的衡量标准，总是拿自身实际能力与想象中理想、完美或纯粹的"自我"比较。按照绝对标准看待自己，就会诱发不安全感。

感到不安全的人觉得自己应该更好，应该更成功，应该更幸福、能干、镇静。这些目标都很有价值和意义，但是，我们应该将其视为要实现的目标、通过努力奋斗能得到的东西，而不是看成"应该有的标准"。

我有个朋友经营一家大型管理咨询公司。有一次，他和我谈起一本名叫《彼得原理》的商业著作。这本书当时在市面上很流行。交谈中，他赞成这一观点：企业中的官僚机构经常会错误地把一些人提拔到力所不能及的岗位上，最后带来了灾难性后果。我自己就曾多次目睹了这样的情况：人品好、能力强的医生从事医疗工作时非常快乐，但一旦医院领导提拔他为某个部门的主管后，他便成了非常痛苦而忧愁的管理者。由此，医院少了一个优秀的医生，同时却多了一位不能胜任本职的管理人员。我朋友就不赞成将这一看法绝对化。"不错，所谓的'彼得原理'的确能解释这种情况。"他说，"但是这一原则却无法解释后果截然不同的同一情况。有些人被提拔后的岗位对其素质的要求，远远超过了他的经验、知识、基础或信心水平，甚至被身边的人认为注定要失败，却在同类部门中首屈一指、取得成功，这该做何解释？"随着对这一问题的深入探讨，我发现它和我最早观察到的现象、思考过的问题有些相像，而正是那些现象和问题，引导我开始深入研究心理控制理论。比如，有两个不幸的人，有着几乎一模一样的生理缺陷，这一缺陷的重要性都被他们的想象力所放大，而且两个人做了几乎完全相同的外科手术。但是，一个人的行为表现正如你我预料的那样，另一个人却始终保留着对自己的消极感受，就像整容后面部伤疤依然存在一样。为什么会出现这种差异？

在这两个案例（手术问题和提拔问题）中，结果的差异其实隐藏在个体的自我意象里。这种差异在他们的脸上或履历表中是看不见的。

如果一个人已经有了不安全感，已经怀有受损的自我意象，而且不得已要通过纯粹的意志力拿出最佳工作表现，那么此人一旦得到提升，对新岗位的认识只不过是认为"雪上加霜"，而不会将其视为一次绝好的机遇。

重新调整的魔力——你可以采用许多办法使自己摆脱不安全感的困扰，以便出现任何机遇都能作为进步的阶梯。方法之一就是理智地分析形势，琢磨其他相关的人，反思你自己。另一种方法就是对自我意象进行确认和强化，包括角色扮演（此时需要在你的"精神影院"恰当地进行）、赋予自动成功机制以新的研究任务，以便它能为你提供所需的想法和方案。再有一种方法就是马上调整视野，将眼光盯在新的适合的目标上。

以下这个例子能解释为什么重新调整法如此重要。

纽约的一位著名体育新闻记者曾为我提供了以下这个例子：

假设有两个非常成功的大学橄榄球教练，他们在美国国家橄榄球联盟的教练员队伍中名头很响。事实上，他们后来都得到了提拔，到了全新的岗位，面临着高层次竞争。我们体育记者立即开始质疑他们的能力在这一层次上行不行，甚至写文章说"彼得原理"在他们身上能否应验。最后，他们中的一位教练继续回到大学执教，像一条垂头丧气、夹着尾巴的小狗，而另一位教练则带领自己的队伍获得冠军，捧起了"超级碗"。

当然，这中间存在一些可变因素，比如能力、所在分区对手的强悍程度、日程安排，等等。但是，最大的变数是两位教练对新岗位的实际反应。两个人都期望能有这样一个晋升到美国国家橄榄球联盟工作的机会，但是，一个人把这种机会看成"我终于实现了"的目标。于是，他开始表现得像一个新加冕的国王，用一意孤行甚至言过其实的行为，来隐藏自己的不安全感和自我怀疑。他很快便和媒体中我们这些记者、球员以及其他教练建立了对立关系。他的球员们从报纸的报道中可以看出他那如履薄冰的感觉，但都没有做出反应。没过多久他便受到极大的打击。从此，他的不安全感变成了对失败的恐惧，他的沮丧变成了好斗和攻击，他由此无法充分展示自己的指导技能。另一位新提升的教练则采取了一种截然不同的方式。对他来说，晋升到这一教练岗位只不过是在自己的人生道路上又向前迈了一步。他马上将精力集中于一套全新的目标上，这些目标从组织一个世界一流的管理班子，到提高队伍的士气，开发团队中尚未展示出的才华，再到在随后两个赛季再次捧起"超级碗"。他的所有精力都凝聚在一起。他的目标就像灯塔一样照亮了他，使他不会触礁或搁浅。于是，别人对他的反应与前一位不同，他也取得了不同的结果。

我的体育记者朋友分析了这两种情况，将其归结为心理控制的作用。由于人具有目标追寻功能，因此，只有当个体朝着某个目标前进时，才能充分地实现自我价值。还记得我们在前一章把这种情况比喻成骑自行车吗？只有向前骑或者追求某个目标时，我们才能保持平衡。如果你自认为已经达到了目标，你就会静止下来，就会失去前进时才有的安全感和平衡状态。如果你相信自己的能力绝对化，就不仅没有了进一步完善提高的动力，而且会觉得不安，因为你必须捍卫自己的伪装和虚假。一位大公司的总经理最近对我说："对我们来说，认为自己已经'到达'目标的人，实际上已经用完了所有的本事。"

在坚实基础上站稳脚跟——试图站在高山之巅，就会产生不安全感。从心理上讲，如果不再高高在上，而是放下架子，你就觉得更安全。

这一道理也有非常现实的含义。它能解释在体育运动中失败一方的心理。当一支冠军队开始将自己看成是冠军时，他们就再也没有了奋斗目标，而只有一个位置和荣誉需要捍卫。这样的冠军只会守摊子，试图证明什么；而手下败将则有明确的目标去奋斗，而且往往能爆出冷门。

我认识这样一位拳击手，他一直打得很好，直到赢得了冠军。在夺冠之后的一次较量中，他丢掉了冠军，于是脸色很难看。失去冠军头衔后，他的状态又好了起来，并且重新夺回了冠军。一个聪明的经理人对他说："如果你能记住这一点，那么当你是冠军的竞争者时，就会打得像冠军那样好：进入拳击场时，你并非在捍卫冠军头衔——而是在为获得它而奋斗。你没有得到过冠军——当你钻过拳击场四周的围绳时，你在冒风险。"

造成不安全感的心理态度是一种手段。它是用伪装和虚假取代现实的手段，是向你自己、向别人证明你的优越感的手段。但这种手段总是弄巧成拙。如果你此时此刻无可挑剔、高人一等，那么就没有必要去奋斗、去拼搏、去尝试了。实际上，如果真让你努力地去尝试，那也许就会显示你不比别人强。所以你根本不敢去试。于是，你尚未奋斗就已经先输了——你输掉了取胜的意志。

在商界，有安全感的领导人总想将那些比自己更聪明、更能干，往往也更老到、经验更丰富的人组成的队伍招至麾下。而没有安全感的领导人四周总是安排一些应声虫和"马屁精"。为什么呢？因为有安全感的领导人无时不在发愤图强，关心做哪些该做的事，胜过关心其他一切事情；而没有安全感的领导人则更关心表面现象，而且害怕显露出任何脆弱或无能的迹象。

如果你偶然发现自己的行为，表现得就像自动失败机制把你拖进一个充满不安全感的沼泽中，把你从沼泽中救出来时，你浑身上下都沾满了臭气难闻的淤泥，你应该注意到"有什么东西在发出臭气。对了，是我自己的行为！"然后去做正确的事情，将身上的淤泥洗掉，干干净净地走出水面。有一块香皂可以提高你沐浴的效果，那香皂就是重新校准、重设目标。

孤独

我们每个人偶尔都会孤独。孤独也是大自然对我们的惩罚，因为我们是人，是存在的个体。不过，如果孤独感走向极端而且时间很长（切断联系，疏远其他人），那么就说明自动失败机制在起作用了。

这种孤独感是由生活孤僻造成的，它是远离"真我"的一种孤独。那些远离"真我"的人，甚至主动切断了与生活之间根本的接触。孤独的人通常会建立一个恶性循环。由于主观上存在疏远的感觉，所以与别人打交道时就不会非常心满意足，从而变得与世隔绝。这样一来，他们就堵死了一条寻找自我的大道，从而在与其他人进行社会交往时迷失自我。与别人一起做事，一起享受欢乐时光，会帮助我们忘掉自己。在愉快的交谈中、欢快的舞蹈中，在一起嬉戏或者为某个共同目标齐心工作时，我们都会对某种东西感兴趣，而不是保持自己的伪装和虚假。随着我们开始了解他人，我们便觉得越来越没有虚伪的必要。我们变得更自然、更真实。越是这样做，我们就越觉得自己无须伪装和虚假也同样过得自在，越觉得"当好自己"更让我们惬意。

孤独是一种不管用的手段——孤独是一种自我保护的手段。孤独时，与他人交流和沟通的渠道（尤其是联系感情的纽带）被切断了。这种手段可以保护我们理想化的自我免受曝光、伤害和羞辱。孤独者怕人，他们往往抱怨自己没有朋友，身边没有合得来的人。多数情况下，由于他们态度消极，于是就以这种方式不明智地安排自己的生活。他们总是等着别人主动来找他们，等别人迈开第一步，等别人引起他们的兴趣。他们从来没有想过自己应该在社交场合做点什么。

无论你有什么感觉，都应该逼着自己与别人打成一片。一开始跳进凉水也许很冷，但如果你坚持下去，就会发现慢慢暖和起来，并自得其乐。可以培养一种能给别人带去快乐的社交技能，如跳舞、打桥牌、弹钢琴、打网球、聊天等。有一条早为人知的心理学公理：不断接触让你恐惧的东西，你就能免受恐惧的伤害。孤独的人如果不停地逼迫自己与其他人进行社会交往（这里不是指以一种消极的方式，而是指作为主动的贡献者），就会慢慢发现大多数人都很友好，都值得接受。从此，他们的羞怯和怯懦开始消失，他们在其他人面前或者一人独处时会感到更自在。被人包容和接受的体验，使他们也能接受自己。

位高权重的人会由于孤立无援而崩溃。喜欢单干、不愿冒与人交往的风险而孤立自己的人，总有一天会在清醒时吃惊地发现自己连工作的理由都没有了！

孤立和孤独是一种力量，它不仅伤害"卑微的平民"，也能毁掉国王和总统。据说随着"水门事件"水落石出，尼克松总统把白宫当成了"心理禁锢的碉堡"，成天足不出户，通过日益与外界隔绝来寻求安全感。将他的行为与担任克莱斯勒汽车公司总裁的李·艾柯卡相比，尽管后者的公司陷入"千疮百孔"的危机，财政上有马上崩溃的危险，但他并没有退缩，没有与外界隔绝，没有独自一人待在阴暗的屋子里，而是以前所未有的姿态，昂首挺胸地走进公众视野，积极地游说、组织华尔街销售区和华盛顿销售区的买主，并与他们谈判，向他们推销，从而使公司的经营状况有了根本好转。

当受到孤独的诱惑时，你必须以活力取而代之。我经常想起萨尔瓦多·达利作为礼物送给我的那幅神奇的画作，他在画上把心理控制术描绘成一艘目标坚定的船只，下决心朝着光明之处行驶，而不是躲在某个虽然阴暗但看似更加安全的港湾里。尽管在黑暗中原地不动不会戳到脚趾，但你待在原地却躲不过一栋起火的大楼；待在黑暗的地方不动也许安全，但不会有任何成就。我们必须走出孤独，与外界交往，哪怕存在受到批评的风险，也要勇敢面对，去寻求机遇、得到提高。

犹疑

哲学家阿尔伯特·哈伯德说："一个人所能犯下的最大错误，就是害怕再犯一个错误。"

犹疑是一种避免错误、逃避责任感的方式。它建立在一个错误的前提之下，即如果什么决定也不做，那么就不会出现任何错误和问题。对于总想把自己想得完美无缺的人来说，犯错误会带来难以言状的恐惧，因为他从来没有错过，无论干什么都十全十美。如果犯了错，他所描绘的完美、无所不能的自我就会分崩离析。因此，决策就会成为一件生死攸关的大事。

因此，一种方法就是尽可能多地避免决策，尽可能久地推迟决策；还有一种方法，就是随手拉一个替罪羊以嫁祸于人。后一种人也会做决策，但在决策时很草率、很仓促，而且以操之过急而出名。做决策根本不会给他带来任何问题。他是无可挑剔的，他无论如何是不会犯错的。当决策的结果适得其反时，他仍然能保持这种虚伪的面纱，其手段就是说服自己相信所有的错都是别人的错。

不难看出为什么这两种人都会走向失败。后者由于行为冲动、欠考虑而总是处于水深火热之中，而前者则由于根本不去行动而陷入困境。换言之，想通过"犹豫的方式"保持不犯错是做不到的。

没有谁任何时候都对——我们应该懂得，一个人不必在任何时候都100%正确。我们是通过行动、出错、纠正错误这一过程前进的，这是万物的本质所在。制导鱼雷是通过出现一连串错误，然后不断调整攻击路线，从而与目标接触并摧毁目标的。如果你无动于衷，就没有路线可以纠正，因为你无法改变或纠正"虚无"。你必须思考形势中的已知事实，推测采取各种不同行动措施可能产生的后果，选择一个你觉得能提供最佳解决方案的措施，然后就义无反顾地照着去做。只有在前进时，你才能纠正路线。

不妨想想如今一些最成功的演员，比如凯文·科斯特纳。你还记得电影《水世界》吗？还有汤姆·汉克斯主演的电影《跳火山的人》。我们可以照着这个单子一直写下去。每位奥斯卡金像奖获得者、每一个好莱坞明星，在自己的履历表中都至少有一部这样的败笔电影。

更重要的是，我们知道，在一切行业中，哪怕是最成功的人士，其"错误"的时候也要比"正确"的时候多。比如，在大多数比赛中，最终的胜利者所踢过的比赛，其赢的次数也要比输的次数少得多。再比如管理投资证券组合："卖剩"的证券很可能多半会下跌而不是上扬，但是那些确实上扬了的证券获得的收益，却足以保证你能整体赢利。再比如石油钻探，还有广告业的发展。

在多数情况下，胜利者肯定都不是常胜将军！有时甚至胜率连一半都不到。

我曾见过一位企业家，他是我所遇到的企业家中最成功的一个。他曾在短短几年时间内购买了 18 种非常成功的新产品并向市场出售。38 岁那年，他使自己的公司从白手起家发展到资产总值高达 2 亿美元。他说，几乎没有人注意到他在同一时期内还买了其他 100 种产品向市场出售，但这些产品都因惨淡经营而亏损。他是这样描述自己成功的秘诀的：通过失败取得的进步更快。

邮购界的两个传奇人物是特德·尼古拉斯和约瑟夫·苏格曼。特德·尼古拉斯赖以成名的可能是一种与众不同的方法：由于采用整版广告，他自行出版的著作《怎样在没有律师的条件下创立你自己的公司》成为发行量高达 100 万册的畅销书。在很多年里，你随便打开一本商业或金融出版物，甚至是坐飞机时打开一本免费提供的杂志，都能看到其间广告连着广告，都在介绍特德的其他图书及产品。然而，特德却欣然承认，他每创作一则有利可图的广告，都要同时创作至少八则其他广告，但那些广告却在检验之后被他放弃。

约瑟夫·苏格曼是第一个通过电话（用户可以使用他提供的 800 个免费电话号码）接受信用卡订购的邮购企业家。通过销售带有整版广告的电子物品，他挖到了"第一桶金"，而且他还是通过邮购出售袖珍计算器的第一人。最近，他推销布鲁·布劳克斯太阳镜又发了一大笔财。苏格曼先生在演讲时，快乐地讲述了一个又一个他过去怎样酿成大错的故事，介绍了他投资的产品怎样由于滞销而收不回投资，还介绍了他创作并寄予厚望的广告怎样无人关注。这两个人在自己的事业中，始终生活在一种不确定的状态中。他们根本不敢指望自己在大多数时候都正确。

只有"小人物"才"从不犯错"——还有一点对于战胜"拿不准"的犹疑心理有帮助作用，就是要认识到在犹豫过程中自尊和保护自尊心所起的作用。许多人之所以犹豫不决，是因为他们害怕一旦证明自己错了会有伤自尊心。我们应该将自尊心用于为自己服务而不是与自己作对，方法就是说服自己相信这一道理：大人物和名人还会犯错而且承认错误呢。害怕承认自己错误的恰恰都是小人物。

通过排除过程取得成功——我非常喜欢读阿瑟·柯南·道尔描写伟大侦探歇洛克·福尔摩斯英勇破案的传奇故事。福尔摩斯的可靠助手华生医生，是一个有许多鲜明优点但想象力却少得可怜的人。当福尔摩斯"消失在华生的想象力中"，然后又带着最难破译的案件的解决方案出现时，华生总是不明就里、大为惊奇。福尔摩斯会通过自己的想象，进入一个充满学究气却总是刨根问底的排除过程，通过排除最终得到一个方案，也就是说没有把最佳结论排除。避免无意中激活自己的自动失败机制后，这一结论便成为他侦破的靶子，他会动用自身自动成功机制的所有力量去挖掘线索，搜集与这一结论相吻合的事实和证据，也就是说一步步向靶子逼近。而平庸的侦探则会始终陷在由大量困难的任务、混乱甚至相互矛盾的证据组成的泥潭里，从而动用自己的自动失败机制而不是自动成功机制。

还有一点值得注意：福尔摩斯乐于出错。当事实证明他的第一次尝试和推断结果与真相相去甚远时，他不会由于窘迫或丢脸而崩溃，不会由于灰心丧气而心烦意乱，也不会知难而退，将自己封闭起来。他只是对自己的错误一笑置之，很快又重新集中精力，向着最终目标摸索前进。

托马斯·爱迪生的妻子曾经说："爱迪生先生总是无休止地运用排除法，努力解决某个问题。如果有人问他是否会因为多次尝试徒劳无功而泄气，他会说：'不，我不会泄气，因为每抛弃一种错误的尝试，就让我又向前迈了一步。'"

如果结果预先注定、必然发生，那么就没有人参加比赛，也没有成千上万的观众打开电视机观看比赛。

我们应该学会包容比赛的暂时不确定性，同时始终与选择的目标保持关联，并相信自己总能实现那高于一切的目标，无论前进的道路多么曲折和坎坷。

请放心，你的过失错不在你，这样一来，你就能坦率地承认它们，利用从它们当中能找到的一切可用的反馈信息，调整前进路线，持续向前。

怨恨

自动失败机制为失败寻找替罪羊或借口时，往往会拿出社会、制度、生活、机会、运气、老板、配偶甚至顾客当幌子！被自动失败机制牢牢支配的人，总是对别人的成功和幸福心存反感，因为这证明生活亏待了他们，证明他们受到了不公正对待。怨恨是一种尝试，企图通过将我们的失败解释成不公正待遇、失去了公平，从而让自己心安理得。但是，作为失败的一种安慰剂，怨恨是一种比疾病本身更糟糕的疗法。它对人的心灵有致命性的剧毒，使你不可能得到幸福，而且会消耗你巨大的能量，而这些能量本来应该用于追求成功。

常常有人来办公室找我，要求对他们脸上某些无关紧要的缺陷（其实是被他们的想象放大了）进行矫正手术，这时我会与他们交谈，并引导他们认清一点：他们在照镜子的时候之所以看到让自己讨厌的东西，其实并非由于那是现实的反映，而是由于他们内心掩藏的对生活和环境中每个人的怨恨。

怨恨是一条通往失败的道路——怨恨也是一种使我们觉得自己有地位的途径。许多人能从"我错了又怎样"的感觉中得到一种荒谬的满足感。从道义上看，作为不公正社会的受害者，受到不公正待遇的人总觉得自己比那些造成不公正的人更优越。

怨恨也是一种尝试，企图消除或杜绝某个已经发生的错误或不公正待遇（这种错误或不公正待遇可能是真实的，也可能是臆想的）。怨恨是对已经发生的事进行心理上的抵抗或者不接受。怨恨（resentment）这个词本身源于两个拉丁语单词的结合：re 的意思是向后，sentire 的意思是感觉。怨恨是从情感上对过去发生的某些事情进行重复和清算。不过，你达不到清算的目的，因为你在试着做不可能完成的事——改变过去。

怨恨制造自卑的自我意象——即便真的以不公正和错误为基础产生，怨恨也不是通往胜利的大道。怨恨很快便能变成一种情绪习惯。如果习惯性地觉得自己是某种不公正待遇的受害者，你就会把自己描绘成在扮演一个受害者的角色。你的内心感觉总在找一个挂钩把自己吊上去。从此，这种感觉很容易就能找到不公正的"证据"，或者想当然地认为即便你错了，也是在说出最无辜的话、身处最中立的环境中错的。

习惯性怨恨总会导致自怜，而自怜是一个人能够养成的最坏的情绪习惯。当这些习惯变得根深蒂固时，没有它们你就会觉得"不正确"或者"不自然"。于是，你必须会主动去寻找"不公正"在哪里。有人说，这种人只有在自己处于悲惨境地时才会感觉良好。

怨恨和自怜的情绪习惯还会带来一种认为自己无能、卑微的自我意象。有了它，你就会把自己描绘成一只可怜虫、一个牺牲品，而这种人注定不会幸福。

怨恨真正的罪魁祸首——请记住：你的怨恨不是别的人、别的事或别的环境引起的，造成它的原因是你自己的情绪反应、你自己的反应。你自己就能够控制这些反应，如果坚信怨恨和自怜不是通往幸福和成功的大道，而是通往失败和不幸的道路，你就能控制它。

倘若你掩藏怨恨之心，就不可能把自己刻画成一个自力更生、独立性强、能够自我决定的人（这种人是"自己灵魂的舵手，自身命运的主宰"）。怨恨者总是将大权交给他人，让别人来命令他们应该怎样感受、应该怎样做。他要完全依赖于其他人，和一个乞丐差不多。他会对其他人提出不合理的要求和主张。如果每个人都应该不遗余力地让你得到幸福，那么当事实并非如此时，你便会产生怨恨之心；如果你觉得别人永远都"欠"你的情，缺少对你的欣赏，或者应该承认你才是最棒的，那么，当这些"债"没有还给你时，你便会怨恨；如果人生"欠"你一个完美的生活，那么当你看不到未来的希望时，便会变得怨恨。

因此，怨恨与创造性的目标追寻机制不一致。在创造性目标追寻机制中，你是创造者，不是被动的接收者。为你制订目标的是你自己，没有人欠你什么。你要去追求自己制订的目标，要为自己的成功和幸福负责。怨恨与这种画面格格不入，正因为格格不入，所以它是一种失败的机制。

从某种意义上讲，世上没有绝对的公正，但是我们可以通过自身努力获得公正。从出生时起，有些人就在充满街头暴力的贫民区不公正地开始了艰难的生活，而另一些同一时刻出生于高楼林立的繁华区的人，却在安全的都市开始了人生之路；有些人会到某所年久失修的学校上学，而另一些人则到拥有各种现代化设施的学校就读。这都是事实。同样，在许多营业部门，销售经理给自己的"对头"分配的营销任务不成比例，让对方受到不公正待遇，而对他的那些"心腹"则非常照顾。这也是事实。在公司环境里，是否会被提升通常要看人缘如何而不完全靠业绩，这同样是事实。你可以举出许许多多这样的例子。世上没有绝对的公正，如果你想固执地坚持公正，以便过上成功而幸福的生活，那么在你的此生、在这个星球上是做不到的。

几天前，我从纽约的住宅出门，身穿一件全新的裁剪得体的名牌西装（第一次打开包装穿上身），前去参加一个重要的午餐会。刚刚出门，一辆呼啸而过的出租车经过一个水坑时，将脏水溅得我满裤子都是。当时我想：如果出租车只将脏水溅到那些身穿已经脏了的旧工作服、正走在回家路上的人身上，即使衣服脏了也不会造成不便，那岂不更合理些？也许我该游说市长通过一项法令，禁止出租车将脏水溅到衣着整洁的路人身上！

当然，这种不公平的事情过去了也就算了，我已经无能为力，而且我也没有办法避免这种不公正的存在。不过我今后肯定会加倍小心，但是过去的事已经无法计较。我眼下最紧迫的决定只有两个：要么将这一天剩下的时间都用于垂头丧气、发怒、痛苦或者抱怨，要么重新调整自己的心态，尽可能采取建设性的措施，使自己重新回到正确轨道，继续去参加聚会，并且使自己乐在其中、有所收获。

我承认，与应对整个社会的种族歧视或你工作中官僚机构的不平等相比，通过此类方式应对出租车、水坑、脏裤子之类的不公正要容易得多。但是二者的结果都一样，其根本选择也一样。无论不公平的程度如何，只有当你决定超越它、不计较它的时候，才能享受自动成功机制的力量。

多年来，心理控制技巧也在许多监狱囚犯辅导计划、课程，在职函授以及类似的培训方案中找到了用武之地。我猜想，我的书有成千上万册应该都捐赠给了监狱，并送给了每位囚犯。即便在今天，心理控制基金会也没有拒绝过犯人们真诚地无偿索要本书的请求。因此，我与狱卒、咨询专家、牧师以及在类似环境中工作的其他人员交谈过，不用说，累犯的话题经常会被提及。个人、家庭和社会都花费了大量财力用于教育囚犯，这些囚犯在服刑期满获释后不久，便管不住自己，又走上了邪路并再次入狱。之后仍然如此，可谓屡教不改。我后来相信，累犯其实不过是怨恨使然。如果一个人从监狱走向社会时，他的怨恨情绪没有丝毫改变（怨恨他小时候受到的教育和家庭背景、他的原告和看管他的狱卒，以及怨恨他在获得别人接受和信任的时候是多么艰难，如此等等），那么他几乎肯定会犯下新的罪行，再次把自己送进监狱。多数犯人都是如此。只有极少数人能努力做到出淤泥而不染，不受这些怨恨情绪的毒害，改头换面重新做人，从而在出狱后规规矩矩。同样，任何允许怨恨情绪控制自己思想的人，都会将自己、将自己的潜力锁在一个自己制造的监狱里。判处绞刑的是他自己，担任毫无同情心的陪审员的是他自己，担当监狱狱卒的还是他自己。

空虚

读到这一章时，你也许会想起某个这样的人：尽管他灰心丧气、心存怨恨等等，却仍然取得了"成功"。不过话也不要说得过于绝对。有许多人表面上得到了象征着成功的东西，但当他们去打开自己孜孜以求的"钱柜"时，却发现里面空空如也，就像他们历尽千辛万苦挣来的钱在他们手上不翼而飞一样。长此以往，他们便丧失了快乐的能力。而一旦你失去了快乐起来的能力，财富或其他东西再多，也无法为你带来成功或幸福。这些人赢得了成功的"壳"，但敲开之后，里面却什么也没有。

在日常生活中，拥有享受能力的人从许多很普通、很简单的小事中也能得到快乐。无论获得了哪一种物质上的成功，他们都能享受它。而那些已经失去享受能力的人，无论做什么事都无法找到快乐，不管是得到一个价值一美元的圆筒冰激凌，还是价值上百万美元的豪华公寓。世上没有什么目标值得他追求，生活令人厌倦得可怕，没有什么事值得花时间和精力去做。你每天晚上都能看到许多这样的人，他们在夜总会狂欢，把自己搞得疲惫不堪，以期让自己相信他们在享受生活。他们四处旅行，成天忙于这样那样的宴会，希望能找到快乐，但总是只能找到快乐的"空壳"。事实上，快乐是与创造劳动、与对目标创造性的追求相伴而生的。你可能会得到一个虚假的"成功"，但当你得到它之后，它却只让你得到了空虚中的快乐，让你受到惩罚。

当你拥有有意义的目标时，生活才会有意义——让你的自动失败机制安然入睡，你不通过为它分配任务而打扰它，它也不以自己劳动的负面成果打扰你，这便是心理控制的秘诀。

只有当你把目光牢牢锁定在有意义的目标上时，生活才会有意义。

　　空虚是一种征兆，表示你的生活没有创造性。你空虚的原因可能是没有对你足够重要的目标，也可能是你在努力追求某个重要目标时没有使用自己的才华，没有竭尽全力。有些人没有自己的志向，于是悲观地下结论说："人生没有目标。"另一些人没有值得追求的目标，于是总结说："人生不值得去奋斗。"而积极朝一个或多个目标努力奋斗的人，不会就社会生活的无意义或虚无，或者他个人的具体生活，提出悲观的思想观点。

　　即便最年迈的人也能追求目标、积极向上。而他们也是这么做的。目前社会上有一种很好的趋势：许多退休人员前往初中级院校，在那里学习，受教育，掌握感兴趣的学科知识，获取某种技能（这些知识和技能他们以前根本没有时间去掌握）。我在本书的前面曾经描述过学习过程的四个步骤。人生的活力就在于不断设定新目标，然后沿着学习的这四级阶梯向上爬，以便有效地追求这些目标。

　　空虚不是一条通往成功的途径——一旦经历了空虚情绪，它就会变成一种逃避努力、工作和责任感的方式。它会变成不好好生活的借口或理由。如果万事皆是虚无，如果天底下没有新事物，如果想尽办法都找不到快乐，那么何必费力？何必尝试？如果人生就是一首单调的歌曲，如果我们每天工作八个小时的目的就是能够买一套房子睡觉，就是为了睡上八小时之后为第二天的工作做好体力准备，那么又有什么激动人心的呢？然而，当所有这些脑力层面的"理由"都消失，一旦我们走下人生单调的"脚踏车"，不再原地打转、重复绕圈，选择一个有意义的目标并为之奋斗时，我们便能体会到快乐和满足。

　　空虚和不恰当的自我意象是一对孪生兄弟——空虚也是不恰当的自我意象的体现。从心理学上讲，要想接受某种你觉得不属于自己或者与你的自我不一致的东西是不可能的。那些自我意象中认为自己活得没价值、不值得的人，也许能将自己的消极心理倾向长时间隐藏起来，去取得真正的成功，成功之后，虽然从心理上不接受取得的成功，但还是从表面上让人觉得在享受成功。他们甚至可能为成功而羞愧，就像成功是偷来的一样。消极的自我意象甚至能激励他们通过著名的"过度补偿"原则取得成就。不过我并不同意这种理论：认为仅仅由于自卑情结有时候能让人得到成功的表面象征，就应该为这种情结而自豪甚至感谢它。当"成功"终于来到时，这种人几乎没有什么满足感和成就感。他们无法在自己的头脑中欣赏所取得的成就。对外界来说，他们是成功者，但他们自己仍然觉得低人一等，活得没有尊严，就像他们是贼，偷了自认为非常重要的、标志着成功者身份的象征一样。"如果我的朋友和同事有一天知道我是个假冒的成功者，会怎么样呢？"他们这样想。

这种情绪反应非常普遍，以至于精神病专家把它称为"否认成功综合征"，即当一个人意识到自己取得成功时，会感到愧疚、不安全、焦躁不安。

只有追求对你而言非常重要的目标，你才会健康起来。这种目标不是成功者身份地位的象征，而是由于它们与你内心深处的渴望相一致，所以是有意义的。追求真正的成功（通过创造性的成就取得的成功）会带给你深深的满足感；以取悦他人为目的，追求假冒的成功，只能带给你虚假的满足感。

Chapter 10

祛除情感伤疤，做次"情感整容"

　　整容业如今方兴未艾。过去若干年来，整容手术行业的收入每年都在以10%以上的比例增长。今天，你在大众性电视节目中，能看到许多广告说可以提供你想要的一揽子套餐式服务，整容的内容包括鼻子、耳朵、喉咙、全脸整容、隆胸、垫臀、胃部除褶。付款方式可以是月支付，就像用分期付款的方式买车一样！此外，有许多希望通过外科手术得到情感救助、获得感情满足的人，虽然在手术后醒来时发现脸庞焕然一新或者发现体形更加满意，但过去的失望和沮丧之情依然没有消失。

　　有些病人来到我办公室是为了修复他们外部形象中体现出的伤疤，而另一些病人的"伤疤"则存在于他们内心对自己的描绘和自我意象中。我很早就开始研究这二者之间有何联系。此后，五十多年过去了。在这五十多年里，我和其他人已经对心理控制理论有了深入的认识和了解。不过，虽然时过境迁，但最初发现并得出的结论，现在依然有效，其基本内容是不变的。

作为一名医学博士、一个医生，我除了做面部整容手术之外，还做了不计其数的重建手术。我有幸在世界各地通过演讲传授此类临床技巧。然而，我对人体中嵌入的神奇系统却从不腻烦。比如说，当你肉体受到伤害时，如脸上多了一道口子，你的身体会自动形成比受伤前的肌肉更加坚硬、更加厚实的疤痕组织。形成疤痕组织的目的是形成一道保护层或保护壳，这是使同一个地方免受再次伤害的自然方式。如果一只不合脚的鞋子摩擦了你脚部某个敏感部位，你首先会觉得疼痛和敏感。但是，这一次同样会自然地形成一层茧、一个保护壳，以使你免受进一步的疼痛和伤害。

无论何时，当我们感情上受到伤害时（此时有人伤害我们，或者通过错误的方式触痛我们），我们身上也会出现几乎如出一辙的现象。我们会形成"感情疤痕"或"心灵疤痕"以求自我保护。我们很可能由此变成铁石心肠，对外部世界从此没有了反应，将自己缩回来，躲在一个通过这样那样的形式组成的情感保护壳里。

▶◀ 什么时候大自然需要我们当好助手

在形成疤痕组织时，大自然的本意是为了帮助我们。然而，在现代社会中，疤痕组织尤其是脸部的疤痕组织，却可以对我们产生消极而非积极的影响。以前途无量的青年律师乔治为例吧。他和蔼可亲、英俊潇洒，事业上也春风得意。但偶然的一次交通事故，却使他脸上留下了一道可怕的伤疤，这道疤从他左脸颊的中部一直蔓延到左边的嘴角。另一道伤口正好经过右眼。

伤愈出院后，这道伤口紧紧地拉住了他的上眼皮，使他看起来总像是在奇怪地"瞪"着别人一样。每次在浴室照镜子时，他都看到一张让人厌恶的脸。脸颊的伤疤使他永远要斜视，他称此为"邪恶的目光"。出院后，他在法庭上打输了第一场官司，从此确信是自己古怪而邪恶的外表影响了陪审员。他感到老朋友都在因为他的外貌而对他退避三舍、打心眼里反感他。甚至当他亲吻自己的妻子时，她都显得有些畏畏缩缩，这难道只是他自己的想象吗？

乔治开始放弃诉讼，整天喝得醉醺醺的。他变得脾气暴躁、充满敌意，而且非常怕见人。

脸上的疤痕组织形成了一道坚硬的保护层，使他在今后不再受到车祸的伤害。但是在乔治生活的社会中，脸上产生的肉体伤害并不是最主要的危险，因为他比过去任何时候都更容易受到社会攻击的伤害。他的伤疤成了一个弱点，而没有成为一种财富。

如果乔治是一个原始人，脸上的伤疤是与一只熊或剑齿虎遭遇时留下的，那么这些伤疤很可能使他更容易被亲朋好友接受。即便在不久之前，上过战场的老兵们还骄傲地展示着他们在战场上留下的伤疤。我怀疑这一点对城市中一些年轻的歹徒和恶霸也同样适用。

就乔治这个例子来说，大自然本来出于好意，但它还需要一个助手。我通过整容手术消除了疤痕，恢复了乔治的容貌特征，使他的脸恢复到了受伤前的模样。

手术之后，乔治身上发生的性格变化是显而易见的。他再次变得和蔼自信，戒了酒，摒弃了"独狼"式的心理倾向，重新融入了社会，再次成为芸芸众生中的一员。可以说，他开始了全新的生活。

然而，这种新生活是通过消除肉体伤疤的整容手术间接得到的。真正起到治疗作用的，是消除了情感伤疤，治愈了社交的伤口，治好了情感上的伤害和损害，恢复了他的自我意象（成为社会中可以被人接受的一名成员），而这些之所以成为可能，都是由于做了外科手术。

而多数人虽然也在自我意象上堆积了大量疤痕组织，却与高明的外科医生通过一把手术刀可以治好的、真正意义上的生理缺陷没有任何关联。

◤◢ 情感伤疤使你远离生活

许多人从来没有受到过肉体上的伤害，却在内心情感上留下了伤疤。不过，二者对人的性格造成的后果是一样的。这些人过去曾被某人伤害过或打击过，为防止今后还会受到来自同一渠道的伤害，他们形成了一道"心灵之茧"、一道情感伤疤，以保护自己的自尊心。然而，这种疤痕组织不仅"保护"了他们免受最初伤害他们的那些人的再次攻击，也将所有其他人拒于千里之外。一道情感之墙由此建立，无论是敌是友都无法通过它。

齐格·齐格勒讲过一个有趣的故事：一只猫无辜地在窗台闲逛，掉在了一个刚刚用过、仍然热得发烫的火炉上。这只猫痛苦地大叫一声，一下子跳离了火炉，恼怒地跑到一旁护理它那柔弱的爪子。齐格说，这只猫不仅再也不会爬到那个火炉上去，甚至再也不想进入厨房了！

自我意象中建立的情感疤痕组织对人们的影响，就像烧焦的爪子对那只猫的影响一样。如果反复几次经历不快的、发窘的或者令人沮丧的"打击"，受影响的个体不仅在今后会避免置身一模一样的环境，甚至会避免进入可能出现类似环境的整个领域。比如说，我曾经为一个非常能干的管理者提供咨询服务。他在一家大公司平步青云，但是在过去，他的上司和老板总是让他去参加各种会议。不过，他每次开会时，都安静得像教堂里的猫，只是陪会者，而不是会议的参与者。此人有不少思想很有见地，也想表达出来，但通常情况下都是藏在肚子里，即使偶尔说了一点，也不会因为发了言便得到与会者的信任。实际上，多数同事都视他为"榆木疙瘩"，都在怀疑老板给这个家伙发工资出于什么动机。

你也许在这个例子中可以自行做出判断，并且得出正确的猜测。是的，此人从小学到中学到高中，只要在课堂上被叫起来回答问题，就口吃得非常厉害，由此经常受到其他同学的奚落。结果，他在课堂上显得很不积极，任何时候都把自己的最佳表现搁在肚子里，"让人看不见"。不妨称此为自我意象疤痕组织的第一层。将镜头快进到他的第一次婚姻。他的前妻和前岳母都很骄横跋扈，喜欢虐待他，两个人都对此人的想法进行批评和指责，无论是穿什么衣服还是提出什么政见，甚至看本书或看个电视节目也要管一管。在这桩婚姻一开始，他就采取了一种"把意见烂在肚子里"的态度。这便成了疤痕组织的第二层。

再将镜头切换到不久前的一年。当时，他是自己所在社区委员会的积极分子。他发现，他与某个居民的意见严重不一致，而对方在当地很有影响力，此人自高自大、态度强硬、盛气凌人，还特别能说会道。这位老兄无论提出什么观点，对手都完全否定并攻击他，还鼓动许多其他成员与这位老兄作对。终于，在第一年任期结束的时候，他的票数未能过关，没有再次入选委员会成员。这是第三层疤痕组织。

如今，他无法与在校同学、盛气凌人的岳母或极难相处的居民打交道，越是靠近这些人，他的自我意象就越容易受到威胁。因此，他在这些环境中并没有展示出聪慧、能干、有前途的管理者这一自我意象，而是展示出一只"被吓坏了的猫"的自我意象。

⋈ 灰泥，而不是石膏

这位老兄能刮除所有这些疤痕组织，解放他的自我意象吗？没有问题，运用我们讨论过的各种心理控制手段就可以——认识、理性思维、慎重决策（比如树立靶子）、有目的地运用想象力，包括运用"精神影院"精神排练技巧。

吉恩·路德拉姆博士在他的优秀著作《成功与权力浅议》中写道："自我意象不是石膏做的，而是用灰泥做的。"

大家都知道我是一个整形外科医生，不过作为多年的雕刻爱好者，我喜欢拿手术刀对泥土进行雕琢，经常利用泥土雕刻一些作品，并进行调整和重新雕刻，直到它与我想象的完全一致为止。泥土或灰泥之类的材料始终很柔软，其韧性足以进行很多次调整和修饰。造物主在自己的无限智慧中，用类似的材料制造了自我意象，所以，这一自我意象在我们的终生也是始终可以再塑造的。无论你多么年迈、多么疲倦、多么恐惧，受过什么样的创伤，都可以"将泥土润湿"，按照你的想象和愿望重新塑造它。

不要过分自我保护

在脸上有伤疤的情况下，过于保护以免受最初来源的伤害，会使我们在其他方面变得更加脆弱，甚至会给我们带来更大的伤害。我们用于保护自己免受某个人或某种环境攻击的情感之墙，会切断我们与所有其他人、与许多机遇的联系，甚至使我们与自己的"真我"无法沟通。正如我们前面指出的那样，觉得"孤独"或与别人不来往的人，也会觉得与自己的"真我"、与自己的人生无法沟通。

将所有这些心理控制技巧结合起来，它们就会在你手上放一把最有力、最神奇的情感手术刀，它们就会向你的双手注入无上的才华和能力，能让你为世界级的情感创伤做手术，以便你能祛除如今阻碍你自我意象的任何情感伤疤。不过，这样做的时候，你必须冒一个风险。你必须经受"途中的颠簸"、失望、拒绝和错误。你心中要有这样的信念：这种颠簸必然会出现，但无法阻止你去实现那高于一切的目标。

◄ 不要低估情感伤疤的力量

一大摞情感伤疤，一个叠着一个，使自我意象成为一个饱受威胁、无比脆弱的东西。遇到某种环境时，只要它认为该环境可能会用和过去造成伤害的事件同样的方式伤害它，那么，这些伤疤组合就会诱发伺服机制产生"生存模式行为"（逃避或斗争、退缩或积极交战等）。

在一本名为《忧虑失调与恐惧症》的书中，作者们声称："……阻止一个人闯入自然险境的同一器官，也会阻止他暴露于心理危险之下。"也就是说，伺服机制可能无法准确地估计危险的相对性。比如，由于在谈话中无法准确表达自己的思想，你在参加宴会时因无法更好地交际而感到窘迫，其原因可能是因为你挣的钱比别的客人少并由此觉得低人一等，于是就害怕别人问起你的职业或投资情况。这其实并非遇到了自然危险（也就是说，你的身体没有受到威胁）。然而，这种环境也可能激发与你在黑暗小巷里遇到劫匪相同的焦虑和压抑情绪。一旦真的遇上了劫匪，你可以温顺地拿出钱包，扔给或递给劫匪，然后拼命地朝相反方向逃之夭夭。而在社交场合中，放弃所有能够度过愉快夜晚的机会，逃到僻静的地方，或者简单地应对一下便起身离开，这都是绝对不合适的，甚至会导致某种你恰恰不想要的结果——主人以及其他嘉宾会由于你的表现而彻底瞧不起你。如果这种社交场合与那些在自我意象上留下伤疤的某些场合非常相似，那么，这种场合很可能也会导致上述的生存反应。

我想把本书前面强调的观点再次重申一下：在有些场合采用这种生存主

义者行为是不合适，甚至是适得其反的。要想把受伤的自我意象从此类行为中解放出来，需要进行"情感手术"。不过，要想做成这样的手术，你不一定非得重新回忆童年时代的每一件事、每一次打击。你可以从运用重新规划、只回忆过去成功的经历、精神电影、精神彩排以及其他心理控制技巧开始。接受了新的自我意象，过去的旧伤疤便会自动消除。牢记"以答案为导向的疗法"之类的术语，并按照这些说法去思考问题，而不是以长达三十年一成不变的陈词滥调为依据，每星期都去回忆过去的经历。

情感伤疤容易导致青少年犯罪

精神病学家伯纳德·霍兰德曾经指出，尽管少年犯看似非常独立，以吹牛为自豪而且名声在外，尤其是吹嘘他们如何讨厌每个当权派，但这是他们自我防卫的一种表现。霍兰德博士说，在这一坚硬外壳的背后，"隐藏着一个希望获得别人帮助的人的温柔与脆弱"。然而，他们却不能和别人走得太近，因为他们不会信任任何人。他们在过去某个时候曾经受过某人的伤害，而伤害他们的人对他们来说非常重要，因此，他们再也不敢使自己暴露于攻击之下，再次受伤。他们总是把自己的防守进行得有过之而无不及。为了防止受到进一步排斥和痛苦，他们率先发起攻击。由此，只要一有机会，他们就把那些爱他们的、能够帮助他们的人赶得远远的。

近日，日间电视脱口秀节目经常采用的一个话题，就是青少年如何"不服管"，比如十几岁的孩子诅咒人、虐待父母、逃学、酗酒、吸食毒品、滥交，甚至从商店里偷东西。节目主持人和家长会把这些不服管的青少年交给类似于军事化管理的"青少年新兵训练中心"的负责人，后者会强行把这些青少年带走。数星期后他们回来时，许多人都发生了很大变化。这些做法都备受争议，然而却有大量证据证明这种做法在多数情况下都取得了积极、长期的效果。如果这样做真的管用，那么为什么会管用？即使在很小的时候，这些年轻人就已经在自己的情感疤痕组织上堆积了一层又一层伤疤，从而使他们的自我意象把自己的支配权完全交给了自动失败机制，并把好斗性和攻击性发挥得淋漓尽致。你肯定听说过这样的老话"绝望的环境中有亡命的办法"。这些通过训练中心干涉失足青少年的做法是绝望的、黔驴技穷的措施——从某种意义上讲，这些做法是锋利无比的情感手术刀。要想切掉所有这些自我意象中坚硬的、起保护作用的疤痕组织，需要这些苛刻的、对抗性的手段。

　　提示：多数青少年犯罪都是情感严重受伤、自我意象特别不健康，以及自动失败机制释放、失控的表现。

　　仔细想想你自己所有的习惯性或重复性的行为以及人生经历。你有没有一个接一个地对与你最亲密的人之间的关系感到失望？你有没有发现一群又一群同事让你讨厌？你的所有客户是否都是"吝啬鬼"或者"难缠的家伙"？诸如此类。无论你逃避还是攻击，这里面都涉及自我意象受伤的问题。

➤➤ 今后我们能防止感情再受伤吗

　　有这样一句格言："从一个洞脱身的第一步，就是停下来不再挖洞。"我们可以说，使受伤的自我意象重获新生的第一步，就是不要再向它上面堆积更多的伤疤。这一点能做到吗？当然能。你应该进一步了解为什么你对某些刺激做出应有的反应；你可以进一步强调理性思维的重要性；还可以经过磨砺使自己更加成熟。这些都能成为你不再堆积情感伤疤的助手。正如你可以通过许多不错的做法来强化你的生理免疫系统，比如吃某些特定的食物，避免吃另一些食物以及摄入抗氧化的维生素补充剂，定期锻炼等一样，你也可以通过某些做法来强化自己的"情感免疫系统"。

➤ 使自己免于情感伤害的三个处方

强大起来，使自己不再害怕

许多人被细小的针尖刺一下，或者遭到我们所称的"社交中的怠慢行为"打击，都会受到严重的"伤害"。每个人在家庭、办公室或朋友圈中都认识这种人：他们脸皮特别薄、非常敏感，以至于别人必须时刻保持警惕，生怕无意中说出什么话或做出什么事冒犯了对方。最容易因别人无心的言行而生气的人，其自尊心最脆弱，这是心理学上一个众所周知的事实。伤害我们的东西，在我们看起来，都会对我们的自负或自尊构成威胁。自尊心很健康的人对某些空想中的情感攻击也许并不注意，但就是这些虚构的攻击，却能将自尊心脆弱的人搞得心力交瘁。即便是能给自尊心脆弱者造成极大伤害的、真正的挖苦和辱骂，也不能引起自重者的注意。认为自己不配得到、怀疑自己真实能力以及自我评价不高的人，动不动就会变得"妒"火冲天。有些人打心眼里怀疑自己的价值，内心深处有一种不安全感，总是无中生有地感到自尊心受到威胁。这种人倾向于夸大和高估现实威胁的潜在破坏力。

每个人都需要某种感情上的韧性和自尊心上的安全措施，来保护自己免受真正的以及想象中的威胁。如果让我们的肉体像乌龟那样，完全被一层坚硬的壳覆盖，是不明智的。那样一来，尘世间的一切快感我们都不得而知。但是，我们的身体确实有一层外壳、一层表皮，作用就是保护我们免遭细菌、小肿块、伤痕以及其他一些外伤的侵蚀。表皮很厚很硬，足以提供抵御小伤口所需的保护，却没有厚到、硬到影响一切感觉的程度。许多人在自己的"自我"中没有"表皮"，而只有皮肤，敏感的内层皮肤。这些人需要更厚的皮、更坚强的情感，以便可以无视无关紧要的伤口和对自尊心的较小的威胁。

此外，他们还应该树立自尊，获得关于自己更好、更恰当的自我意象，以便在听到善意的话语或遇见无心的行为时，不会感到威胁。坚强而豁达的人不会认为小危险是威胁，而脆弱狭隘的人则不同。同样，健康而强大的自我意象不会认为任何清白的、随意的话是对自己的威胁。

有些人似乎一生就在等着被人冒犯，而他们几乎从不失望！

健康的自我意象不会轻易受伤

觉得自我价值受到不经意的话威胁的人，其自我很脆弱，自尊心也很脆弱。这种人以自我为中心、自我关注、极难相处，我们称之为"自我本位主义者"。不过，我们治疗病态的或脆弱的自负心理的方法，并不是压制它、削弱它，或者通过变得自制、试图变得无私从而使这种自负心理更加脆弱。自尊心对人的心灵必不可少，就像食物对于人体不可或缺一样。治疗自我为中心、自我关注、"利己主义"以及所有与其相伴而生的病态心理的办法，就是通过树立自尊来形成一个健康的、强大的自我。当一个人的自尊心恰当时，一点点小冒犯根本不会对他构成威胁，而只是被他置之不理、视而不见。即便感情上遭受了重创，也会恢复得更快、更彻底，而不会使伤口"化脓"，从而毒害人生、破坏幸福。

▶◀ 不要什么事都"对号入座"

我还记得波兰语笑话流行的时候，有一位房地产经销商告诉我，她办公室的同事都由于某种原因讨厌她，而且一有机会就开她的玩笑。我问她有什么证据，她举例说同事们都讲波兰语笑话。这位女士已婚而没有使用娘家姓，因为娘家姓能够显而易见地暴露她的波兰血统。但我在她告诉我之前，始终不知道她是波兰人。

有一次，我偶然在练习场遇到位商人。他快乐地和我讲起医生的笑话。我觉得这些笑话很好笑，但我根本没有想过他内心里是想嘲笑我这个人。这件事与上面的房地产经销商遇到的情况没什么两样，但是我们俩涉及的自我意象肯定不一样。

如果你习惯性地把每一点小事、每一句偶然听到的谈话甚至在媒体上读到或听到的内容个人化，那就说明你流露了一种非常敏感、非常爱面子的自我意象。而这种自我意象的"免疫力"是最低的。

对这类事情一笑置之吧。有句谚语说得好：去煎更大的鱼儿吧（指去做更重要的事——译者注）。狂热追求有价值、有意义的目标的人，日程表上安排了一大堆事要去做的人，根本没有时间被这些无关紧要的小事和冒犯的言行所困扰。多数无意中道出、不带感情色彩的话，仅仅是戏言而已，并无潜在的含意；寻找它们的潜台词（当然，是当你被它们惹恼了的时候）完全是浪费时间。

知名的恐怖小说作家路易斯·拉马在一次采访中，被采访者请求透露一下这一事实背后潜在的含意：为什么他的数百部图书中，没有一个坏蛋中一枪就死？采访者认为自己对拉马的回答已经心中有数。没想到这位小说家回答道："因为在当时那个年代，我们是通过字数挣稿酬的。"我现在没有通过字数挣稿酬，所以还需要继续努力！

自力更生的、负责任的态度使你不会太脆弱

正如霍兰德博士指出的那样，拥有坚硬外壳的失足青少年其实内心是非常温柔和脆弱的；他们希望依靠别人，也希望被人爱。

一些专业推销员对我说，那些一开始对推销设置最大阻力的人，一旦你穿透了他们的防御，往往更"容易"接受推销；同样，那些觉得自己应该打出"推销员莫接近"牌子的人也会在被"攻破"后更易接受，因为他们知道自己容易上当受骗，需要受到保护。

难说话、脾气暴躁、排外的人通常会有较强的保护意识，因为他本能地意识到自己的内心非常软弱，以至于需要保护自己。

几乎没有或根本没有自力更生能力的人、感情上觉得要依附他人的人，其实会使自己变得更加脆弱，受不了情感上的伤害。每个人都希望得到，都需要爱。但是，有创意的、独立能力强的人还觉得自己有必要给予爱。这种人像强调爱的索取一样去强调爱的奉献，甚至更多地强调奉献出爱。他们并不指望别人把爱装在银盘里递给他们，而且也不强制性地要求"每个人"都去爱他们、认可他们。

消极依附于别人的人，把自己的整个命运都托付给其他人、环境、运气。人生应该给予他充实的生活，别人应该给予他体贴、欣赏、爱和幸福。他经常会对别人提出一些不合理的要求和主张，一旦这些要求和主张得不到满足，就觉得上当了、冤枉了、受伤害了。由于人生根本不是通过这样的方式运转的，所以他在追求不可能得到的东西，并将自己"暴露于感情伤害的攻击之下"。

有一次，我在大型推销员代表大会上讲话时，遇到了另一位专业演讲家。之前，我对此人已经有所耳闻。他事业非常成功，在推销界可谓红得发紫，但他对我说，他几乎没有收到过"追星族"的来信，在每次发言结束时，也几乎从来没有观众衷心地发出雷鸣般的掌声。不过奇怪的是，他似乎对此引以为荣。我问他原因时，他说："那是因为我使他们变得疯狂。"他接着引用

了美国前总统哈里·杜鲁门"给他们点厉害瞧瞧"的话：据称，杜鲁门曾说过："我并不给他们厉害瞧。我只是告诉他们事实真相，让他们自己去体会其中的厉害之处。"他还说了一大堆类似的话。不管怎么说，这位仁兄是商界最忙碌、报酬最高却最不招人爱的演讲人——而他却引以为荣！请他有偿服务的公司或机构的客户也乐于看着他把对方的销售队伍搞得群情激昂。他那慷慨陈词、义愤填膺的语言通常能立即转化成上佳的销售表现，因为许多推销员听了之后都下决心"要给那些狗娘养的一点厉害瞧瞧"。这就好比足球教练员在球员的更衣室里贴一张剪报，描绘一下对手对己方球员的水平如何"嗤之以鼻"。老实说，我并不喜欢也不提倡演讲者扮演这样的角色。不过有意思的是，他的自我意象太强了，即便满屋子的人都不爱他，那也无所谓！

能否培养自力更生的人生态度完全取决于你自己。为自己的生活需要和情感需求承担责任吧。我们有这样一句古谚："把自己的金星送给自己。"小时候，由于情感尚不成熟，我们经常向家长和老师要金星。每当绘制或描完一幅画，我们就立即跑去送给妈妈看，妈妈对此赞不绝口，还自豪地用小磁块把它吸在冰箱的门上，让所有人都能看到。作为大人，你必须摆脱这种一有成就便马上索取认可和赞赏的需求。你必须学会对自己的良好表现"孤芳自赏"，认可自己的成就。

这便又回到了第8章对我们逆商的有关讨论。不责怪自己，不责怪他人，不接受某个超过我们影响力所及范围的问题，这种取舍使我们在面临逆境时能够更有韧性。

放松使你免于情感伤害

曾经有个病人问我："如果说疤痕组织的形成是一件自然而然、自动发生的事，那么为什么在整容手术留下刀口时，却没有疤痕组织形成呢？"

答案是：如果你脸上割了一道口子之后又自然愈合，就会形成疤痕组织，因为伤口里面或正下方会产生一定的张力，这种张力要把皮肤的表面向回拉，从而产生一条缝隙，这条缝隙要被疤痕组织填充。做手术的整形外科医生不仅会通过缝合把伤口两边的皮肤紧密地拉到一起，而且还会把皮肤下方的一点肌肉切掉，使此处不会出现张力。这样，刀口就会平稳、均匀地愈合，在皮肤表面看不到明显扭曲的疤痕。感情上的创伤出现时，也会发生同样的事情。指出这一点很有意思。如果没有张力出现，也就不会留下扭曲的情感伤痕。

你是否注意到：当你由于沮丧、恐惧、生气或压抑而饱受紧张之苦时，你是否感到自己是多么容易受到伤害或者遭到冒犯？

由于某种有害的经历或体验，我们在上班时会感到不高兴、心情沮丧或者自信心动摇。这时有个朋友走过来，和我们说了一句玩笑话。我们十有八九会捧腹一笑，觉得很滑稽，"不高兴的事什么也不想。"并善意地回敬一两句笑话。但是，今天的芸芸众生却做不到这些。

今天，我们在忍受自疑、不安全感、焦虑情绪带来的压力。我们错误地理解别人的话，容易感到被冒犯或受伤害，于是，一道情感伤疤就此形成。

这种日常生活中简单的体验很好地证明了一个道理：我们在感情上受到的伤害，与其说是别人，或者说是别人说了什么、没说什么所造成的，倒不如说其根源在于我们自己的态度和反应。

▶◀ 放松为感情上的打击减震

感到受伤害或受到冒犯时，我们的感觉完全取决于自己的反应。实际上，感觉就是指我们的反应。

我们必须关注什么，这是自己的反应，不取决于其他人。我们可以紧张起来，也可以生气、焦躁、怨恨或感到受伤。我们也可以毫无反应，始终保持心态放松，一点伤害也感受不到。科学实验表明，让身体的肌肉保持完全放松的状态，同时却感到恐惧、生气、焦虑或怀有其他消极情绪，这是根本不可能做到的。我们必须做点什么，才能感到恐惧、生气和焦虑。"任何人如果自己无动于衷，就不会受到任何伤害。"古希腊哲学家第欧根尼说。

圣伯纳德说："除了我自己，谁也无法让我受伤。""我制造的伤害我自己承受，如果我自己不犯错，就永远不会成为真正的受害者。"

应该对你的反应负责任的只有你自己。你根本不必做出任何反应，只用保持放松即可。从此，你便再也不会受伤。

▶◀ 怎样消除过去的情感伤疤

我们可以通过实践前述的三条原则，使自己免于情感伤疤的伤害，对感情上的打击有种免疫力。但是，过去形成的老的情感伤疤（过去的伤害、妒忌以及对生活的不满）该如何消除呢？

一道情感的伤疤一旦形成，就只有一件事情要做，那就是像消除肉体的伤疤一样，通过手术消除它。

对自己的灵魂进行整容

要想消除过去的情感伤疤，你自己就可以做手术。你必须成为自己的外科医生，对自己的灵魂进行整容。其结果将是你获得新的人生、新的活力，再次找到安宁和幸福。我们说对情感整容和运用精神手术时，其实并不仅仅在打比方。

旧的情感伤疤是不能被医治或用药物治愈的，而必须将其"切除"、完全拿掉、斩草除根。许多人采用各种各样的药膏和止痛膏来医治感情上的旧伤口，却根本不起作用。他们自以为应该放弃公然的人身报复，而应该在许多细小的方面把怨气"发泄"出来或"扯平"。这里有个典型的例子：一位妻子发现了丈夫对她不忠的丑行。她根据牧师以及精神病学家的建议，同意原谅他。于是，她在丈夫面前闭口不提这件事，也不离开他。从表面上看，她的一切行为都表明自己是个忠心耿耿的妻子。她总是把家里收拾得干干净净，每顿饭都准备得香甜可口，其他事也做得井井有条。但是，由于心已经冷了半截，而且又总是"炫耀"自己道德上的高尚情操，所以最后她很微妙地从许多小的方面使他陷入了苦境。丈夫发牢骚时，她就回答："哦，亲爱的，我确实原谅了你——但我却无法忘掉。"她那"原谅"对丈夫来说如鲠在喉，因为她老是觉得这样做可以证明自己在品行上比丈夫高洁。如果她拒绝这种原谅并离他而去，可能给他的印象更好些，而她自己也会更幸福。

原谅是一把能消除情感伤疤的手术刀

"'我能原谅你，但我却无法忘掉'其实不过是换一种说法表示'我不会原谅你'，"亨利·沃德·比彻说，"原谅应该像一张作废了的便条——一撕两半，付之一炬，以便无法再拿出来公示于人。"

真正的、诚恳的、彻底的、被你忘掉的原谅就像一把手术刀，能将旧的情感伤口割开，排光里面的脓汁，使伤口愈合，再把疤痕组织剔除。

不完全的原谅所起的作用，并不好于不完全的脸部外科手术所起的效果。

你不仅要忘掉对方的错，也要忘掉自己的原谅。如果你记得并时常想起自己的原谅行为，它就会再次感染你努力想要变得麻木的伤口。如果你对自己的原谅过于自豪，或者老是想起它，你就很可能觉得别人因为得到你的原谅而欠你什么。你原谅他的一笔"债"，但在这样做的同时，又导致他欠下另一笔"债"，就像小额贷款公司的业务员，每两个星期作废一张票据，却又开具一张新的票据一样。

原谅不是武器

关于原谅这个问题，存在许多常见的误区，而原谅的治疗价值之所以没有得到众多的承认，原因之一就是很少有人尝试真正的原谅。例如，许多作家对我说，我们应该原谅自己在某些方面得不到"补偿"，但很少有人建议我们原谅自己失去了不少快乐。还有一种错误认识就是，原谅使我们处于一种优越地位，或者作为一种战胜对手的方法。然而，带有报复心理的原谅是没有真正疗效的。

具有真正疗效的原谅会将对方的"劣迹"切除、根除或剔除，就像它从来没有发生一样。只有这种原谅才有手术刀的效果。

不要"舍不得"，就当你的胳膊生了蛆

首先，我们必须把过去的错误（尤其是我们自己对错误的谴责）看成是不想要的东西。任何人在同意切除一条胳膊之前，都要首先做到将这条胳膊看成是他不想保留的东西，是值得放弃的、受到损害的、会带来威胁的东西。

在脸部整形中，不存在局部的、尝试性的或不彻底的治疗方法。疤痕组织需要完全、彻底地切除，伤口需要在干净的状态下才能治愈。术后要悉心照料，看看脸上的每一个细节会不会恢复原貌，变得像受伤之前、像伤害从未发生过一样。

只要愿意，你就能做到原谅

想让原谅具有治疗效果并不难，唯一困难的就是你一定要有将债务一笔勾销的愿望。

我们发现自己很难做出原谅的原因只有一个，就是我们喜欢谴责的感觉。我们从护理自己的伤口中，会得到一种反常的、病态的快乐。只要谴责别人，我们就觉得比别人优越。没人会否认，人在同情自己的时候也有一种病态的满足感。

原谅的缘由至关重要

从具有治疗效果的原谅中，我们勾销了别人所"欠"的债，倒不是因为我们决定大方起来，施人以恩惠或者从道德上讲是个超人。我们取消债务，给它贴上"无效"的标签，倒不是因为我们让别人为错误付出了足够的"代价"，而是由于我们开始认识到这笔债本身就不合法。只有当我们能够发现（并从情感上接受）自己现在和过去都没有什么可以原谅的时候，这种谅解才有治疗效果。我们从一开始就不应该谴责或憎恨别人。

不仅要原谅别人，也要原谅自己

给我们带来情感创伤的不仅有别人，我们多数人也会自己伤害自己。

我们拍着自己的脑袋自责、懊悔、遗憾。我们用自我怀疑来压制自己。我们用过分的愧疚让自己难过。

从情绪上讲，懊悔和遗憾是指回到过去的生活当中。过分愧疚是指我们希望把过去做错或自认为做错的事再做正确。

当情绪帮助我们对眼前的现实环境做出正确回应或反应时，我们才算正确而恰当地运用了它。由于人无法生活在过去当中，因此我们从情绪上讲无法对过去做出正确的反应。就情绪反应而言，过去的一切只能写出、封存、忘却。过去的一切可能会让我们脱离人生的正常轨道，但我们不必通过这样那样的方式采取"感情立场"，重要的是我们现在的方向和眼前的目标。

我们应该承认自己的努力是错误的，否则就无法纠正前进的路线，使"掌舵"或"制导"成为不可能。但是，因为犯了错而自憎或自责，只能于事无补，甚至具有毁灭性。凯斯西储大学曾对"愧疚"这个问题进行过研究，研究报告发表在《读者文摘》上。研究发现，普通人每天要花两个小时用于愧疚！这其中多数都是对当前时刻的愧疚：工作中的女性为上班时不能待在家里陪伴孩子而愧疚，接着又愧疚如果下午和孩子一起待在家里，又无法完成本职工作；女儿因为年迈体弱的父母而心力交瘁，又为自己时常有些脾气暴躁而愧疚；出差在外的管理人员为错过参加女儿的学校朗诵会而愧疚。

如果你不能用宽容和豁达的眼光看待眼前和过去，就无法用乐观的眼光看待未来。这并不是说对待任何事都像过眼烟云。责任感很重要。但是，我们所称的"内心的批评家"比其他批评家都强大得多，以至于必须对其严加管束，不让它去践踏我们的自我意象。

有一次，在向俄克拉何马一所监狱的许多服刑人员发表完演讲之后，我认识到：在这里，我与抢劫犯、杀人犯、犯下可怕错误（有些犯人甚至反复犯同样的大错）的人为伍，然而，他们当中多数人却不像外界的人那样经常责备或惩罚自己。入狱的犯人找律师为自己争取在狱中的权利，这都很常见，而许多优秀公民却仅仅通过过度的自我批评和自我惩罚，剥夺自己不可让渡的、追求幸福的基本权利。当我们驾车驶过监狱巨大的混凝土高墙、墙顶一层层带刺的铁丝网以及塔楼荷枪实弹的警卫人员时，我禁不住想：许多人建造了比这些更加森严可怕的心灵监狱，然后将自己锁入其中，而这一切都是因为过去的"罪孽"。我对罪孽一说不是特别相信，但是，如果真有罪孽，那是指人们在用自己宝贵的光阴，为过去犯下的错误而惩处自己。也只有人才会犯下这样的错。

你制造错误，但是错误不应造就你

在思考我们自己的错误（或别人的错误）时，我们的依据是自己做了什么或没做什么，而不是依据错误把我们变成了什么样。这样思考比较有益，而且也现实。

我们所能犯的最大错误之一，就是把行为与自我混为一谈，错误地得出结论：由于我们做了某件事，这件事便成了我们的特点，使我们成了某种特定类型的人。如果能懂得所犯的错误只涉及我们做的某件事，那么也许可以理清心中的思绪：它们只是指行为，应该是现实的举动。我们应该用动词表示行为，而不是用名词，因为名词表示描述错误的一种状态。

比如，说"我失败了"（用动词形式），但同时又承认错误，就有助于你将来获得成功。

但是，如果说"我是个失败者"（名词形式）就没有描述你所做的事，而表示你认为犯下的错误造就了你这个失败者。这样的想法不仅无助于你长进，而且往往会让错误在你脑海里铭刻，使你永远无法摆脱。在临床的心理实验中，这一点已经被再三证明。

我们可以看到，所有孩子在学步时都会偶尔摔倒。我们说他"摔倒"或"失足"，而不说他是个"失足者"。

然而，许多父母却认识不到：所有孩子在学说话时都会犯错误或"磕磕巴巴"——犹豫、语塞、重复音节和单词。焦急、关切的家长往往会这样下结论："他是个口吃的孩子。"这种态度或判断（没有针对孩子的行为而是针对孩子自己）在孩子的理解中，就开始认为自己真是个口吃者。他的理解从此固定下来，而口吃的毛病很可能真的会成为他的痼疾。

温德尔·约翰逊博士是我撰写本书第一版时全美关于口吃问题研究的最权威的人士。他认为，家长的这种看法恰恰是孩子口吃的根源。他发现，不口吃的孩子的家长通常采用描述性词汇（"他没有说话"），而口吃孩子的家长则倾向于使用判断性语言（"他不会说话"）。约翰逊博士曾在《星期六晚报》中撰文说："慢慢地，我们开始理解一个数百年来一直被忽视的关键点。一例接一例的病例经过诊断，被那些不了解语言正常发展过程、过分焦急的人确认为口吃。最需要理解、最需要指导的人似乎是家长而不是孩子，是倾听者而不是说话者。"

奈特·邓拉普博士对习惯、习惯的形成与戒除以及习惯与认知的联系进行了长达 20 年的研究。他发现，同样的原则几乎适用于所有"坏习惯"，包括坏的情绪习惯。他说，如果病人想治好自己的病，就必须学会停止对习惯自责、自谴和感到懊悔。他发现，病人由于过去做过或正在做某些事而得出的"我完了"或"我真没用"等结论尤其有害。

所以，请记住：你制造了错误，但错误并没有造就你——你丝毫没有改变！

你应该牢记自己是谁或者应该做什么！

你身上的缺点不是你的错。

谁想成为牡蛎?

我想就阻止和消除感情伤害再说最后几句。要想活得充实、有创造性，我们就必须具有让自己稍显脆弱的意愿。若有必要，为了创造性地生活，我们应该心甘情愿地受点伤害。许多人都需要有一层比现在更厚实、更坚固的皮肤。相信别人，爱别人，敞开心扉与别人交流情感，就要冒被伤害的风险。如果我们曾经受过伤，那么就可以做以下两件事情之一。我们可以构建一层厚实的保护壳或疤痕组织，防止自己再受伤害，像牡蛎那样生活，不再受伤。我们也可以"转过另一边脸颊让人打"，始终保持脆弱的本性，并继续充实地生活。

牡蛎从不受伤。它有一层厚实的壳，保护它免受外界一切危险的侵袭。它与世隔绝地活着。牡蛎是安全的，但没有创造性。它不能去自己想去的地方，而必须等待向往的东西向它靠近。牡蛎对于与环境进行情感沟通带来的伤害一无所知，但它同样不知道什么是快乐。

情感整容使你的容貌和心态更年轻

写这个版本的时候，所谓的"婴儿潮"一代人正在迈入 50 岁门槛，他们比之前的任何一代人都受到时间的困扰，希望留住光阴，甚至希望让时光倒流。他们把钱花在整容手术、吸脂术、进行健身锻炼、个人培训、使用润肤膏或吃药、注射生长激素，以及其他类似的事情。

我有一个不同的处方！可以试着为自己进行一次精神整容。这并不是耍文字游戏。进行这样的手术能使你的人生更充实、更有活力，而这些是构成年轻的必备要素。你将感到更加年轻，你将看上去更加青春。我多次看到某位先生或女士在去掉多年的情感伤疤后，外表看上去明显要比实际年龄年轻5~10 岁。不妨环顾四周。你所认识的 40 岁以上的人谁看上去不显老？是脾气坏的人吗？是充满怨恨的人吗？还是悲观主义者？抑或是那些愤世嫉俗的人？或者是那些快乐、乐观、和蔼的人？

不要忘了，我是一位医学博士、一个外科医生。当我告诉你"通过情感手术，通过用心理控制技巧强化自我意象，我们的面貌和风度都可以表现得年轻若干年，在健康状况和活力上觉得年轻若干年"时，我的态度绝对是认真、真诚的。

如果对某个人、对人生心怀怨恨，这种心态能让老年人直不起腰，就像双肩扛了一个笨重的物体所起的效果一样。带有情感伤疤、怨恨心理以及类似情绪的人只能生活在过去，而这是老年人的特点。年轻的态度、青春的灵魂能够从人的心灵和脸庞上抹去皱纹，能使人的目光炯炯有神，甚至能够洞察未来，能让人对今后的前途怀有更大的期望。

既然如此，为什么不给自己来一次整容呢？你的自助式"套餐"由以下内容组成：释放消极的压力以阻止伤疤形成；通过有疗效的原谅移除过去的旧伤疤，使自己有一副坚实（但不坚硬）的外皮而不是一具硬壳；创造性地生活；愿意自己有稍许脆弱；憧憬未来而不是怀念过去。

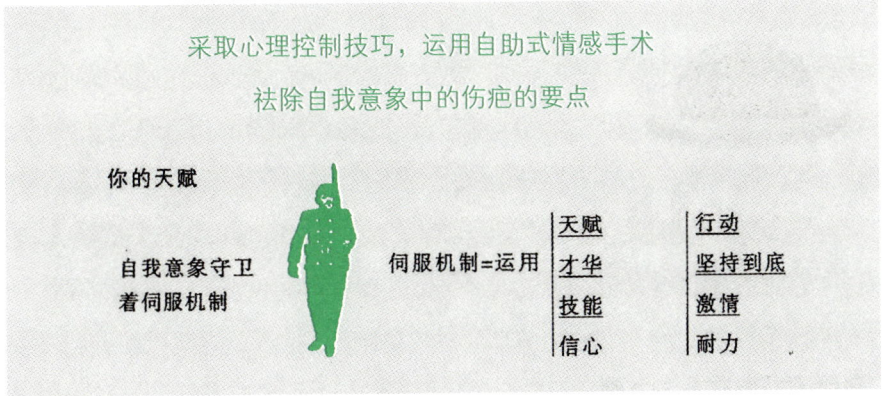

采取心理控制技巧，运用自助式情感手术
祛除自我意象中的伤疤的要点

你的天赋

自我意象守卫 伺服机制=运用 天赋 行动
着伺服机制   才华 坚持到底
                技能 激情
                信心 耐力

Chapter 11

释放你真正的个性

个性是个既有魅力又神秘的东西，容易辨认但很难界定。与其说它是从外界获得，倒不如说是从内心释放。

我们所称的"个性"其实是一种外部证据，证明我们是造物主创造的独一无二的个体自我，是我们内心神性的绽放，或者是我们所称的"对你的真我进行自由而充分的表达"。

每个人身上的这种真我都具有吸引力，就像磁石一样。它对身边的其他人的确有着强大的冲击和影响。我们觉得自己与某种真实的、根本的东西相连，而它也在冥冥之中左右着我们。从另一方面讲，虚伪的个性则到处让人厌恶和憎恨。

为什么每个人都喜欢婴儿？当然不是因为婴儿能够做什么、知道什么或有什么，而只是由于他们的样子和本性。初生婴儿有"正个性"，他身上没有浅薄、没有虚假、没有伪善。他们用自己的语言（多数由哭声组成）来表达内心的真实情感。他们"说自己想说的话"。从感情上讲，婴儿是诚实的，没有诡计。这恰恰从很深的程度上证实了那句心理学格言："做真实的自己。"他们对于自我表达没有半点不安和疑虑，他们一点也不内向。

婴儿证明，一切抑制都是自我意象学来的，而非天生就存在于自我意象之中。

🎀 每个人都有一种活泼的个性锁在内心

每个人都有我们称之为个性的那种神秘的东西。说某人有"好个性"的时候，我们其实是在说，他们释放了内心的创造性潜力，能够自如地表达他们的"真我"。

"坏个性"和"内向的个性"是一回事。"个性坏"的人无法展现内心具有创新能力的自我。他们把它拦住、铐上、锁起来，再把钥匙扔掉。"抑制"这个词字面意思就是指停止、阻止、禁止、制止。具有内向个性的人为真我的展示施加了一种限制。出于这样那样的原因，这种人害怕展示自我，害怕成为真我，于是把自己的真我锁在内心的牢笼里。抑制的表现五花八门，如害羞、胆怯、难为情、敌视、过度愧疚感、失眠、紧张、烦躁、无法与人相处，等等。

挫折实际上是每个领域共有的特征，也是个性受到抑制的行为表现。真正的、基本的挫折是无法成为"我们自己"的，也无法恰当地展示自我。但是，这种最基本的挫折很可能会影响和超越我们所做的一切。

过度负反馈等于抑制

控制科学使我们对于内向的个性有了新的见解，为我们指明了通往抑制解除和自由的方向，以及怎样将我们的灵魂从自己强加的牢笼中解放出来。

伺服机制中的负反馈等同于批评。负反馈的意思其实是说："你错了，你离开了正确的道路，你需要采取矫正措施，再回到正确的轨道上。"

然而，负反馈的目的在于调整反应、改变前进的道路，而不是整个停下来。

如果负反馈在恰当地起作用，那么导弹或鱼雷就会对上述"批评"做出适度反应，其结果足以纠正前进路线，使自己始终朝着正确的目标飞去。正如我们之前解释过的那样，这条路线是一连串"之"字形曲线的组合。

然而，如果伺服机制对于负反馈过于敏感，那么它就会反应过度。它不是朝着目标靶前进，而是沿着横向放大的"之"字形前进，或者完全停止向前的趋势。

我们内置的伺服机制也以同样的方式工作。我们必须先有负反馈，才能有目的地行动，才能向着目标的方向前进，或者在引导下攻击目标。

实际上，负反馈总是在说："停止你正在做的事或做事的方式，做点别的。"其目的在于调整反应或改变前进行为的度，而不是把一切行动停下来。负反馈并不在说："停——嘘！"它说的是"你现在做的事是错误的"，而不是说"你干什么都错"。

不过，一旦负反馈过度或者我们的伺服机制对于负反馈过于敏感，其结果就不是对反应进行调整——而是完全抑制了反应。

抑制和过度负反馈是一回事。当我们对负反馈或批评反应过度时，就很可能得出结论认为，不仅我们当前的路线有些偏离正确航向或者错误，甚至连我们向前进展一点也是不对的。

徒步旅行者或猎人通常在汽车停放点附近选择某个明显的标志物，如一棵从数英里之外就能看到的特别高的大树，通过看见这棵树找到汽车。准备驾车返回时，旅行者会寻找那棵大树（"靶子"）并开始朝它走去。途中，这棵树也许不在他的视线范围内，但是行进路线已经通过旅行者的方向与树的位置进行对比来检验过了。如果路线在树的左侧15度，那么旅行者所做的"前进行为"就是"错误的"。他要立即纠正路线，然后再次直接朝着树走去。然而，他并不认为他不应该朝前走。

可是，我们许多人却经常得出如此愚蠢的结论。当有迹象显示我们的表达方式偏离正确路线、找不到标志物或者"错了"的时候，我们便错误地下结论，认为自我表达本身就是错误的，或者认为成功对我们来说（到达目标树）是错误的。

过度负反馈具有干扰或完全中止正确反应的效果，这一点需要我们牢记在心。

📐 口吃是抑制的例证

口吃很好地证明了过度负反馈是怎样造成抑制并妨碍正确反应的。

可能多数人都没有清醒地认识到这一事实：说话时，我们是通过用双耳聆听或"监视"我们自己的声调，来接收负反馈数据的。这就是全聋的人几乎都说不好话的原因，因为他们无从得知自己的声音发出时是尖叫、大喊还是莫名其妙的咕哝。这也能解释天生耳朵就聋的人为什么在没有专业人士辅导的情况下根本学不会说话。在因为患感冒而遭受暂时性致聋或部分致聋时，如果你想唱歌，也许会惊奇地发现无法和着键盘演奏出的节拍唱，或者无法与别人合唱。

因此，负反馈本身并不是说话的障碍或阻碍。恰恰相反，它使我们能够说话，正确地说话。发音老师建议我们用磁带把自己的声音录下来，然后认真听，作为一种提高发音、吐字等技巧的方法。这样做我们便能发现说话时有哪些错误，而这些错误以前我们从未注意。我们能清晰地看到我们做"错"了什么，从而能够进行纠正和克服。

然而，要想负反馈有效地帮助我们更好地说话，就必须：（1）多少具有些自动性或潜意识性；（2）负反馈应该自发地发生，或者当我们说话时自动发生；（3）对反馈的反应不应敏感到产生抑制作用。

如果我们有意识地苛求自己的言语，或者事先就过于在乎避免发音中的错误而不是自发地做出反应，那么结果很可能就会口吃。

如果口吃者的过度反馈能够减缓一些，或者这些反应可以自发产生而不是预先就想好，那么语言技能很快便能提高。

录像带为致力于改善交流效果的人提供了一种特别宝贵的反馈手段。脊柱推拿治疗者和牙科医生通过视频向病人介绍他们在治疗中扮演的角色，让咨询人员扮演不相信治疗效果的病人，然后再重放视频并研究。专业推销人士也这样做。演讲家、讲座主持人、政治家以及他们的发言指导者都采用同样的方法。通过用录像录下高尔夫球员的挥杆动作并做进一步分析，可以对高尔夫球员进行更好的指导。足球运动员也会"研究自己的录像带"。只有研究者有非常健康的自我意象，不被看到的每个错误和缺点所困扰，而且是在能够通过观察将注意力集中于"路线修正"时，这种方法才对他们极为有用。

关于这种反馈以及仔细观察并分析录像带中看到的表现，还有一点许多人和许多教练都没有充分认识到：辨认、集中注意力并牢记"积极"而非"消极"的表现，这相对而言要更重要，往往也更有用。

我们应该注意，不要过于强调表现中的某个缺点，以致伺服机制会错误地把它当成"靶子"而加以接收。你也许在想起那个古老的精神假象时能回想起这一点：让某人闭上双眼一分钟，他可以在脑中想象任何东西，除了一头身穿拳击短裤的粉红色大象，脚穿旱冰鞋在跳舞。哪种心像始终在他们的脑子里占支配地位呢？我们要求的是，你不要为自己制造一头"粉红色的大象"，也不要让指导者为你制造，而是在想象的时候临时构思。

➤ 有意识的自我批评使你做错事

这一观点已经得到英国伦敦 E. 科林·切利博士的证明。切利博士在英国科学杂志《自然》上撰文说，他相信，口吃是由"过度监视"引起的。为验证这一理论，他为 25 个口吃严重的人配备了耳机。借助耳机的效果，当这些人说话时，耳机里发出的响声淹没了他们自己的声音。实验要求这些测试者在这种条件下大声朗读一篇准备好的文章时（此时没有了自我批评），其说话效果提高"显著"。另一群严重口吃者则接受"跟读"训练，即让一个人读广播或电视中的某篇文章或声音，测试者尽可能跟上他的节奏，努力"模仿前者说话"。经过短暂的练习之后，口吃者已经能够轻松地跟读，其中多数人在这种条件下也能够正常、正确地说话了，因为这种条件下没有人批评测试者语言技能进步缓慢，甚至在逼着他们自然地说话。对跟读技巧进行进一步训练，可以使口吃者"学会"怎样在任何时候都能正确说话，从而向他们的"自我"表明：以前他们所相信的"真理"（"我是个口吃者"）其实是不正确的。

过度负反馈或自我批评一旦消除，抑制就消失了，表现也改进了。一旦没有了担心，或者在说话之前没有了过多的顾虑，表达能力就会立即提高。这也为我们怎样才能在其他领域摆脱或释放禁锢的个性、改善表现，提供了一条宝贵的线索。

▶◀ "路线矫正"反馈

无数商业领导人学习过戴尔·卡耐基课程，著名的有李·艾柯卡。艾柯卡后来又鼓励成千上万的人参加这一课程。除了无数专业推销员、管理人员、牧师和社会活动家之外，许多顶尖的专业演讲家也是由笨嘴拙舌、紧张不堪、羞怯内向、说话磕磕巴巴的演讲者，通过参加司仪训练而成为充满自信、说服力极强的演讲家的。对于内心受到抑制的人来说，这几乎已经成为网络营销界的一种标准，因为这些人向来相信并坚持认为自己"不会"买卖，在众目睽睽之下"不善"讲话，相信自己无法逐渐成熟、崭露头角，最终蜕变为充满活力、能说会道的推销员。他们在学习之前，甚至在舞台上"蹩脚"到手拿着话筒都无所适从！

在这些情况下，为什么会出现这种蜕变？这种蜕变是怎样实现的？

在这种条件下，当事人的经历能够提供一种东西，我们也许可称之为"平缓的"路线矫正反馈。有了这种反馈，当事人就能在没有负担、充满信心的前提下，有机会检验并挑战自己受到限制的信念，让他们压抑的个性一点点地展示在"阳光"下，使他们能发现"真我"，并最终证明他们的自我意象有更强大的能力。这样一来，就可以将本书图中用虚线表示的自加的界限向外推动一点，使他们有更多空间用来创造性地表现自我。

在此类环境中，当事人更多的是被诱导而不是被强迫着去表现自我，所以，他们每取得一点点进步，获得很小的成功，都能得到欢呼和祝贺。当他们出现错误时，绝对没有一群"豺狼"跳出来喊："我早就告诉过你了——你不能这样做！"恰恰相反，甚至那些一上台就结结巴巴、不知道自己的角色、脸臊得像红甜菜一样的人，也能得到掌声和鼓励。在这种安全放心的环境中，他们宁肯冒风险提高自己，也不会选择退缩和孤立。在多数情况下，他们会很快发现心中"我不能"的信念只是自己强加的限制，而非真正的限制。

这一发现具有不同寻常的效果。

►►► 一位销售经理怎样"欺骗"他的销售员

一位直销员经理曾经向我讲述他怎样"欺骗"自己的一位推销员，使对方的表现得到改进。尽管我对这种策略和做法不敢苟同，但其结果却令人神往、引人深思。这位推销员当时情绪非常低落，天天按照经理指定的客户一家一家跑，但每天晚上回来时都两手空空。她的自我意象很快便萎缩成只有针尖那么大，而经理也意识到需要开一个强有力的、立竿见影的"药方"——不然就解雇她。

接下来的那个晚上，他着手"暗箱操作"，策划了两项上门推销任务。他让她去自己的朋友家推销。早在当天下午，他就与朋友一起造假，给了他们买公司产品的钱，这样，当晚上她来推销的时候，只用按照支付的钱进行买卖就行了。她赶到第一家之后，开始怯生生地把产品介绍完毕，却发现与往常不同，"客户"迅速做出了反应，欣然接受了她的报价。对方积极的反馈使她对推销任务充满了信心。她的介绍结束时，已经感到浑身温暖、非常快乐了。她结束了推销，走的时候留下了签名的订单，并将 300 美元装进了自己的手提公文包。到第二家推销时，一切都按照事先安排好的有条不紊地进行，这次，"客户"的表现近乎完美。又是一张 300 美元的支票到手。

在接下来的四个晚上，她完成了八项推销任务，送出了六笔订单。到该月底，她完成了全月任务的 70%，挣得了她进公司以来最多的月收入（尽管其中一小部分是她的销售经理从自己钱包里偷偷拿出来的），甚至在公司的推销比赛中赢得了"周末度假"的机会。正如他所说："一颗新星在冉冉升起。"

我们应该寻找这样的机遇和环境：我们没有恐惧感或压抑心理，能够向自我意象证明我们的能力。有了这样的机遇和环境，哪怕进入更加艰苦的领域，我们也要相信伺服机制能为我们带来巅峰表现。

▶◀ 过度 "谨慎" 导致压抑和焦虑

你是否试过穿针？如果试过，如果你对穿针不在行，也许会注意到：在线到达针眼，你试图把线从非常小的开口处穿过去之前，你要稳如磐石地牢牢拿住线。而每次你想把线从狭小的开口处穿过时，你的手就会莫名其妙地颤抖，让线穿不过去。

试着把某种液体倒进细口瓶的瓶口，结果也是一样。你倒液体的手可以控制得非常稳，直到努力实现倾倒的目的；然而，出于某种奇怪的原因，之后你却抖动和颤动得厉害。

在医疗界，我们称此为"目的震颤"。

正常人在实现某个目标时，如果过于努力或者"过于谨慎"以避免犯错，也会出现这种情况。在特定的病理条件下，如大脑的某些部位受了伤，目的震颤可能变得非常明显。譬如，一个病人在没有做任何事情的意愿时，也许能使自己的手保持平稳。但是，如果让他把一把钥匙插进门锁，他的手就会来回曲折前进，距离偏差能达到 6~10 英寸。在打算签名之前，他也许能将钢笔稳稳地拿在手里。但是一到签名时，他的手就会无法控制地颤抖。如果他为此而害臊，甚至为了在陌生人面前不犯错误而变得更加"谨慎"，那么可能根本写不出自己的名字来。

这些人都可以得到帮助，有时候甚至能大幅度改进自己的表现，方法就是对放松技巧进行训练。通过这种练习，他们能学会从过度的努力和"目的"中放松下来，从而不过于看重不犯错误或避免失败。

过度谨慎（或者说对于不犯错误过于急切）是过度负反馈的一种形式。在口吃者的例子中，由于口吃者过于对可能出现的错误有所预料，而且对不犯错误特别介意，因此结果只能是抑制或恶化了自己的表现。过度谨慎和焦虑是一对近亲，二者都与过于介意可能的失败、过于在乎做错事以及过分有意识地强调把事情做对有关。

亨利·沃德·比彻说："我不喜欢这些冷酷、精准、完美的人，因为他们为了不说错话而三缄其口，为了不做错事而从不实践。"

显然，人们更喜欢"以真面目示人"而不是"强制自己不犯错"的人。美国历史上最受欢迎的总统之一、被称为"伟大的沟通者"的罗纳德·里根在电影屏幕上的形象，曾经受到一支专业演讲团队的检查和评估。即使这样一位善于沟通的大师，也由于沟通表现中的诸多瑕疵而饱受批评。比如，他在说话时一句接一句用"好的"这两个字的习惯，就是专业演说中的一大禁忌。播出时间最长的电视节目《今夜秀》由一系列人士主持，有杰克·帕尔、约翰尼·卡森、杰伊·莱诺等，这些人全都违反了许多所谓的表演规则，有些可能是非常重要的规则，但他们都没有被自己的糟糕表现（许多一说出口就引起负面效果的玩笑）所吓倒。此外，这档节目没有所谓的加在声带中的"罐头笑声"来陪衬，也就是说，该笑的时候才有人笑，如果说的话不好笑，就没有人捧场。我注意到，在公众演讲时、在娱乐节目和政坛上，过于谨慎、想方设法想达到某种"完美"标准或实现理想化的人几乎不会成功。

▶◀ 自我意识其实是别人的意识

过度负反馈和我们称为自我意识（难为情）之间的因果关系是不难发现的。

在任何形式的社会交往中，我们总能从别人那里接收到负反馈信息。可以说，一个微笑、一次皱眉、上百种表示肯定或否定的微妙迹象、有兴趣或缺乏兴趣，这些都在不断提醒我们"我们现在的表现怎样"，别人是否听懂了我们的话，我们的话是否达到了目的。在任何一种社会条件下，说的人和听的人、表演者和观看者之间都有一种持续不断的互动在发生。实际上，没有了这种来回不断的沟通，人际关系和社会活动都不可能形成。就算不是不可能，也肯定是枯燥的、让人厌倦的、无法让人振奋的，换言之，就是没有"火花"。

优秀的演员和演讲家能从观众或听众身上感知这种沟通，这种沟通也能使他们的表现更加出色。"个性好"、在社交场合受欢迎和有吸引力的人，能够从对方身上感知这种沟通，并能以一种创造性的方式自动地、自发地做出响应和反应。来自别人的信息可用于负反馈，使他们在社交场合有上佳表现。如果一个人对这种来自于别人的沟通无法做出反应，那他就是个"冷冰冰"的家伙，性格"保守"，让别人感受不到亲切。缺少了这种沟通，你在社会上就不中用，是个谁也不会对你感兴趣的、难以捉摸的人。

然而，这种负反馈要想有效，就必须富有创造性。也就是说，它多多少少应该是无意识的、自动的、自发的，而不是有意识地人为做作或深思熟虑的结果。

▶◀ 抑制源于别人怎么想

如果你过于在乎别人对你怎么想，如果你过于谨慎以至于试图取悦别人，如果你对别人或真或假的否认过于敏感，那么你就存在过度负反馈、抑制和糟糕的表现。

只要你不停地有意识地监控自己的每个动作、每个词或每种行为，也同样会变得内向和难为情。

你变得过于介意要给别人留个好印象，但在这样做的时候，却窒息、抑制、禁锢了你的创造性自我，最终只能给别人留下十分糟糕的印象。

给别人留下好印象的最佳途径就是：永远不要有意识地努力给他们留下

好印象。不要纯粹为了得到人为的效果而做某事或不做某事。也永远不要细心地琢磨别人对你怎么想，别人怎样给你下结论。

一位推销员是怎样改正难为情心理的

著名推销员、作家和演讲家詹姆斯·曼根说，第一次离开家时，他痛苦地觉得难为情，尤其是在一家高档酒店的餐厅吃饭时，就更加抬不起头来。走过餐厅时，他觉得在场的每个人都在盯着他、评论他、挑剔他。他痛苦地体验着自己的每个动作、举动和行为，走路的方式，坐下的方式，就餐的举止以及吃东西时的样子。所有这些行为在他心目中似乎都很刻板和笨拙。他不禁想：为什么他会感到那么局促不安呢？他知道自己吃饭时姿态很优雅，也清楚地懂得自己在社交礼节上表现尚可。为什么在家中厨房与父母一起吃饭时，他从来没有感觉到难为情和不舒服呢？

他确定，这是因为他和爸爸妈妈一起吃饭时，根本没有去想或懒得去琢磨自己的表现怎么样，既不在乎也不会自我批评。他那时并不介意会产生什么效果，只是觉得沉着、放松、没感到有任何不适。

詹姆斯·曼根克服难为情心态的方法，是回忆起"打算去厨房和爸爸妈妈一起吃饭"时有何感受、怎样表现。于是，当他再次走进一家豪华的餐厅时，会想象或假设他"要去和爸爸妈妈一起吃饭"——并且照此去做。

忽视过度负反馈时你会变得镇定

曼根还发现，当他拜访要人或在其他社交场合时，如果自言自语"我要去和爸爸妈妈一起吃饭"，在头脑中设法想象如果是那样的话他有何感觉，会有怎样的表现，并"照此去做"，那么他就能克服自己的怯场和难为情。曼根在自己创作的《推销自己的诀窍》一书中，建议推销员运用"我要回家和爸爸妈妈一起吃晚饭！我已经和他们一起吃了上千次——不会发生什么新鲜事的"技巧。

这种不受陌生人或陌生环境影响，完全无视一切未知或无法预料事件的心态，其实有一种说法，叫作"镇定"。镇定是指有意绕开一切因为无法控制的新环境而引起的恐惧感。

▶◀ 把自我意识发挥到极致

已故的著名教育家、心理学家和演讲家艾伯特·爱德华·韦加姆说，他在小时候由于难为情而非常痛苦，以至于发现在学校背书这样的任务都不可能完成。他避免与别人打交道，而且不将头垂下就无法和他们说话。他始终在与自己的自我意识做斗争，想尽方法去克服它，但每每都无济于事。后来有一天，他终于有了个新主意。他的问题根本不在于自我意识，那其实都是别人过度的意识。他对别人对他说的每句话、做的每件事、做出的每个动作怎么想太敏感、太痛苦了。这种心态使他陷入了困境，他不能清晰地思考，什么话也不会说。而当他一人独处时，却感觉不到这些问题的存在。一个人时，他的内心极为平静和放松，轻松自在、泰然自若，能思考许多有趣的观点，也有很多话可以说。此外，他独自一人在家里时，头脑也特别清醒，干什么都井井有条。

于是，他不再为克服难为情心态而努力、抗争，而是将注意力集中于形成更多的自我意识：感受、行为、举止、思考都像一个人独处时一样，根本不考虑其他人对他会怎样想、怎样评价。这种根本漠视别人的意见和判断的做法，并没有使他变得无情、自大或对别人完全不敏感。无论你为抛弃它付出怎样的努力，全盘抛弃负反馈并无危险。不过，这种反方向的努力的确减缓了他过度敏感的反馈机制。从此，他与别人相处得很好，也能自如地为别人提供咨询，在大庭广众之下发表演讲，却"没有感到有一丁点不安"。

一切思想要想得到最大限度的释放，你就要忽视或"不在乎"别人对你怎么想。著名邮购经理、企业家 J. 彼德曼在自传《彼德曼再度出行》中写道："一旦你意识到多数人都在做表面文章、装门面，那么他们的肯定就不那么重要了。"在抑制个性发展的所有因素中，过分关心别人怎么想所施加的负面影响最大。

坦白地讲，别人对我们的真正看法，其实远远没有我们相信或想象的那样深、那么多。在情景喜剧《欢乐一家亲》中，主人公、心理学家弗雷泽博士获得了"终身成就奖"，并收到他的一位年迈的大学教授寄来的一束精心设计的花卉，还有一张表示祝贺的字条。字条上写着"祝贺你。你肯定很自豪吧？"起初，弗雷泽很高兴收到年迈的导师寄来的贺礼，但随后他开始分析字条中文字背后隐藏的含义。为什么上面不写"我为你而自豪"而是写"你肯定很自豪吧"？并且还分析了其他可能性。他立即动身前往教授的办公室与其面谈，提了一大堆冗长的问题，又对教授那张措辞简洁的字条有何含义做了一番推测。当教授能够见缝插针地说句话时，教授用软绵绵的声音告诉弗雷泽："其实，我不过是告诉我的秘书给你送一束花和一张祝贺卡片。字条上的话是她写的。"

你我也会做像弗雷泽一样的事。有一天晚上，在一个朋友家参加完宴会之后，我和妻子驱车回家。我在车上对宴会上某人对我说的一句不经意的话苦思冥想，试图搞清它潜在的含意。我问妻子安妮："你觉得他是这意思吗？或者他是那意思？为什么他对我那样想？"

安妮最后终于忍不住说："麦克斯，他当时根本什么也没想。他喝得烂醉。"

你有多少次被某人的一句话甚至一个眼神所困扰，甚至花数个小时之久去揣摩？当你思前想后时，说话的人便已经在几秒钟之内把说出的话忘得一干二净，又将注意力转移到无数其他人、其他地方、其他事情上了。

►◄ 一位运动员建立在无拘无束的自我意象基础上的回归

这位运动员名叫珍妮弗·卡普里亚蒂。她曾经在 14 岁时便成为网坛的"现象"级人物，成长于大众媒体的聚光灯下，也处在成人比赛残酷的竞争压力之下。在她职业生涯的第一阶段（1990 年—1993 年），她三次进入大满贯半决赛，还在 1992 年的巴塞罗那奥运会上荣获金牌。但是，自那以后，她的职业生涯和信心都急剧滑坡，两年没有参加巡回赛，甚至被外界猜测她完全放弃了网球事业。1994 年，她又爆出因吸毒被捕和从商店偷东西的新闻。

尽管赢得了 1992 年巴塞罗那奥运会金牌，她却将自己的挫折和幻灭追溯到之前一年的 1991 年。当时，她在大满贯半决赛中输给了莫妮卡·西勒斯，但在首次参加的双打比赛中，她还是把握住了机会。"自从 1992 年的奥运会之后，我再也没有打得那么好了。"

经过两年的销声匿迹之后，卡普里亚蒂重返网坛，参加了一些最高水平的赛事。这一次，她显示了平和的心态。一位记者在《今日美国》上报道了她的回归："卡普里亚蒂的回归似乎有两个关键因素——第一，她不在乎别人怎么想；第二，她学会了不再相信自己身上还有什么污点。"

2001 年，她在澳大利亚网球公开赛的决赛中击败了马蒂娜·辛吉斯，夺得了自己第一个大满贯锦标赛冠军。

你应该理智地相信，与你对自己的看法相比，别人对你的看法（无论是真实的，还是被想象力放大了的）一点都不重要！能做到这一点，你就会像这位年轻的网球明星一样，从自己肩膀上卸下精神的千斤重担！

▶◀ 是什么使得你认为自己能做到

1998 年 11 月 4 日，长期从政的职业政治家、绰号"领队"的明尼苏达州司法部部长汉弗莱（美国前副总统休伯特·汉弗莱的儿子）和圣保罗市市长诺曼·科尔曼惊奇地发现，他们的对手杰西·文图拉在州长竞选中击败了他们，马上就要入主州长官邸了。这位竞选前普遍不被看好的第三方候选人，更多的是以火暴脾气和以前当过职业摔跤手，而不是以有多么崇高的追求而知名。但就是这位竞选时没有多少资源可以利用的候选人，却赢得了 37% 的选票——这足以使他在有三位候选人参加、竞争残酷的州长竞选中获胜。到底是什么使得杰西·文图拉认为他真的能击败民主党和共和党这两位德高望重、老谋深算的候选人呢？

如果曾经有人问你："是什么使你认为能那样做？"你也许就能从杰西·文图拉居于下风的颠覆性的胜利中获得某种启示。我们经常被问及这个问题，而提问者则通常是我们的保护者和培养者。

我还记得，我认识的所有人当中，除母亲之外，每个人都反复问我：是什么使你认为你能自己创业并取得成功？建议如果我先在基层找一个职位，比如到别人的私人诊所或医院里去工作，岂不是更好吗？而我的母亲，感谢她的在天之灵保佑我，她从未表达过类似的疑虑，而是坚定地说，她坚信我只要下定决心去做，任何事都能干成。至于她私下里是否有过怀疑和牵挂，这我不得而知，不过我也为自己不知道而高兴。

每次正当你要去做某件有意义的事时，便会有人问你这个问题（"是什么使你认为……"）。幸运的是，只要你不受他们的支配，无论他们对你有怎样的怀疑，你都能取得成功。强烈的自我意象是你最重要的盟友，它会劝告你说，无论任何事情，只要你下定决心去做，就会做成。

▶◀ 你的意见最重要

1994 年，心理学专家纳撒尼尔·布兰登博士在自己的著作《自尊的 6 大支柱》中，将自尊定义为"我们为自己挣来的名声"。

爱囚斯坦在校学习时作为一个"空想家"和"笨蛋"而出名。换作今天，他很可能会被诊断为儿童多动症，并要服药治疗。长大后，他在同事中还因为对数学"一窍不通"而出名，但这并没有影响他的成功。

为什么那些有前科的人希望洗心革面，找一份体面的工作，过一种充实的生活？无论走到哪里，他的坏名声比他本人还要先到，在一段时间内还会成为非常现实的障碍。但是，最重要的最终仍然是他对自己的看法，这种看法将决定他能否坚持下来，置别人的歧视于不顾。遗憾的是，曾经犯过罪又再次犯罪的人比例很高，不过好在不是 100%。确实有人过去犯过罪，但他们却能从过去的阴影中走出来，出狱后重新开始新的生活。你肯定能将自我意象从自己制造的监狱（建造这座监狱的砖石来自过去）中释放出来，过一种更充实、更有意义的生活！

别人对你的看法并不能掩盖你过去的错误，往往还会不公平地加深你的错误，同时却忽视了你取得的许多其他成就和做出的其他贡献，甚至会受到对你评头论足的那些人偏见的影响。除了通过时间和现实表现来证明之外，你无法改变这一切。但是，你根本不必接受别人对你的成见。你更了解自己，你明天在别人的心中名声如何，要由你今天的表现来决定。你要无愧于今天，正如一句格言所说："一次只能过一天。"

▶◀ "良知确实能让我们都成为胆小鬼"

这句话是莎士比亚说的。当代精神病学家和开明的牧师也这样说。

良知本身是通过学习得到的、与道德和伦理有关的一种负反馈机制。从道德和伦理上讲，良知为我们导航，引导我们沿着"又直又窄"的道路，以正确、恰当、现实的行为去实现目标。同任何其他反馈系统一样，良知起作用也是自动的、无意识的。

然而，正如美国宗教领袖哈里·爱默生·福斯迪克所说："你的良知可以愚弄你。"你的良知本身就可以是错的。它的对错取决于你自己的根本信念，即你认为什么是对、什么是错。如果你的根本信念是真实的、现实的、明智的，那么良知就会成为你宝贵的盟友，帮你面对现实世界，在伦理之海中扬帆远行。它的作用就像一个指南针，使你不会身陷困境，就像水手的罗盘能让船始终远离暗礁一样。但是，如果你的根本信念本身就是错误的、不真实的、不切实际的或不理性的，它们就会使你的指南针角度出现偏差，使指针离开正北方向，就像带有磁性的金属能干扰水手的罗盘，将船引向险境而不是远离险境一样。

良知对不同的人具有不同的含义。如果你像某些人一样，在家庭教养中相信衣服上缝扣子是一种罪孽，那么当你的衣服上有扣子时，你的良知就会使你不安。如果你在接受的教育中，相信砍下一个人的头颅，任其萎缩然后悬挂在家中的墙上是对的、正当的，而且是男人气概的体现，那么，当你没有想办法砍下人头并任其萎缩时，你便会感到遗憾，没有体现人生价值，没面子。

▶◀ 良知的任务是让你幸福，而不是可怜

良知的目的就是使我们变得幸福、充实，而不是其他什么。但是，如果

我们任凭自己的良知担当人生旅途的向导，它就必须建立在事实基础之上，必须指向正确的方向。否则盲目遵从良知只能让我们陷入泥潭，也只能使我们变得不幸和一事无成。

▶◀ 自我表现不是个道德问题

许多灾祸产生的原因，都是因为我们对一些和道德问题根本无关的事，却采取"道德"立场。

比如，是否爱自我表现从根本上讲不是个道德问题。不过有一点除外：人应该充分利用造物主赋予我们的才华，这是我们的责任和义务所在。

不过，从良知上讲，如果你小时候由于大声说话、表达心中想法、"出风头"而受到打压，遭到阻止，感到害臊或羞耻甚至受到惩罚，你的自我表现在道德上看就是错的。这样的孩子心里会想：自我表现、提出不错的想法都是错误的，甚至连张嘴说话都可能是错误的。

如果一个孩子受到惩罚的原因是因为发脾气，为过多地流露出恐惧感而惭愧，或者向别人示爱受到嘲笑，那么他就想当然地以为表达自己的真实感情是不对的。有些孩子觉得，仅仅是体现出"不好的情绪"（如发怒和害怕）就会罪孽深重或不可原谅。但是，如果压抑"不好的情绪"，你对良好情绪的表达也会受到压抑。由此，判断情绪的尺度并不是"好"和"坏"，而是恰当和不恰当。如果一个人在半道上遇见一只熊而感到害怕，这种情绪是恰当的。如果通过破坏能力摧毁某个障碍是合法的，那么这时的发怒情绪是恰当的。只要合理地引导和控制，怒火便会成为勇气的一个重要组成部分。

如果一个孩子每次提出看法时都受到打压和胁迫，他就会认为没有个性是"对"的，有个性是不对的。

这样一种歪曲的、与现实不符的良知的确能让我们都成为胆小鬼。我们甚至连自己是否有权利在一项高尚事业中取得成功，都过度谨慎，不敢下结论。我们会特别谨慎地想：我是否"应当得到这些"呢？有许多被错误良知禁锢的人，在做任何事情时都退缩不前，甚至在教堂参加仪式时，都不敢靠前。他们内心觉得，他们没有权利一枝独秀去当领导，或者期望长大后成为人物，要么就是过于关心对他们出风头的行为别人会怎样想。

怯场是一种常见现象。它其实是指我们因为害怕大声说话、表达自己的看法、希望成为成功人士或"出风头"而受到惩罚——大多数人小时候就认为这些事是"错误"的。活该受到惩罚。怯场证明了对自我表现进行压制是多么普遍。

▶◀ 抑制解除——向相反方向迈出一大步

如果你是那些由于受到抑制而遭受不幸的无数人中的一员，就需要有意识地练习放松自己，也就是练习干什么事都不要太在意、太关注、太认真。你应该练习先说话然后再去想，而不是想好了再开口；不思考就去做，而不是三思而后行。

通常，当我建议某个病人练习放松时，很可能会听到这样的话："我觉得，这个世界需要一定的抑制，否则我们就会像原始人那样生活，文明社会就会轰然倒塌。如果我们在表达自己的想法时丝毫没有限制，在流露自己的情感时完全自由，那么当有人不同意我们的看法时，我们就会一拳打在他的鼻子上。"

"是的，"我说，"你说得对。这个世界的确需要一定的抑制。但不是你需要。这里的关键词是'一定'。你的抑制太多，就像一个病人发高烧，却说：'不过，体温对于保持健康肯定必不可少。人是温血动物，没有一定的体温就活不下去。我们都需要体温，而你却叫我应该将全部注意力用于降低体温，完全置没有任何体温可能造成的危险于不顾。'"

已经被道德压力、过度负反馈、习惯自我批评以及"我什么也说不了"这一阻碍所抑制的口吃者，在有人要求他们完全忽视负反馈和自我批评时，很可能也会以同样的方式争辩。他能给你列举无数的谚语、格言警句来证明人应该先想好再说话，证明说废话、大放厥词会给你惹麻烦，证明我们应该对说话的内容和方式仔细掂量，因为"好的言辞很重要""说出去的话如泼出去的水"。他所说的一切，其实都是指负反馈是一种有用的、有益的手段。但是，对他来说不是。当通过"高噪声淹没法"或"跟读法"来完全忽视负反馈时，他说话就正常了。

✄ 抑制与解除抑制之间那条又直又窄的道路

有人说，内向、忧心忡忡、过于急切的人"口吃的毛病改不了"。这里需要的是平衡和协调。当体温攀升得过高时，大夫会想办法把它降下来；当它降得过低时，又会想办法让它升上去。当一个人无法充足睡眠时，可以开一个处方，让该病人的睡眠时间变多；而当一个人患了"嗜睡症"时，可以开一服刺激性药物，使他长时间保持清醒，如此等等。这并不是个孰好孰坏的问题——高体温或低体温、睡眠或清醒，都没有好坏之分。治疗的药方在于向相反方向迈出一大步。在这里，控制论原则再次映入我们的脑海。我们的目标是使你个性恰当、自我实现、有创造性，而通往这个目标的道路，介于"抑制过多"和"抑制过少"之间。如果抑制过多，我们就会进行路线矫正，过少则加强自我管控。

▶◀ 怎样知道你是否需要抑制解除

以下"反馈"信号能告诉你是否由于抑制过多或过少而偏离正确轨道：

如果你总是因为过于自信而麻烦不断，如果你习惯性地发现自己由于做事很冲动、行为草率而身陷困境，如果你总由于先做事、后反思而使后果适得其反，如果你从来都不承认自己的错，如果你说话声音大、喜欢耍嘴皮子，那么你可能就是抑制过少。你在做事之前需要更多地考虑后果，你不能再像一头冲进瓷器店的公牛那样任性，而是在行事之前应该更加小心。

然而，绝大多数人并不属于这一类型。如果你在陌生人面前很害羞，如果你害怕陌生的新环境，如果你老觉得不对劲、经常担忧、焦躁不安、过于谨慎，如果你感到紧张和难为情，如果你时常有紧张的症状（如面部肌肉痉挛、不必要的眨眼、颤抖或难以入睡），如果你在社会场合感到局促不安，如果你遇事总退缩不前、甘居人后，那么所有这些征兆都表明你是抑制过多。你干什么事都太小心，想得太多，计划得太周密。你应该听从圣保罗对古希腊的以弗所人提出的建议："对一切都不在乎……"

Chapter **12**

让你心情平静的镇静剂

如今很流行的镇静药物能带来安宁和平静，能通过"雨伞效应"减少和消除神经系统症状。就像雨伞保护我们不淋雨一样，各种镇静剂在我们与令人讨厌的刺激源之间树立了一道精神屏障。镇静剂之所以起作用，是因为它们能极大地减少和消除我们自己对外界刺激源干扰的反应。但是，镇静剂不能改变环境。恼人的刺激源仍然存在，我们从理智上依然能够辨认出这些刺激源，但从情绪上可以不对它们做出反应。

之前讨论快乐的话题时，我们说，我们的情感不依赖于外界，而取决于自己的态度、反应和响应。镇静剂为此提供了令人信服的证据。实际上，它们能减少或缓解我们对负反馈的过度反应。

也许应补充一点：如今的医疗团体似乎在使用药物上太着急、太随意了，每一种可以想象的心理疾病，从儿童的多动症到成年人的焦虑症，都要求助于药物来治疗。

对于患有严重焦虑症或患有强迫性行为方式的人，美国中西部焦虑症研究中心的露辛达·巴丝特博士做了大量卓有成效的研究。这些研究完美地遵守了心理控制理论的基本原则。我极力推荐她提供的自助式材料和自助服务，其中包括她的著作《从惊恐到强大》（你可以将本书作为了解该领域的起点）。该作者小时候就开始患有急性焦虑症，到1981年发展为全面性的广场恐惧症。她以自己的治疗过程为框架，补充数千例病例，创立了一套课程，并在著作中加以介绍。这套课程甚至可以帮助那些患有严重焦虑症的人，回归自己真正的个性。

对许多人来说（也许包括你在内），既不需要用药，也不需要采用先进的焦虑症治疗措施；你已经拥有的自助式心理控制镇静剂已经足够有效，只要你学会运用它们。

◥◣ 反应过度是一种可以改正的坏习惯

不妨让我们假设你读到此处时，正静静地坐在家中的书房里。突然，电话铃声响了。根据习惯和经验判断，这是一种信号或刺激源，你连想都没想，也没有对事态做出有意识的判断，便去接听电话。你从舒适的座椅上跳起来，向电话机奔过去。这种外部刺激源具有"调动"你的效果。它改变了你的心理状态、你的心绪和动作。你一直在安静而轻松地坐在那里看书。而现在，所有这一切都突然改变了，而改变这种状态的是你对环境中的外部刺激源做出的反应。

我想表明的观点如下：你不必非得接电话。你不必遵守外界刺激源的指令。

你可以选择完全无视电话铃声的存在。如果愿意，你可以"拒绝响应外部信号"，从而继续安静、放松地坐在那里。

在头脑中清晰地建立这样一幅心像，因为它对于你克服外部刺激源对你的干扰和影响有很大帮助。在想象中看着你静静地坐着，任凭电话铃响，无视它发出的信号，不为其指令所动。虽然你意识到电话响了应该接，但你就是不在乎，就是不听它的。此外，在脑海中要搞清这一点：外界信号本身对你并没有支配力量，更没有调动你的力量。只不过你过去听从它的话，响应它的信号惯了而已。只要希望，你就能形成一种"不做反应"的新习惯。

还要注意到，你不做出响应并不在于做什么、付出什么努力、抗争什么或争取什么，而是什么也不做——从"做"的状态中放松出来。你只用放松下来，无视信号，随它的"号召"去就是。

电话铃声是一个象征性的比喻，好比你习惯性地想施加控制的每一种外界刺激源。现在，你要下决心有意识地改变这一习惯。

由于同时想要做多件事而带来的压力，会让你对传真机、手机、电子邮件、在你办公室门口转来转去的人失去控制。

◄► 怎样让镇定成为你的习惯

你对电话铃声会自动遵从并自动做出反应。通过同样的方式，所有人都可以通过自我调节，以某种特定的方式对环境中各种刺激源做出反应。

在心理学界，"调节"这个词源于巴甫洛夫著名的心理学实验。在实验中，他"调节"一条狗在听到铃声后分泌唾液，方法就是把铃摇响之后，便立即将食物送到狗面前。这一过程反复了很多次。先是摇铃，几秒钟之后，食物便出现了。狗"学会"通过在渴望得到食物时分泌唾液，来对铃声做出反应。

一开始，这种反应还自有其用途。因为铃声表示食物马上就要送来，所以狗就通过分泌唾液做好吃东西的准备。然而，当这一过程重复很多次以后，只要铃声一响，也不管主人会不会立即拿来食物，狗都会继续分泌唾液。此时的狗已经通过"调节"，只听到铃声就分泌唾液了。它的反应已经没有意义，也没有什么目的，但出于习惯，它仍然会继续做出相同的反应。

在我们的各种环境中存在大量的"铃声"（即恼人的刺激源），我们已经适应了这些"铃声"，而且出于习惯的存在，还会继续对其做出反应，无论我们的反应有没有目的性。但是，我的朋友，你不是可怜而愚蠢的动物。它们的一生必须始终受到主人的操纵和控制，自己没有思考能力。而我们是人，是具有创造力、理性思维能力、依靠两条腿站立并享受应有权利的人。是"像一条狗那样生活"还是当一个堂堂正正的人，是被控制还是控制，必须要由我们自己来决定。这是个意义深远的决定，因为它能回答这个问题：我们怎样才能在这个缺乏尊重的世界里受到尊重呢？

比如说，许多人之所以学会了害怕陌生人，是因为父母教诲他们"不要与陌生人打交道""不要接受陌生人给的糖果""不要和陌生人同坐一辆车"，如此等等。避开陌生人，这种反应对于小孩子有很好的保护作用。但是，许多成年人在陌生人面前仍然还觉得如坐针毡、忐忑不安，哪怕心里明明知道对方是友而非敌。陌生人成了"铃声"，而我们学会的反应就是恐惧、躲避或跑开。

有些专业推销员在向客户推销时，总是"冷冰冰"的，想方设法找借口或玩花招来逃避推销任务。在为这些推销员提供咨询时，我经常会把深深嵌入他们伺服机制中的负面反应"翻"出来；有些男士或女士不会结交新朋友或者不善于与异性建立友谊，在向这些男男女女提供咨询时，我也会经常"翻"出同样的"老皇历"。

还有一种人在对人群、封闭空间、空旷空间、权威人士如"老板"做出反应时，会感到恐惧和焦虑。无论是这当中的哪一种或者起到"铃声"作用的其他任何对象，他们的心中都有个声音说："眼下有危险，赶紧害怕，快点逃。"出于习惯，我们总是以自己适应了的方式做出反应。我们对"铃声"非常顺从。现在是不让这些铃铛响起来的时候了。

▶◀ 怎样消除习惯性反应

该如何消除习惯性反应呢？拿前面的电话铃来说，如果愿意，我们可以学会置电话铃于不顾，继续静静地坐在那里，随它去响。这里有一个关键的想法，即你对自己说："铃声在响，但是我不必非得去应答。我就让它响好了。"当你在心像中描述自己安静而轻松地坐着、没有任何反应、什么也不做、对电话铃声充耳不闻时，这一想法就会很有效果。它的作用等同于一个触发器或一条线索，使你听到电话再次响起时能回忆起与此相同的态度。

▶◀ 如果你无法不做出反应，不妨推迟做出

在消除条件反射的过程中，我们可能发现很难做到完全对电话铃声充耳不闻（特别是一开始）。如果铃声在出乎我们预料的时间响起，要想不理它就更难了。在这种情况下，你可以通过迟一点做出反应，达到同样的效果，即消除条件反射。

有位女士（我们不妨称她为玛丽大姐）在大庭广众之下总是会非常焦躁、局促不安。通过练习前面的技巧，她最终在多数场合下都能使自己不受外界刺激源干扰并保持心情平静了。然而，逃走、跑开之类的欲望偶尔还会占据

统治地位。

"还记得《飘》里面的斯佳丽·奥哈拉吗？"我问她，"她的人生哲学就是'现在我才不想这些呢，留到明天去想吧'。"无论面对战争、炮火、瘟疫还是无偿的爱，斯佳丽都能通过推迟做出反应，始终保持心态平衡，有效地应对环境。

推迟做出反应会中断、干扰条件反射的运作过程。

有些人在抑制不住发怒的冲动时，运用"数到10"的技巧，而不仅仅通过喊叫或者砸桌子来抑制怒火。这样做也遵守同样的原则，而且效果不错，只要你慢慢数（其实就是推迟做出反应）就好。发怒的反应并不仅仅在于喊叫或砸桌子。你肌肉的紧张状态就是一种反应。你无法在肌肉保持完美放松的状态时感受到生气或恐惧的情绪。因此，如果推迟生气的感觉10秒钟并完全推迟反应时间，你就能消除自动反射。

玛丽大姐通过推迟做出反应消除了她习惯了的"在人群前面的恐惧感"。当她觉得自己忍不住要逃走时，就对自己说："好啊，但不是此时此刻。我会推迟两分钟才离开。我就不顺从它两分钟！"

▶◀ 放松树立了精神屏障或稳定装置

在头脑中清晰地记住这一点绝对没坏处：我们失常的情感（怒火、敌意、恐惧、焦虑、不安全感）是由我们自己的反应而不是外界引起的。反应意味着紧张，没反应意味着放松。科学实验室的实验证明，只要肌肉始终保持绝对放松状态，你就根本无法感到生气、害怕、焦躁、不安全，或者危险。肌肉的紧张是行动的前兆，是为反应所做的准备。松弛的肌肉会导致心理放松，会带来一种平和而轻松的心态。因此，放松是大自然自身的镇静剂，它在你与恼人的刺激源之间建立了精神屏障或挡雨的"伞"。

出于同样的原因，精神放松也是一种强大的抑制去除剂。在上一章我们了解到，抑制由过度负反馈引起，确切地说，它产生于我们对负反馈的过度反应。因此，通过保持放松的心态，你可以保护自己免受刺激源的干扰。

本书的编辑在其演讲生涯早期，每次快要上台演讲之前，都会练习老一套做法以做好"筹备工作"，其中包括来回踱步。他当时可能没有意识到：这样做实际上给他的身体增加了很大压力。在他的演讲生涯后期，人们经常看到他快要登台讲演时却很随意地坐在椅子上、挺直身子，在旁观者眼里看来，似乎是对即将来临的演讲任务丝毫没有兴趣一样。尽管他此时仍然会练习老一套做法（如踱步）以图缓解压力，为演讲做好准备，但练习时，肉体上却放松得多了。你同样可以学会在不紧张、不焦急的情况下怎样使自己生气勃勃、精力充沛，以迎接巅峰表现的到来。

▰◀ 学会采用于己有利的"表演前常规练习"

《揣摩高尔夫》一书的作者理查德·库珀博士在《高尔夫杂志》的几篇不同文章中，都建议高尔夫球手如果感到有消极的想法在蠢蠢欲动，不妨先停一会儿，不要急于击球，而是运用某种身体练习重新获得平静的心态和控制能力，重新调整他们的注意力，这可能包括调整一下自己的手套，或者是在地上敲一下球杆。他还教我们要形成自己的一套"击球前身体练习"，以此作为最佳方式，使各种"开小差"的念头不会在你挥杆过程中侵入你的头脑。库珀博士写道："务实一点讲，优秀的高尔夫球运动员有一套持之以恒的练习法，而平庸的运动员则没有。"

我们在心理控制技巧训练中有这样一句话："心静，身静；身静，心静。"你从这句话的哪一端开始，这并不重要；无论是先放松心理还是先放松身体，其结果都一样。

诀窍在于形成一套"击球前身体练习法",而不是使自己更加紧张。无论你做什么,只要能通过这套方法使自己安静和放松下来就行。

◢ 在头脑中自行建造一间安静的"小屋"

古罗马皇帝马可·奥勒留曾说:"人们习惯于凡欲隐退便寻找那人迹罕至的地方,或乡间,或海滨,或山中。而这也是你一心向往的。可归根结底,这是一种俗不可耐的向往,因为你自身当中便有这种随时隐退的力量,只要你希望如此。无论是想获得更多安宁还是更加没有苦恼,没有哪个地方比一个人自己的心更适于回避喧嚣世人;如果他心中认为'看穿了尘世,就能得到纯粹的安宁',那么事实就更是如此。而我坚信,如果你心中宁静,那你就已获得了内在的和平;这种和平安宁在于听从自心的吩咐。既然如此,立即让自己进入这种静修、重塑一个全新的自我吧……"

在二战末期,有人评论哈里·杜鲁门总统,说他在任期内能承受比前任历届总统都大的压力,说总统工作似乎并没有"使他变老"或者"榨干"了他的精力,还说特别是从作为战时的一位总统及他所面临的各种问题来看,这一点体现得尤为明显。他回答说:"我的脑子里有个躲避外来'炮火'的散兵坑。"他接着解释,就像士兵在遇到敌人猛烈攻击时,会撤进自己的散兵坑以获得保护、休整和恢复一样,他也会定期回到自己心灵的"散兵坑",在那里,他不会让任何外界事物打扰他。

我强烈建议你赶快投入时间,充分发挥想象力,去构建一个属于自己的"心灵散兵坑"。

▶◀ 你自己的"减压室"

有些人试图通过变换所处的物理位置来享受"散兵坑"的好处。我在纽约认识一位公司的CEO。此人有个习惯，就是经常会突然从办公室消失，动身前去布朗克斯动物园。他不带手机，而且去的地方谁也找不到，谁也无法打扰。他突然从人群中消失得无影无踪，径直走进动物园，故意让熟悉的人找不到、接近不了。这一策略显然给他带来了很多好处，因为他在公司已经身居高职，由于拥有期权而成为一名千万富翁，还成功地使公司盈利逐年递增。然而，为了给自己减压而必须离开办公室，坐着出租车穿过闹市，然后再去公园游逛，这是不是有点太麻烦呢？

其实，我们有一条距离更近、更方便的路线，可以前往一个容易接近的"减压室"。它就构建在你的想象之中。成天被两个年幼孩子"围攻"的母亲筋疲力尽（如果这个孩子安静了一会儿，那个却又不省心），她需要抽点时间（可能是孩子午睡的时候），走进自己想象中构建的"减压室"歇一会儿以恢复精力。背负压力的推销员可以在两次推销任务间隙，将车停在停车场，迅速造访一下自己的"减压室"。

我们每个人都需要在头脑中、在心灵的中心建造一个安静的空间。它像海洋深处那样不受外界干扰，无论海面上的波浪多么狂暴，这里始终是一片静谧。

这间于想象中构建的安静小屋，便可以作为精神和感情的"减压室"。它能将你从压力、担忧、紧张和劳累中解脱出来，使你容光焕发，使你在回到喧嚣的平凡世界中时，能更好地为面对这些消极情绪做好准备。

我相信，每个人都在自己心中拥有一个平静的中心。它永远不受干扰，永远不会移动，就像车轮或车轴最中心的那个几何点一样始终保持静止。我们要做的就是找出自己身上的这个平静中心，隔一段时间就腾出时间走进它，寻求休息、恢复，重新变得精力百倍。

我曾经给病人们开过的最有效的一个药方，就是建议他们学会回到这个平静安宁的中心。人们发现，进入这一平静中心的最佳方式之一，就是依靠自己在想象中建造一间小小的心灵之屋。用对你来说最宁静、最提神的东西来装修这间屋子，不论它们是什么：如果你喜欢油画，可能是美丽的风景画；如果你热爱诗歌，可能是一些你最钟爱的诗文。墙面的颜色是你最喜欢的"愉快"的色调，房子的装饰既朴素又简单，里面没有让人分散精力的元素，非常干净整洁，一切都井井有条。房子里有你喜欢的舒适的座椅。从一扇小窗户向外看去，你能看到美丽的海滩。海浪向沙滩涌来，然后再退回去，但是你听不到它们的声音，因为你的房子特别特别安静。

在想象中建造这样的房子时，你要全身心地投入，就像真的在盖房子一样。要对屋里的每个细节都了如指掌。不要让"这有点孩子气"这种想法使你半途而废。这种技巧的力量在于在创建它时的认真、详细，它栩栩如生的细节，它作为一个静居之地而不只是一个含糊的想法的"真实性"。

🌿 每天休一点假

在日常的各项事务之间，无论你在做什么，都能拥有一点短暂的闲暇（比如在乘公共汽车时腾出点时间）来进入你安静的小屋。只要你觉得压力在上升，或者觉得匆忙和劳累，就不妨到你安静的小屋休息片刻。只用从忙碌的一天中以这种方式抽出一点点时间，我们就能得到很大的回报。这不是浪费时间，而是"时间投资"。对自己说："我要在自己安静的小屋里休息一会儿。"

进入小屋之后，在想象中看着你踏上"楼梯"进入自己的"房间"。"我现在在爬楼梯；我现在在开门；我现在进来了。"在想象中，要注意所有安宁、恬静的细节。看着自己坐在喜欢的椅子上，身体完全放松、心情平和。你的房子是安全的，在这里，任何事物也接触不到你。这里没什么值得担忧，因为你已经将担忧留在楼梯口了。这里也不需要你做出什么决定——不必匆忙、不必烦恼。

你需要在现实面前有一点逃避

是的，就是逃避现实。睡觉是"逃避现实"，在雨中撑一把伞是逃避现实，建一栋自己的房子以便能遮风挡雨、避开恶劣的自然环境，这也是逃避现实。同样的道理，度假也是逃避现实。我们的神经系统需要一定程度的"逃避"，面对来自外界刺激源持续不断的猛烈攻击，它需要更多的自由和保护。你心灵和神经系统需要一间小屋来休息、来休整、来保护，如同你的肉体需要现实的小屋来休养生息一样。二者出于同样的原因，为了同样的目的。你精神中的宁静小屋每天都会给神经系统"放个短假"。到那时，你从精神上就"远离了"日常那充满义务、责任、决策和压力的物质世界，你通过从精神上进入内心无压力的小屋休息调整，把"这一切都置之脑后"。

画面比文字更能给你的自动机制留下深刻印象，如果画面恰巧具有强烈的象征意义，那就更是如此。我发现有一幅精神画面即心像特别有效，现描述如下：

有一次去黄石国家公园时，我耐心地等待天然喷泉"老实泉"。这处喷泉是间歇式喷泉，能喷出水柱和蒸汽，大约每个小时喷一次。突然，喷泉射出一股咝咝作响的蒸汽，就像一个巨大的热水壶，由于压力太大，把安全塞一下冲开了那样。站在我旁边的一个小男孩问他爸爸："是什么使得它这样呢？"

"哦，"爸爸说，"我想是大地母亲喜爱我们所有人吧。她在里面存储了许多压力，时常通过放掉蒸汽缓解压力，从而保持健康。"我当时不禁想，当我们心中有情感的压力聚集时，如果每个人都能像喷泉那样将有害的蒸汽排掉，难道不是一件好事吗？

我的头顶上并没有天然喷泉或蒸汽阀，但我却有想象力。于是，我开始在进入精神的安静小屋休整时运用这幅心像。我会想起"老实泉"，会形成关于"情感蒸汽或压力"的精神图画，想象它们从我的头顶冒出来，然后再无害地蒸发。当你气愤或紧张时，可以在自己身上试试这幅心像。排掉蒸汽、让它冒出头顶的想法与你的精神机器具有强大的联系。

🎀 在解决某个新问题之前，先"清空"你的机制

如果你在使用加法机或电子计算器，必须在执行下一项任务之前先把以前的问题清空。否则，老问题或旧环境的残余部分会卷入到新问题和新环境之中——从而为你得出错误的答案。

花片刻时间进入你头脑中的安静小屋休养生息，这种练习能起到同样的"清空成功机制"的作用。出于这一原因，在多项任务、多种环境或形势之间转换时，练习这种"清空"方法非常有益。

以下是"残余转入"或未能清空精神机器的常见例子：一位商务经理忙了一天，并将工作中的担忧和烦躁情绪带回了家。他一天都忙忙碌碌、筋疲力尽、充满干劲，随时都有"干下一件事"的准备。可能他觉得有点沮丧，这让他的脾气也许有些急躁。当他回家时，虽然身体已经停止了干公务，但是，他把好斗、沮丧、匆忙和担忧的残余情绪也带回来了。他仍然随时都做好"干下一件事"的准备，放松不下来。他对妻子和家人感到不耐烦，总是想着办公室的事情，尽管此时思考公务也是白想。

▶◀ 失眠、粗鲁通常是情感的"残余"

很多人在应该就寝的时候，却把烦恼带到床上。从精神和情绪上看，他们在不应该做事的时候，却仍然想针对某种局面做点什么。我们整天都需要对情绪和心理进行这样那样不同的组织。和老板说话与和顾客说话，你需要不同的情绪组织和心理组织。如果你刚刚和一个怒气冲冲的顾客交谈过，那么在第二个顾客还没和你说话之前，你首先需要改变一下自己的心理意向。否则，第一种局面遗留下的残余情绪便不适于应对其他局面。

▶◀ 情绪残余能导致事故

保险公司和其他研究事故起因的机构都已经发现，情绪残余能导致许多交通事故。如果司机刚刚和配偶或老板发生过口角，如果他刚刚经历了挫折，如果他刚刚离开一个需要他做出好斗行为的场合，那么就很可能造成交通事故，因为他把不适当的心态和情绪带到了驾驶过程中。他并不是对其他司机有什么火气。这就好比他清晨刚刚从梦中醒来，而在刚刚做过的梦里，他却经历了极为生气的事。他知道自己刚刚遇到的很多不公平的事不过是在做梦，但仍然为此气愤不已——这能有什么办法！

恐惧也能通过同样的方式在不同局面中互相传递。

▶◀ 残余情绪是集中精力的对立面

所有领域的成功表演者都知道，如果脑子里乱成一团，如果心乱如麻，他们的表现是不可能出色的！其实，最佳表演者也对"聚焦"和"专注"顶礼膜拜。专注是一切事业一点点取得成功的"关键"。世界最著名的驯马师和骑术教练之一、《完美的马儿》行业通讯主编约翰·里昂说："驯马最难做到的并非是知道驯马要做什么，或者是有充沛的精力或足够的勇气去做。最难的是学会保持全神贯注。"同样的话也适用于打高尔夫球、推销、教育孩子以及其他任何事；最难做到的不是技巧和手法，而是集中注意力。里昂先生接着说："如果一次不把精力集中在一件事上，你就无法帮助自己、帮助团队，就无法成功！"

❯❯ 创造自己的"快速擦除器"并尽可能经常使用

前面提到过的显像法我已经提倡了许多年，我称之为"清空计算器"。这种方法是指你在打算做下一道题之前，先要在计算器的小屏幕上，把前一道数学题的残余部分清空，或者存起来备用。按一下"清空"键，便把问题 1 完全从你的"屏幕"上清除了。在着手做问题 2 之前，你必须要这么做。许多人自己形成的另一些图解法和显像法比这还有用。我曾经收到过许多信，写信人在信中描述他们想象自己在使用橡皮擦"清空"写过的字，用黑板擦"清空"黑板，或者用一块海绵"清空"窗户上的灰尘，甚至想象自己走进卫生间沐浴，冲洗得干干净净。你可以在短至几秒钟的时间内唤出这幅心像，并将其作为一块橡皮擦使用，比如说，在接电话之前，先强迫自己犹豫 5 秒钟"清空"一下大脑。

据报道，奥运会冠军、高台跳水运动员格雷戈里·洛加尼斯在每次即将登台比赛之前，都要在头脑里进行 40 遍跳水彩排！他所做的遵从以下步骤：

1. 停下来"清空计算器"。
2. 把一切干扰放到一边，快速、连续、反复地播放"精神电影"，多达1，2，3，4，5，6，7……38，39，40次，使自己的大脑屏幕上除了成功的画面之外什么也不留下。
3. 让他的伺服机制将实际的跳水作为第41次来实践。

多数人从来不采用这种看似简单但特别有效的方法。相反，他们会在参与某项富有挑战性的活动（比如在办公室开一次重要会议）时，脑子里仍然还在继续着"交通阻塞"的场景。他们希望在心不在焉的条件下把事情做好！他们把思想和情绪上的各种混杂物统统放到一起一锅煮（这些混杂物包括担心这担心那，和配偶或朋友交谈时出现的分歧，被一些要停下来探讨上一两个小时的杂事所分心），他们同时给自己的伺服机制50件不同的事去做，从而耗尽了它的力量。

"按"走压力，"按"出你的出色表现

有一次参加电视脱口秀节目时，我在后台和节目主持人聊天。这档节目的导演从"演员休息室"的门口伸出头，说："只有一分钟了。"

"对不起，马尔茨博士。"主持人说。他紧紧闭上双眼，清脆地打着响指，坐在那里一动不动，静静过了几秒钟。之后，他再次用力打响指，又静静地坐了几秒钟。然后他睁开双眼，笑着说："我们现在去做节目吧。"说完，他昂首挺胸地穿过走廊，走过幕布，一直走到舞台上，面对爆满的观众和周围的摄像机镜头。

节目录制完毕后，我问他刚才我观察到的一切是怎么回事。"这是我在做准备活动，"他解释说，"刚开始担任主持人时，我要花20甚至30分钟，吃

力地试图把所有与即将开始的节目无关的内容从头脑中清除。后来，我逐渐掌握了怎样在头脑中分步骤地实现它，从而加快了进行的速度。现在我只要30秒左右就能完成了。"

"那么你打响指干什么？"我问。

"那就好比按电灯开关。第一次响指是清空大脑、使它一片空白的开关，如今这个步骤一瞬间我就能做完。第二次响指是触发一连串快速放映的幻灯片或画面，描绘我在激动人心的掌声中走上台，观众在节目进行当中开心地大笑，愉快地采访某位嘉宾，最后以我、摄制组成员和制片人互相聊天，预祝下次节目获得圆满成功而告终。"他笑着补充道，"您也许不知道，几年前，我还真读过您的大作。"

➤ 平静也能相互传递

这里可加上一句有益的旁白：友情、爱、和平、安宁和平静也能"传递"。

我们说过，人是不可能在完全放松、平静和沉着的状态下体验或感到恐惧、气愤或焦躁的。由此，进入你安静的心灵小屋就成为对感情和情绪一种理想的清除手段。过去的情绪蒸发并消失了，同时，你体验到了安静、和平和一种幸福感。无论接下来发生什么，这些情绪和感情都能传递和转入。可以说，平静的时刻能把石板擦亮，能将机器拭净，接踵而来的新环境将为你提供干净而崭新的一页。

我在做手术之前和之后都会练习体验这种安静时刻。外科手术需要你高度集中精力，需要平静和控制。如果将匆忙、好斗或担忧等情绪带到手术环境中，其后果肯定是灾难性的。因此，我总是通过花点时间在自己的平静小屋完全放松，来擦净"头脑机器"。从另一方面讲，对手术环境来说不可或缺的高度集中的精力、毅力、全神贯注的忘我状态，在社交场合却很不适合，无论这种社交场合是指在我办公室接受采访，还是指在一场豪华的舞会上发表感言。所以，一做完手术离开手术室，我仍然不会忘记花几分钟时间去我的平静小屋，为一件不同的新事做好行动准备。

旧金山外科医生艾拉·夏利普博士曾经介绍过如何创建一部精神电影。在这部电影中，他描述了从起初切开刀口到最终手术缝合的全过程。鲍德尔博士是一位手与关节再造的专科医生，曾经在一个有关心理控制的电视节目中接受过我们的采访。他向我们介绍说，他在做手术的头一天晚上，要生动而详细地创建精神电影，从而让完美的手术过程安装在头脑里，真正做手术时照搬就行了。看来，我们几个人都在运用几乎同样的手法，把安静的心境带进手术当中。

▶◀ 撑起你自己的精神雨伞

通过练习本章的技巧，你能建立起自己的精神雨伞。这把伞能遮挡住恼人的外界刺激源，给你带来更多的平和与宁静，使你表现得更出色。

不要忘了，最重要的、你需要牢记在心的是：你是烦躁还是安静，恐惧还是沉着，其关键不在于外界刺激源（无论这些刺激源是什么），而在于你自己对它们的响应和反应。正是你的反应"带来"了你的恐惧感、焦躁感和不安全感。如果你根本不做反应，而只是"任凭铃声响"，那么，无论你周围在发生什么，你都不可能感到心烦意乱。你在致力于当一名行动者而不是反应者。我们在本书通篇多次说到，人的反应和响应要与环境因素相协调。不过，从根本上讲，人不是反应者，而是行为者，是"演员"。我们不仅只是被动地对任何环境因素做出反应，那样就像一条没有船长的小船，不管向哪个方向航行，都可能遭受风吹雨打。作为追寻目标的存在物，我们首先要是行为者。

我们要树立自己的目标，确定自己的前进路线。之后，在这种目标追寻的背景下，我们便能针对环境做出恰当的响应和反应。

如果对负反馈的响应和反应没有使我们在面向目标的道路上向前进一步迈进，或者对最终目标的实现不起作用，那么就根本没有做出响应的必要；反过来，如果任何响应都让我们偏离正确轨道并消极影响我们，那么任何反应都不是恰当的反应。

你的情绪稳定剂

几乎在所有的目标追寻情景中，人自身的内心稳定剂本身，都是一个需要始终保持的重要目标。我们必须对负反馈数据（它们告诉我们何时偏离正确轨道）很敏感，以便能改变方向、继续向前。但是与此同时，我们必须保证自己的船漂浮在海面、保持稳定。我们的船不能因为每一股从旁边经过的海浪甚至猛烈的暴风雨，而变得颠簸、摇晃、触礁甚至沉没。正如普雷斯科特·莱基所说："无论环境怎样变化，我们都要保持同样的态度。"

"任凭铃声响"是一种使我们保持情绪稳定的心态。它能使我们不会在遇到每阵风浪时变得颠簸，因撞击而偏离航向或者由此产生惊慌。

不要与假想敌做斗争

还有一种不恰当的反应会造成担忧、不安全感和紧张情绪。这种反应是一种坏习惯，即总想从情感上对某种主观臆想、其实根本不存在的东西做出反应。许多人对现实环境中真实而不重要的刺激源反应过度，但他们似乎不满足于此，于是便在头脑中造一个"稻草人"，并在心像中对它做出反应。在担忧时，我们会对环境中存在什么、会发生什么，形成自己的负面心像。形成心像之后，我们会对它们做出反应，就像它们真的是那么回事一样。大家还记得：人的神经系统辨别不出真正经历和生动想象的东西之间有何区别。

▶◀ "什么也不做"是对虚幻问题的恰当反应

同样，你可以稳定自己的情绪，不受这种干扰的影响，其方法不是你做点什么，而是不做什么，也就是说你拒绝做出反应。要想对担忧的画面做出恰当的反应，就是完全置其于不顾。人在情感上要活在当下。我们要分析环境，进一步认清环境中到底存在什么，然后对环境因素自发地做出响应和反应。要做到这一点，你必须将全部注意力都集中在正在发生的一切上，即时刻保持警惕。只有这样，你的反应才是恰当的，由此，你也就没有时间去注意并响应某个虚幻的环境了。

▶◀ 你的急救包

将以下想法当成"急救包"随身携带：

内心的烦躁（或与镇静相对的情绪）几乎都是由过度反应、过于敏感的紧急反应引起的。你可以在自己和恼人的刺激源之间构建一道精神屏障或制造一种镇静剂，方法就是练习"不做反应"，任凭铃声响去吧。

你可以改正过度反应的坏习惯，可以消除过去的条件反射，方法就是练习推迟做出反应，即便这些反应是习惯性的、自动的、不假思索的。

放松是大自然独有的镇静剂。放松就是不反应。可通过日常训练掌握身体放松技巧。之后，当你在日常生活和行为中需要练习"不反应"做法时，只用将你放松时所做的那一套拿出来就行了。

运用你心灵中的平静小屋。它既可以作为一种日常使用的镇静剂，减缓神经反应，也可以作为一种擦除剂，把残存的情绪从你的情绪机器中擦掉，因为这些残存物不适用于新环境。

你自己的虚幻心像会把你吓得要死。不要那样做了。不要与假想敌做斗争。从感情上只对现实的东西、只在此时此刻做出反应，其他的东西不要管。

Chapter 13

如何化危难为机遇

　　我认识一位年轻的高尔夫球选手，他在家里的球场练习时，保持了很好的纪录很多年，但在真正的大赛上却从来没有好的表现，甚至没有进入过第二轮。自己打着玩，或者与朋友比赛、参加小型赛事时，由于风险低、奖金少，他的水平表现得无懈可击。然而，每次一参加大型比赛，他就打得非常差劲。用高尔夫球界的话说就是："压力毁了他。"

　　并不只有他一个人有这种经历。

　　其实，在一部流行影片中，凯文·科斯特纳就扮演了一位在所有高尔夫球员中以"锡杯"而出名的高尔夫球员。他的水平非常棒，但是在奖金很高的大赛的压力下，总是会自乱阵脚、打不出水平，就像一套廉价的衣服经不起暴风雨的考验一样。许多高尔夫球员就被认为是"锡做的杯子"，经不起压力。具有讽刺意味的是，我所认识的一位最优秀的高尔夫球指导者、教练，名头很响，还经常受到顶尖专业高尔夫球员的登门拜访，在友好的、私下的非正式比赛中向来没有对手，却在正式比赛中屡屡掉链子，没有真正挣到多少钱。

许多棒球投手具有精准的投球控制能力，却发现自己在危急关头表现得不尽如人意。大赛时，他们总会"哑火"、失去控制，似乎一点水平也没有。这并不表示他们真的不会打球。

从另一方面讲，有许多运动员在压力之下反而表现得更加出色。大赛的环境和气氛似乎给了他们更多的精力、更多的力量、更高的水平。为什么"压力"使一些人表现得比平时更好，而使另一些人发挥失常呢？搞清这个问题是使你能始终可靠地处于最佳竞技状态的关键。

作为题外话，我不妨提醒你：职业高尔夫球员或棒球击球手出现"掉链子"现象，并不是说明他是个水平很烂的高尔夫球员或没用的击球手。他们的表现可能会立即被媒体、多管闲事的球迷甚至同行爆炒和添油加醋，这种标签强化了他们的负面形象，给他们带来伤害，而且本质上是错误的，因为一个人出现过失，根本不代表他就是个"错误"。我们每个人都是错误的制造者，但同时也是潜在的错误纠正者。我们必定具有超越自身错误的能力。在这些例子中，这两种运动员都还没有发现自身的真我，还不懂得怎样成功地管理自我意象和伺服机制，从而对压力做出积极响应，但这一切都是可以改变的！

有些人在危急关头该怎样就怎样

一位篮球运动员的平均罚球命中率在训练时可能比打常规赛时好很多，

在常规赛时可能要比打季后赛好很多，而另一位运动员的表现却与此相反，即在季后赛中或在生死大战时刻，表现反而稳步上升。几乎NFL（美国国家橄榄球联盟）的每支知名球队在重要比赛时，都会派上一名信得过的接球球员上场。不过，他在刚上场不久时，可能连很多容易接到的球都失误。后卫球员在必须传球时懂得将球传给最有把握控制比赛的队友，但有时候也知道在另一些时刻要尽量少给这些队友传球。

有些推销员可能发现自己在某个潜在客户面前不善辞令，他的推销术会"背叛"他。而另一些推销员身处完全相同的环境，却能"超水平发挥并卖出东西"。环境的挑战甚至使他拥有了平时不具备的能力。

有些学生在日复一日的课堂学习时表现极好，却发现一到考试大脑就一片空白；而另一些学生平时在课堂上表现一般，但在大考之时却屡有上佳表现。

▶◀ "奖金型选手"的秘诀

这两类人之间的区别，并不在于某种天资一种人拥有，另一种人没有，关键在于他们是否善于应对危急的形势。

"危急关头"是一种形势，它可以造就你，也可以毁掉你。如果你在危急关头反应得当，它就能赋予你平时不具备的力量、威力、智慧。如果你反应不当，危急关头就会使你失去应有的技能、控制力和能力，而这些东西你本来在平时是可以发挥出来的。

体育界、商界或社会活动中所谓的"奖金型选手"（能设法渡过难关、在挑战的刺激下表现更好的那些人），其实总是那些在危急关头善于应对的人。

要想在危急关头表现正常甚至超常，我们需要：（1）学会某些在没有过多能动性的情况下如何应对的技能，我们需要进行无压力训练；（2）应该学着以一种积极进攻的态度而不是消极防御的态度应对危机，学会回应环境中的挑战和难题，在头脑中始终怀有积极的目标；（3）应当学会按照真正可能的发展趋势来评估"危难"局面，以避免小题大做或者在生死攸关时却满不在乎。

换言之，使自己成为"奖金型选手"是完全可能的，所需的态度和技能可以通过学习、练习或培养得到，还可以通过其他心理控制技巧迅速培养并长期保持。任何人都有能力培养自己具备"奖金型选手"的素质。

▶◀ 无压力训练

尽管我们学习新知识很快，但在危急的环境下却不太能学好。把一个不会游泳的人扔到深度可以没过头顶的水里，危机本身就可能给他以力量，让他游到安全之地。他学得很快，而且会想方设法通过某种方式游到安全的地方，但他永远不会变成一个游泳冠军。他用来自救的、粗糙而笨拙的划水动作会成为固定动作，从而使他很难掌握更合理的游泳姿势。由于姿势不对，他在遇到真正危机、需要游很长一段距离的时候就可能会被淹死。

心理学家、加利福尼亚大学动物行为研究专家爱德华·托尔曼博士表示，动物和人在学习时，都会针对环境形成"脑谱图"或"认知图"。如果动机不那么强烈，如果在学习的环境中没有多少危机出现，这些图就是宽广而笼统的；而如果动物的能动性过度，认知图就会变窄和有限。它只会学习一种解决问题的途径。今后，如果这条途径恰好被堵死，该动物就会气馁，找不到其他替代的路线或弯道。也就是说，它会形成一种单一的、固定的、先入为主的反应，在面临新形势时很可能会失去自发反应的能力。它不善于即兴发挥，而只能遵从订好的计划。

不妨想想某个在艰苦的犹太人居住环境中成长的年轻人。他成天在街上闲逛，与一帮不三不四的人打交道，几乎任何时候都无法无天。在他所处的环境中，一丁点恐惧、脆弱或易受攻击的迹象都可能导致可怕的后果。如果他在这种环境中学习各种解决冲突的技能，他就只能学会一系列狭隘的、受限的技能，即通过不恰当的残忍攻击和人身暴力解决问题。我认为，你可以在迈克·泰森那样的人身上看到这一点，他在拳击场上能打遍天下无敌手，但在其他场合中则可能一败涂地。

🎀 压力延缓求知过程

托尔曼博士发现，如果让老鼠在非危急状态中学习和练习，它们在之后面临危急关头时也能表现得很好。比如说，如果任由老鼠随意闲逛，并让它们去绕过一个放置了大量食物和饮品的迷宫，它们似乎会不知所措，什么也找不到。然而，如果把同样一些老鼠放在迷宫入口处，而这些老鼠又很饿，就可以看出它们能够迅速而有效地发现目标，这表明它们掌握了大量技能。饥饿使这些训练有素的老鼠面临危机，而在这种危机中它们就会表现出色。

而另一些在又渴又饿的危急时刻被控学习走迷宫的老鼠，却表现得没有那么好。因为它们能动性过强，脑谱图已经变窄。通往目标的那条"正确"路线已经固定。如果这条路线被堵死，这些老鼠就变得心灰意冷，很难再想办法找出新路线。

🎀 消防训练教你在非危急环境中做出危机应对行为

人的反应也一样。通常想方设法逃出燃烧的大楼的人，需要花在没有火情时所需时间的两到三倍，才能掌握正确的逃跑路线。有些人在遇到火情时什么也学不会。过度能动干扰了推理过程。自动反应机制被太多有意识努力和过度尝试所阻塞。设法要逃出大楼的人学会了狭隘的固定式反应。如果把他们放在另一幢不同的建筑物里，或者对所处环境稍加改变，他们就不知道怎么办了。

不然你可以带着同样这批人，让他们在没有火情的情况下进行"消防"预演。因为没有威胁的存在，所以就没有过度负反馈干扰他们清晰思考或正确行动。他们会安静、有效、正确地从建筑物里鱼贯而出。对这些进行若干次练习之后的人，就可以指望他们在真正出现火情时有同样的表现。他们的肌肉、神经和大脑已经记住了一幅宽广、笼统、灵活的图谱。平静的心态和清晰的思维会从消防训练中传递到实际消防逃生中。

其意义对老鼠对人都很明显：在无压力的条件下练习，你的学习会更有效，而且在危急关头还能有超常表现。

▶◀ 增强稳定性的"影子拳击练习"

著名拳击选手"绅士"吉姆·科贝特使"影子拳击"一词变得家喻户晓。科贝特曾经与波士顿拳击运动员约翰·L. 沙利文比赛，并用自己控制得无可挑剔、时机掌握恰到火候的左拳把对手打到靠在拳台边的带子上。当有人问科贝特是怎样练就这样一身功夫的时候，他回答说，在那场比赛之前，他已经在镜子前面对着自己的影像将左拳练习了 10000 次，以作为赛前的准备。

基恩·滕尼也做过一样的事情。在拳击场上真实地击败杰克·戴姆普西之前数年，他就在自己的密室里与想象中的戴姆普西争斗了 100 多次。他设法收集了戴姆普西过去拳击的所有录像带，并反复观看，直到对戴姆普西每个动作的细节都了如指掌。然后他便开始"影子拳击练习"。他想象着戴姆普西就站在自己面前，这个虚幻的戴姆普西可能会做出哪个动作，他就练习进行反制措施。

比利·格雷厄姆在具备过人的演讲水平以及在活生生的观众面前展示个人的魅力之前，曾经首先在佛罗里达的一处沼泽对着没有生命的柏树桩说教。多数优秀的演讲家也都通过自己的方式做过同样的事。演讲家们最常见的"影子练习"方法，就是对着镜子里自己的影像发言。我认识这样一个人：他在自己面前整齐地摆上 6~8 排空椅子，想象着有人坐在上面，然后练习对这些看不见的观众发表讲话。另一位演讲家则对着他家院子里的小鸡演讲！

我认识一位以说笑话为主的女喜剧演员。这位不愿透露姓名的女士告诉我说，她在刚出道的时候，经常会自己练习饱含感情、仪态大方地讲她的笑话，就像面对一群知名人士一样——但实际上只有她自己裸着身体，站在呈弧形围在她周围的三面穿衣镜前面！她这样解释说，她从来没有比全身裸露更觉得自己易受伤害和不自在，所以，如果能在亮着灯光的屋子里看自己镜子中的形象，而且还能集中精力讲她的笑话，那么穿着衣服在观众面前实际表演时，她应该不会感到不自在，从而可以"保护"自己。

她创造性地把"安全"练习与模仿的压力，或者说，与来自各方面的综合压力融合在一起。

从记录来看，她后来成为了喜剧界最成功的女演员之一。

我的意思是说：你应该找一种适合自己的"影子练习"法。

轻松练习带来出色表现

伟大的美国高尔夫球公开赛冠军本·霍根在参加高尔夫球锦标赛期间，总在自己的卧室里放一根高尔夫球棒，每天偷偷练习无球挥杆，对想象中的高尔夫球没有半点压力。一到高尔夫球场，霍根就会在击球之前，先在头脑中把正确的动作预演一遍，然后再依靠肌肉的记忆来执行正确的击球动作。其实，今天的所有高尔夫球动作要领都融合了这种放松练习和想象练习技巧。

"影子练习"法"拧开"自我表现

"表现"一词的字面意思是指突出、发挥、显示；"抵制"一词的意思是强忍、限制。自我表现就是将力量、将自我的才华和能力突显出来。它表示点亮你内心的明灯，让它光芒四射。自我表现是一种肯定的、赞同的响应；而抵制是一种否定的、拒绝的响应。抵制使自我表现"窒息"，关掉你内心的明灯或者使它变暗。

在"影子练习"时，你其实是在没有真正抵制因素出现的情况下练习自我表现。你在学习正确的动作，形成记忆库里保留着的"意境图"。它就是"脑谱图"，是一种宽广、笼统、灵活的图谱。之后，当你面临危机即面对实际威胁或抵制因素时，就能学会镇静而正确地行动。你的肌肉、神经和大脑中都有正确因素的"残余"，能从练习过程传递到实际形势中。此外，由于你的学习过程非常放松、没有压力，所以能够随机应变、因地制宜，从而自发地行动。同时，你的"影子练习"法正确而成功地为你的行动构建了一幅心像。记住这种成功的心像，你就能在实际行动中有超常表现。

空弹射击是造就神枪手的秘诀

练习手枪射击的新手经常会发现，只要没有射击的打算，手枪拿在手里会非常稳定和静止；如果拿着没有装子弹的手枪射击某个目标，他的手也能够保持稳定。但是，如果同一支手枪里装上了子弹，而他又想射中目标得分，"目的震颤"就开始出现。枪膛会上下来回晃动而无法控制，和你用手穿针线时出现的抖动差不多。有许多优秀的手枪射击教练都推荐我们多练习空弹射击，即在不装子弹的情况下射击目标，以克服这种状况。神枪手在用手枪射击墙上的某个目标时，能平静而从容地瞄准、准备射击、扣动扳机。他会平静而从容地只把注意力集中在怎样持枪上，无论手枪射击的角度是否倾斜，也无论他扣扳机的动作是轻轻一压还是猛然一拉。他已经掌握了平静射击的好习惯。空弹射击时不存在"目的震颤"，因为他对结果并不过于担心。经过数千次空弹射击练习之后，新手会发现自己在持有装子弹的手枪并真实地射击时，也能保持相同的心理状态。

▶◀ "影子练习"法能帮助你将球击中得分

在一个星期天，我去拜访一个住在纽约郊区的朋友。他 10 岁大的儿子一直梦想长大后能成为一流的棒球明星。他的接球水平很不错，却无法击打得分。他父亲每次将球扔过本垒时，孩子就不知该怎么办——往往只差一步。我决定对他进行训练。我说："你对击中棒球太担心和着急了，而且又那么害怕，所以你甚至都看不清它。"所有这些压力和焦躁情绪干扰了他的眼力和神经反射，他的臂肌并没有执行大脑传来的命令。

我说："接下来的 10 次投球，你根本不要想着去击球。试都不要试。你只用把球棒搁在肩膀上就行。不过，你要仔细地盯着球看。从它离开你父亲的手，一直到它从你身旁飞过为止，你都要目不转睛地盯着它。站立的时候要放松、要自如，只用看着球从你身旁飞过就可以。"

这样试了 10 次之后，我又向他建议："现在，看着球从你身旁飞过，把球棒搁在肩上不要动，但是心里这样想：我要把球棒放下来，使它真正能击中球的正中心。"完成之后，我告诉他继续保持"同样的感觉"，仔细地盯着球看，然后"让"球棒挥出来（这里的"让"是指挥棒动作已经成为一种自发的无意识行为），接触球，但不要想着击球时太用力。如此这般轻松地击了几次之后，他已经能把球击出很远的距离，而我也多了一位"忘年交"。

▶◀ 练习 "不卖" 法的推销员

在推销、传授技艺或经营企业时，你也可以运用同样的技巧"击球得分"。有个年轻的推销员向我诉苦说，每次一拜访潜在客户他就不知所措。他有一个很大的问题，就是不能恰当地回应客户的反对意见。"如果某个客户对我的产品提出异议或批评，我一时想不出用什么来应对，"他说，"而事后，我却能想出各种各样的回答方式应对他的异议。"

我向他讲述了"影子练习"法，还讲了那个通过任球飞过却将球棒搁在肩上不动来学习击球的小男孩。我指出，击中棒球或独立思考都需要很好的反射。你的自动成功机制必须恰当地、自动地做出响应。过多的压力、过分的动机或对结果太多的焦虑都会堵塞这种机制。"你之所以事后能想出合理的答复，是因为此时放松了下来，压力已经没有了。现在，你的问题在于不能对客户向你提出的异议迅速而自动地做出响应。换言之，你没有击中客户扔过来的球。"

我对他说，首先应该在想象中练习几次与客户会面的情景（走进客户的办公室，向客户做自我介绍，把产品向他做一番推销），然后想象每个可能的异议（无论客户的异议多么古怪），再大声回答出来。接下来，他要练习在真实面对活生生的客户时，"把球棒搁在肩上"。从目的和意图上看，他要拿着

"没装子弹的手枪"去射击。这种推销会面的目的并不是卖东西。他必须学会卖不出东西时也能得到满足。拜访客户的目的就是严格练习——"将球棒搁在肩上""空枪射击"的练习。

用他自己的话说，"影子练习"法的作用"像一根魔棒一样"。

在我还是学医的学生时，我就在尸体上运用"影子练习"法做手术。这种无压力练习法使我学会了比技术更多的东西。它教我在将来做手术时怎样保持平静、审慎、清晰思维，因为它使我已经在一种孤注一掷、生死攸关的形势中练习了所有这一切。

►◄ 怎样让"胆量"为你所用

"危急关头"一词来源于古希腊词汇，意思是决定或决定点。

危急关头像是路上的一把叉子。叉上的一条分支拥有美好的前景，另一条走下去则会越来越糟糕。在医学界，危急关头是一个转折点，在这个转折点上，病人要么会日益恶化甚至死亡，要么会日益好转并活下来。

因此，每种危难局面都像一把拥有两个分支的叉。棒球比赛中，如果前八局打成平局，第九局的垒中又有三个人，那么，中途中场的替补投手既可以成为英雄、功成名就，也可能成为导致比赛失败的罪人。休·凯西曾经是有史以来最成功、心理素质最好的替补投手之一。曾经有人问他，当他在一场比赛的危难局面中被派遣上场时，心里在想什么。

"我一直在想我要做什么，我希望发生什么，"他说，"而不是击球手要做什么或者我身上会发生什么。"他将精力集中在希望发生什么事上，说他有办法使这样的事发生，而实际上往往也确实发生了。

在任何危急时刻，这样的心态成为另一个正确反应的"关键"。如果我们能保持一种积极进取的态度、主动做出反应，而不是对威胁和危机消极反应，那么，这样的形势本身就能作为一种刺激源，激励我们释放尚未发挥的力量。

心中牢记你的目标

以上一切练习的实质都是始终保持以目标为导向。你要在头脑中始终牢记自己的积极目标，你要有意识地通过经历危难时刻，去实现你的目标。如果能做到这一点，危难时刻本身就会成为一种刺激源，额外释放力量，帮助你实现目标。实际上，在许多情况下，一开始看是危机的局面，结果却都成了朝着高于一切的目标实质性前进的又一机遇。

我曾经拜访过一位女士，她当时在一个治安不好的闹市区的一所中学担任校长。在当时，一个女人"干男人干的事"是很罕见的。她当时还面临许多棘手的问题，比如有些老师不好好干本职工作，并且身在曹营心在汉，从事一些不该从事的副业；有些学生对学习毫无兴趣；还包括校园内外有许多犯罪行为和暴力事件。她告诉我，她每天都生活在"危机城市"里。任职两年后，她使这所中学发生了天翻地覆的变化。学生的课堂出席率提高了，平均成绩上去了。由于变化太大，以至于相距很远的几座城市中的学校管理层纷纷前来参观这所学校，还与这位女校长探讨学校的管理与教学。

当我问她怎样日复一日地在这种环境中承受住了急风暴雨的无情冲击，她解释说，她总是提醒自己：每个危机都提供了又一次不同的机遇，使她能完成与心中目标相联系的某件事。她对每个问题的处理，都代表一个赢得某位老师或学生的信任和尊重的机会，即便这种尊重带有某种不情愿的成分。因此她告诫自己：我要用这些机会作为一个个积木，来建立她对学校各种机制的影响和控制，给全新的学校一次增添一块砖。如果某一天她的表现特别不成功，那么在当天结束的时候，她会对自己说："我认为放得很到位的那几块砖头没想到却放错了地方，不过这只表示我需要改日把它们拿出来，重新放一块合适的就行了。"当她在办公室突然遇到某种危机需要处理时，她不仅问自己该怎样妥善应对，还会自问怎样才能把这个危机的解决当成一种手段，向她头脑建成的"新学校"目标再迈进一步。她告诉我："这就像我头脑中有个七巧板。我脑子里有一幅画面，描绘七巧板拼成理想的图形是什么样子。随后，我会把所有随意放置、乱成一团的七巧板堆成一堆。大部分时间里，我不会井井有条地寻找想要放置的下一块。我会从一堆板块里拿出一块，要求自己想办法把它拼到七巧板的盒子里去。有时候，这一块还在发烫，必须等一段时间之后才能使用。有时候，它成了碎片，需要用胶带粘连到一起。但是，我仍然会一块接一块地把七巧板拼出来。这里的诀窍在于始终不离七巧板盒子左右，脑子里始终想着它拼出来的样子，而不会让这幅画面从脑子里消失。"

如果你认真思考她的经历和她用于描述这一手法所用的词语，就可以清楚地看出她在一种"高压锅"式的危急环境中，非常倚重采用心理控制术来保持心态平衡和从容。

莱基说，情绪的目的就是"强化"或提供额外的力量。他相信，人其实只有一种基本情绪——兴奋。兴奋通过恐惧、生气、勇敢等形式体现出来，至于具体是哪一种，那取决于我们当时心中的目标是什么，取决于我们内心是想解决问题、克服困难，还是知难而退或破坏目标。

如果你的意向或态度是勇往直前，如果目的在于充分利用危急时刻，无论形势多么艰难都要取得成功，那么关键时刻的兴奋情绪便会强化这种倾向。它会给予你更多的勇气、更多的力量，帮你勇往直前。如果你头脑中看不到最初的目标，而且你矢志追求的目标背离了危机，希望通过逃避危机而度过危机，那么这种逃避的倾向也会得到强化，从而让你经历恐惧和焦虑。

▶◀ 不要把兴奋当成恐惧

许多人习惯性地把兴奋感误解为恐惧和焦虑，从而把兴奋感解释为不应有的体现。

任何正常人，只要从智力上对面临的形势有充分的认识，那么在危机出现时都会变得兴奋或紧张。如果不将这种情绪导向某个目标，它要么会变成恐惧、焦虑，要么会变成勇气、信心，但不会像你头顶的"锅炉"里的情绪蒸汽那样，急速膨胀。这并不是表明你脆弱的征兆，而是表示你尚未利用的额外力量。至于这些力量怎么使用，你可以选择自己的方式。

经验丰富的演员懂得，上台表演之前出现的这种兴奋感是个好兆头。许多演员在登台表演前的那一刻，都刻意让自己的情绪兴奋起来。有些深谙此道的人告诉我说，即便在主持《今晚秀》节目多年以后，约翰尼·卡森在后台做准备时仍然非常"亢奋"，以至于在大幕拉开、走上台发表开场白的一刹那会感到恶心。全美演讲家协会的奠基人卡夫特·罗伯特是一个与众不同的高人，常年被许多营销组织奉为美国人最喜爱的演讲家之一。他经常说："不要想着把胸中的小鹿赶出去，只用让它们队列整齐地飞翔就行了。"

许多人在赛马下赌注时，都要看哪一匹马在即将走上起点标杆时看上去最紧张。驯马师也知道，如果一匹马在即将开赛前紧张不安，那么它很可能会超常发挥。在危机即将来临前产生的兴奋感是一种勇气和热情的体现，你应该这样理解它。你不需要摆脱这种情绪，而是要把它们整理成一支整齐的队伍，作为一种力量为你所用。

其实，缺少这种兴奋感反而会带来问题。不久前，我在坐飞机时，遇到了一个已经好几年没有见过面的人。在交谈过程中，我问他在公众场合演讲是否还像过去那样多。他说："是的，实际上，我已经更换了工作岗位，以便能够发表更多的演讲，现在每天至少要演讲一次。"由于知道他喜欢演讲，我就说，从事这种工作也不错啊。"是啊，"他说，"从某个方面讲的确不错，但从另一个角度看也不是那么好。现在的精彩演讲可没有过去那么多了。由于我讲得太多、太频繁，以至于演讲对我来说都已经是陈词滥调的老一套，在我的内心深处再也找不到那种有点兴奋的感觉了，而正是这种感觉告诉我'你肯定讲得好'。"

有些人在某一次重要的笔试过程中特别兴奋，以致无法做到思路清晰，甚至手上始终拿着铅笔无从下手。而另一些人在同样环境下却能唤醒自己的思维潜力，以至于可以超常发挥，因为他们的头脑比平时更高效、思路比平时更清晰。此时，记忆库中的资源更容易被调动。其实，使二者产生区别的并不是兴奋这种感觉，而是运用它的方式。

▶◀ 可能发生的最糟糕的情况会是什么样

有许多人倾向于把危急时刻可能带来的危险和挫折全方位放大。我们的想象力与自己作对时，往往会小题大做。要不，我们就根本不去想象，不思考现实危机到底有什么样的潜在威胁，而是习惯性地、不假思索地做出反应，就像每种简单的可能或威胁都生死攸关一样。

如果你白天在电视上看过肥皂剧，就能立即看出这些节目中都贯穿着一条共有的线索：情节的发展总是一个危机连着一个危机。不过，在这些剧目中，每件事都代表一个危机，而从总体看，每个剧中人也都根据夸大了的情绪做出反应。这些日间肥皂剧中，通常是一个"表现拙劣"的演员在自己无可挑剔的家中，做出这样那样让人哑然失笑的事。在这些肥皂剧中，每一件事，无论大小，都伴随着同样让人极为振奋的情绪映入我们的眼帘。你肯定不希望自己的生活像这些肥皂剧中描绘的那样，因为说到底，过于兴奋会损毁你的激情。

我曾经为一位女士提供咨询，她在自己的生活中感到特别不幸，与生活中的每个人交往也感到非常不快乐。她天天都要和丈夫、姐妹或邻居"擦"出点火花或发生点口角，没有哪一天是相安无事地度过。她在描述这些口角时，其措辞激烈程度甚至超出了肥皂剧编剧所能想象的程度。她把最无关紧要的问题都想象成大规模的危机，鸡毛蒜皮的一点小事就像一头巨大的怪兽那样践踏着她的尊严。她甚至把糟糕的天气都个人化，认为是自己的运气不好。地毯上溅了一点饮料，这事很简单、很小，但在她看来，就要打电话报告成5级火警。她已经成了"肥皂剧王后"。这种人随处可见（在婚姻中、在工作场合、在政界），他们不仅毒害了自己，也损害了周围的每个人。这种人对于事件和周围人的行为，做出了与应有的激动情绪不相符的反应，他们就像一发炸弹，投入到每种环境和形势当中。对于她来说，过于激动的情绪是一种恰如其分的反应，要想改变这种反应，就会涉及改变她自我意象的根基。

如果面临真正的危机，你就需要很多兴奋和激动情绪。激动本身在危难关头是很有用的。然而，如果你高估了危险或困难，对虚幻、歪曲或不切实际的信息做出反应，那么就很可能唤起超出环境需求的兴奋情绪。过度的激动情绪会有害于而不是有助于现实表现。

英国哲学家、数学家伯特兰·罗素曾经描写过一种技巧，说他很好地利用了这一技巧来缓解过分的激动情绪：

当有某种灾祸威胁时，要严肃认真地考虑可能出现的最糟糕的情况是什么。要"真实"地看到这种可能的后果就在眼前，给自己充足的理由去相信：这毕竟没有想象的那么严重，不是那么可怕的灾难。因为无论怎样糟糕，发生在一个人身上的事也达不到"天塌下来了"那样的可怕后果。当你稳定地盯着最坏的可能性一段时间，并信心满满地对自己说"是啊，毕竟没有那么重要"的时候，就会发现自己的担忧之情急剧减少。你也许有必要将这一过程多重复几次，但只要你毫不退缩，就会发现你的担忧情绪全部消失，而被一种振奋之情所取代。

我认为，在自我意象中把自己想象成一个在危机面前正确反应、镇静自若的人，在逆境中就总能成功地找到机遇。

◣ 人生很漫长

有许多人任由自己被主观臆想的威胁扔出正确的轨道。他们总是固执地把这些威胁当成孤注一掷或生死攸关的抉择。

对少女来说，仅凭她发现男友甚至是暗恋的男孩和另一个漂亮女孩坐着亲切交谈这件事，便像是要了她的命一般。"我简直想死！"她叫道。我们都知道，从此时起几年之后，她甚至都想不起来这件事和这个男孩。人生是漫长的。但是，有许多成年人一辈子总是像十几岁的不成熟的青少年那样做事。有些人任由自己被很小甚至想象中的威胁抛出"人生轨道"，总要固执地把这些威胁想象成生死攸关、不成功则成仁的抉择。

假设一位专业推销员拜访一位重要的潜在客户。她有可能把这次上门推销当成一件事关生死的大事。她心里想：如果这笔生意我做不下来，几个月的心血就会付之东流。我完成不了公司的定额，得不到奖金，那么，我和丈夫制订好的度假计划就要泡汤，可我要怎样对丈夫说呢？我的销售经理肯定会缩小我的推销区域，如此等等。与客户见面这件事的意义就像地震那样不同凡响。然而，一年之后，这次擦肩而过的机遇可能会被更大的成功所补偿，幸运之神甚至会突然垂青于她，使她推销出新产品，或者让她通过意想不到的渠道得到更大的订单。如果这次"生死攸关"的上门推销事件发生在 3 月，那么到圣诞节来临时，它可能是过去所做的事情中的一个"污点"，但从整个推销生涯来看，它根本无关紧要。

许多人在危急关头都会产生这种"生死攸关"的感觉。也许这种感觉是从我们朦胧而遥远的过去继承下来的吧，因为对于原始人来说，挫折通常是死亡的同义词。

不过，无论它起源于何处，却有无数案例表明，这种感觉可以通过冷静地分析当前局面得到治疗。你不要自动、盲目、焦躁地做出反应，而是扪心自问："如果我失败了，最糟糕的情况会是什么样呢？"提醒自己"人生很漫长"，事先就做好备用方案。

🎀 大幕在第二出戏开演时升起

仔细考虑会发现，日常生活中这些所谓的"危急形势"，多数反而是一种机遇。比如说，作为一名推销员，发生在身上的最糟糕的事会是什么？他可能得到一笔订单，获得比上门推销前更好的收益，也可能得不到订单，那也不比他上门推销之前的形势更糟嘛。求职者要么得到想要的工作，要么得不到。如果没有得到，也不过处在与申请前所处的同样的形势。

很少有人意识到简单地变化一下心态能带来多么大的改变。我认识一位推销员，他在改变了这种心态后收入翻了一番。过去，他在推销时总是战战兢兢、心烦意乱，而现在他的态度是："我只有获得的可能，而没什么可失去的。"

著名演员沃尔特·皮金曾经讲述他第一次上台表演是怎样完全"砸锅"的。他当时吓得要死。然而，在第一出戏结束、第二出尚未开始之间，他自己这样琢磨：我已经失败了，因此没什么可输的；如果我就此便完全放弃表演，那么作为一个演员，我便是个地地道道的失败者。既然如此，我再次上台时，就真的没有什么可担忧的了。第二出戏开始时，他轻松自信地上台，一下子取得了成功，并由此轰动一时。

看来，如果你平静地调整情绪，充分地利用逆境，就永远有"第二出戏"在等着你上演。

有一段时间，美国著名歌唱家弗兰克·西纳特拉非常落魄，甚至连工作都找不到。几乎没有人还记得他有这段经历，人们只记得西纳特拉是演艺界的一位巨匠。拳王乔治·福尔曼曾经彻底告别拳坛，去当福音传教士勉强度日，只是为了挣一点足以养家糊口的钱；当他重返拳坛时，人们纷纷嘲笑他、奚落他。第一次上台比赛时，他的亮相很不受欢迎，因为他在媒体界几乎没有朋友。他曾经讲述为什么要故意以一种与此前截然不同的模样返回拳坛，因为在"第二出戏"结束时，他要表现出志在必得的运动员形象，而不只是"廉颇老矣"的拳击选手形象。他设法取得了成功，并最终凭借商业代言人、演讲家和体育评论员等各种形象，成了一位百万富翁。20世纪90年代末，一家小型厨具生产公司借助乔治·福尔曼"自我推销"的启示，在家庭购物电视频道上推销自己的产品，从而成为快餐业巨头。里吉斯·菲尔宾曾经在电视界来回"跳槽"，在各家电视台主持过当地的大部分"脱口秀"节目长达20多年，商业人士和批评家普遍认为他不过是个无关紧要的演员。但此后，他的企业联合早间节目和主持风靡一时的《谁想成为百万富翁》节目的经历，却使他有了大作为；据报道，他还因此和美国广播公司签订了2000万美元的合同。里吉斯的"第二出戏"使之前20多年不太成功的主持生涯显得无关紧要。美国前总统吉米·卡特按照大多数标准衡量，在任期内都特别不成功而且麻烦不断，在第一次任职之后，他因压倒性的否决票而离开白宫，"灰溜溜"地回到佐治亚州的小镇普莱恩斯。无疑，他非常郁闷。但是，他的"第二出戏"却为他带来了威望、知名度、影响力以及共和党和民主党的共同尊敬，连许多历史学家也承认他是"最好的前总统"。

我们在此类名人的生平中还能读出许多"第二出戏"的内容，但是不要忽视这一事实：多数成功但不出名的人也有"第二出戏"。许多成功的商人过去都有过破产的经历，在当时，这种破产让他们颜面扫地，似乎生死攸关；许多看着儿女长大、与儿女关系良好而心满意足的父母，曾经走过一段特别崎岖不平的路程，与儿女的关系形同水火；许多婚姻幸福的男男女女在过去曾经有过痛苦而不成功的初婚，离婚曾经让他们丢脸、怨恨。

在很大程度上，危机在今天看来的确让人紧张，但在漫长的人生旅途中，只不过是一道小坎。对今天来说，明天的"第二出戏"近在眼前；对这星期来说，"第二出戏"将在下个星期一拉开大幕；甚至在遇到真正灾难的时候，随着时间推移，也会有"第二出戏"等着编写和开演。

最重要的是，请不要忘记：应对一切危机局面的关键都在于你。只要练习并掌握本章介绍的简单技巧，你就会像已经过去的数百人一样，通过使危机成为创造性的良机，学会让危机为你服务。

Chapter 14

获得并保持一种胜利的感觉

　　你身上强大的伺服机制遵循远程逻辑原则，也就是说，它是根据目标和最终结果起作用的。一旦你给它一个明确的目标让它去实现，你就能依赖它的自动引导系统，以比你通过有意识思考更合理的方式，把你带到那个目标前。如果你的肌肉需要执行某个动作使最终结果发生，你的自动系统就会引导这些肌肉的活动，其方式比你通过思考和斟酌引导的效果更准确、更灵敏。如果你需要想法，自动系统就会提供想法。甚至还有许多人相信，如果你想联系某个人，你的自动系统也能神奇地把他们吸引到你身边。

　　无论这种系统或机制的力量如何，有一点可以肯定：在没有受到激励和引导的情况下，这种力量是沉睡的、迟钝的、潜伏的。请注意"服务"这个词：表示这一系统或机制是你的仆人。如果没有主人的指令，豪华公寓里的仆人会仅凭对主人心思的猜测，主动地擦拭银器、准备下午茶或者洗衣服吗？不要有这种指望。此外，如果你聘用的仆人只会讲你听不懂的外语，而主人只会说仆人听不懂的英语，那你还能指望他为你做什么？你看，心理控制技巧既是语言翻译员，使作为主人的你能与"内心的仆人"交流并让它理解你的意思，又是一种手段，使你能给"心中的仆人"下命令，以便它能完成你交代的事项并取得成果。

按照可能性来思考

你必须清晰"看到"目标可能的样子，以便对你的大脑和神经系统来说，这种可能性是真实的。

这并不像乍一看那样困难或神秘，你我在每天的日常生活中都是这样做的。比如说，你对将来可能发生的不利后果有什么担忧（这种担忧通常伴随着焦虑感、无能感，还可能有羞辱感）？因为从实用的目的讲，就算目标没实现，我们也已经提前经历过失败后才有的同样的情绪。我们为自己描绘失败的样子，这种样子既不模糊也不笼统，而是栩栩如生、纤毫毕现。

请记住我们前面强调过的内容：我们的大脑和神经系统无法辨别真实经历和生动想象的体验有何区别。我们的自动创新机制总是对环境、情势或局面做出恰当的反应和行动。它只关心与环境、情势或局面有关的一条信息：你相信它们是什么样。

▶◀ 神经系统辨别不出真假失败

因此，如果我们老是想着失败，不断向自己描绘失败的画面，以致它详细到被我们的神经系统误以为确有其事，那么，我们就会体验到真失败后所具有的同样的感觉，甚至连身体的反应也会以此为依据。

从另一方面讲，如果我们脑子里始终怀有积极的目标，将这一目标栩栩如生地向自己描绘，以至于生动得能使其为真，并且按照获得并保持一种胜利完成目标的感觉来思考目标，那么我们也会体验到胜利的感觉：自信、勇敢以及相信结果称心如意的信念。

我们无法有意识地窥探自己的创新机制，看看它适合于成功还是适合于失败。但是，我们可以通过感觉来确定它的当前状态。当它的状态与成功相符时，我们就会经历胜利的感觉。

▶◀ 设定心中的机器与成功相符

如果说操纵创新伺服机制有个简单的窍门，那就是：召唤、获取、激起胜利的感觉。当你感到成功、感到自信时，就会成功地行动；如果这种感觉很强烈，你几乎就不会做错事。

请记住：当你体验这种胜利的感觉时，你的内心机器就做好了成功的准备。

过分努力地想有意识地激起自发行为，反而可能破坏自发行为。你只须界定你的目标和最终结果，这样做更容易、更有效。清晰而生动地向自己描绘这一目标或结果，然后只需要获取这样的感觉：它和理想目标已经成为既定事实时你体验到的感觉一模一样。接着，你就可以自发地、创造性地去实践；再接着，你可以运用无意识思维的力量；之后，你的内心机器便为成功做好了准备：它会引导你做出正确的肌肉动作并修正动作，为你提供创新观点；可以说，使目标成为事实所需的一切，它都能为你做。

◥◣ 这种胜利的感觉是怎样赢得高尔夫比赛的

卡里‧米德尔科夫博士在 1956 年 4 月的《绅士》杂志上撰文说"胜利的感觉"是高尔夫球冠军的真正秘诀。"去年我在马斯特斯进行第一回合的高尔夫球比赛的四天前，有了一种感觉，觉得自己肯定能在比赛中获胜。"他说，"我觉得，我做出的每个挥杆动作，都能使我的肌肉处于完美的位置，使我能像自己希望的那样击球。在轻击时，这种不可思议的感觉又来了。我知道自己并没有改变手握杆柄的位置，而我的双脚也处在平常的位置。但是，我觉得有某种东西在我和高尔夫球洞之间画了一条线，这条线清晰得就像在我的大脑里'文身'了一样。带着这种感觉，我要做的就是挥杆，剩下的事就水到渠成了。"

米德尔科夫接着说，这种获胜的感觉是"每位优秀的高尔夫球手的秘诀"；当你有这种感觉时，球甚至会弹到你希望的地方；这种感觉似乎支配着那种叫作运气的神秘元素。

拉尔森先生在环球系列赛中成就了自己的威名。他说，赛前那天晚上，他"有一种疯狂的感觉"，觉得第二天他的表现会完美无缺。

如今的运动员有时候会将这种获胜的感觉说成"身处某个区域"，就像进入了一种完全放松、对结果充满自信的时空状态和情绪状态。只用通过观察，我们就经常能感知到他们处在这个区域。可以回想一下橄榄球运动员约翰‧埃尔韦最后那次的"一条龙"带球突破，这次突破使克利夫兰布朗队无缘"超级碗"的争夺——足球迷如今都称这种动作为"直接射门得分"。几乎每个目睹这一动作的人，在它开始上演时都面面相觑、相互点头，甚至对于布朗队的球迷而言，出现这种"直接射门得分"的事似乎都是冥冥之中自有天意、注定会发生的。

不过要记住：这里说的区域并非真实的物理地盘，也不代表身体技能或技术水平突然发生变化，甚至连统计概率或既往经历也无法证明它的合理性。它纯粹是一种情绪状态。在我看来，它是指将完成进球任务这一职责完全、彻底地交给伺服机制去完成。从某种意义上讲，它是对伺服机制的一种托付，以至于一切焦虑、担忧、压力和绝望情绪都于一瞬间消失，当事人只须以一种平静的、例行公事般的方式，去履行自身必不可少的功能就行了。

许多人都想方设法寻找合理的途径，去激发这种招之即来的情绪状态。据报道，一些顶尖职业运动员（其中包括安德烈·阿加西和格雷格·诺曼）斥巨资聘请近年来广受公众欢迎的励志大师托尼·罗宾斯，请他传授这种"快速进入比赛状态"的技巧。

这种胜利的感觉的确具有魔力。它似乎可以消除障碍和不可能性，它可以运用过失和错误来取得成功。J.C.彭尼就曾讲述他听自己的父亲在弥留之际说："我知道吉姆会成功的。"从那时起，彭尼就觉得他无论如何都会取得成功，尽管当时他并无有形资产，没有钱，也没受过教育。彭尼连锁店是在许多不可能的环境下和令人沮丧的时刻创建起来的。然而，无论何时，彭尼只要遭受了挫折，就会想起父亲的预言，从而觉得自己一定能渡过眼前的难关。

在挣了一笔钱之后，他在到了多数人早已退休的年龄时，却又因故倾家荡产。他发现自己身无分文，但已经过了年富力强的时期，可以说，看不到有什么证据表明他还有东山再起的希望。但是，他再次想起了父亲临终前说的话，于是很快便重新找回了胜利的感觉，而现在，这种感觉已经成了一种习惯如影随形。他重新通过白手起家发了财，不出几年，他经营的连锁店比破产前还要多。

彭尼先生具有的是一种最根本、最彻底的信念，即"我是那种一定可以成功的人"。这一信念深深地嵌入他的自我意象中，成为他成功的最坚实的基础。

遗憾的是，许多人从父母或其他权威人士那里听到的话恰恰相反，这使他们相信失败的概率远比成功的可能性大，因此他们渐渐相信，他们是那种似乎永远不可能取得成功的人。

自我认识和自我说服之间的区别，其力量不应被低估。

⋈ "这种胜利的感觉"使莱斯·吉布林成功

著名的莱斯·吉布林人际关系诊所的创始人、《怎样在与人交往中获得力量和信心》一书的作者莱斯·吉布林曾经读过本章的第一稿。读完之后，他向我讲述了与"这种胜利的感觉"相伴的想象力是怎样在他的职业生涯中起到奇效的。

莱斯曾经是一个成功的推销员和销售经理，从事销售工作多年。他在公共关系方面做过一些工作，成为了人际关系领域的一名专家，并由此颇有威名。他喜爱自己的工作，但又想拓宽从事的领域。他最感兴趣的对象是人，经过多年研究之后，无论从理论上还是实践上，他都认为自己对于人与人交往中的常见问题有了自己的解决方法。他想就人际关系发表演讲。然而，一个很大的障碍就是他在演讲方面缺乏经历。莱斯对我说：

一天晚上，我躺在床上想我的远大志向。我在公众场合发言的唯一经历，就是在销售会议上向我自己的一部分推销员讲话，再就是在部队担任兼职辅导员时有过一点公开发言的经历。准备在一大群观众面前演讲，这种想法吓得我惊慌失措。我就是无法想象自己成功地演讲。不过，我在向自己的推销员讲话时一点也不紧张，在向一队战士讲话时也一点问题都没有。我就那样躺在床上，努力回忆向这些人讲话时曾经拥有的那种成功和信心。我清楚地记得向他们讲话时我的那种镇定感。于是，我在想象中描绘自己站在一大群观众面前，就人际关系发表讲话— 同时再回忆我在人数很少的推销员和战士面前发言时拥有的那种镇定感和自信。我详细地向自己描绘我怎样站立。我能感觉到双脚给地板施加的压力，我能看到听众们脸上的表情，我甚至能听到他们热烈的掌声。我看到自己进行了一次成功的发言——非常成功。

我将过去拥有的那种自信感和成功感，与想象中描绘我将来成功的画面"焊接"在一起。我的成功感太真实了，以至于我立即判断自己能够成功地演讲。我得到了您称之为"那种胜利的感觉"的东西，而它也没有辜负我的信任。尽管在当时似乎看不到成功的可能，我的想法似乎只是妄想，但是不到三年的时间，我就看到自己的梦想成了现实——几乎和我曾经想象的、感觉的一模一样。由于我相对来说没有什么知名度，也缺乏演讲经验，所以著名的书商都没有与我联系。不过这并不能阻止我。我自己出书，现在还在继续。我会有更多的应邀演讲的机会，将来我会忙不过来。

莱斯·吉布林接下来作为人际关系领域的权威而声名远扬。美国有200多家大型团体组织分别为他出价数万美元，请他为员工进行人际关系咨询。

他的《怎样在与人交往中获得力量和信心》一书已经成为人际关系领域的经典之作。而这一切都从他想象中的一幅画面、从"那种胜利的感觉"开始。

你肯定在过去的经历中有过这样一些"小"暗示，它们表明你能做成你最想做成的事；如果你找出它们，并在头脑中突出强调它们，你就可以向自我意象证明你确实有能力去实现目标，你就可以确保自我将这种证明当成新的事实加以接受，并将确定的目标送给你的伺服机制，让后者尽快将其变成现实。

当你用聚光灯照亮这些"可能实现目标的指示器"，并将剩下的一切任务都托付给"迹象"时，你那"胜利的感觉"就能向回反射，温暖地将你包围。

两个人，两种不同的感觉

我曾经对两个与我很熟识的人进行观察。他们的背景、受教育程度、智力和技能都惊人地相似，而且同时都想进行一次全新的尝试。两个人相互之间完全陌生，但是都没有躲过我的观察。至于完成什么任务，我们已经没必要知道得那么具体了。我最多可以说，这项任务有相当大的难度，有可能在完成过程中遇到很大的挫折，而且都需要十二万分的耐心。

其中一个人对我说："我根本完成不了。你知道，麦克斯，我这一生中，任何事对我来说都很难。我曾经在没办法的情况下，艰难地混到了今天。我甚至想不起来什么时候交过好运。我根本就没有运气杀出一条生路，去实现这个目标。"

另一位小伙子对我说："麦克斯，我得和你谈谈。在我这一辈子里，任何事对我来说都很难。我现在完成得很好的每一件事，都是费了九牛二虎之力，才从不会到会的。如果说有那么一件事我清楚地知道怎样去做，是因为我知道怎样从无能为力变为驾轻就熟。我想，我将要完成的事也应该遵循这一条。"

这两个人当中，你认为哪个人会放弃对该目标的追求，最终两手空空、一事无成呢？你认为哪个人会最终取得成功？

这并不只是关于积极思维的那句老生常谈——"半杯水"与"半杯空"（比喻乐观和悲观两种人生态度——译者注）。那就太肤浅了，而且是有意识的强迫。这个例子要深刻得多。二者具有根本的区别。区别就存在于自我意象中，在于这两个人怎样描述自己的人生，对自己有怎样的感觉。一个人将每一点进步都看成是激励向上的证据，证明他像往常一样又取得了进步，证明他从无能走向胜任；而另一个人则将同样的一点点进步看成是令人沮丧的证据，证明他陷入了失败的泥潭，证明他不遗余力、不屈不挠地努力却颗粒无收，证明他没有能力完成该项任务。

任何两个人在面临任何局面时，都会有截然不同的两种认识。这就能解释为什么美国有共和党和民主党、保守党和自由党、反堕胎激进主义者和主张人工流产的激进分子。你还能举出许多类似的例子来。甚至你自己也可以对自己怀有不同的看法！如果你对自己的看法是狭隘的、封闭的，不妨走出自己禁锢的小圈子，从外界分析家的立场审视自己，然后提出相反的意见。最老练的辩论者对两方面意见都兼收并蓄，然后胜出。不妨试一试！

🎗 科学怎样解释 "那种胜利的感觉"

控制论科学为研究"胜利的感觉"起作用的机理提供了新的启示。我们以前曾经阐述过电子伺服机制怎样利用已存储资料，来"记忆"（与人的记忆力相比）成功的行为并在今后重复这些行为。

技能的学习和掌握在很大程度上要采取"试错法"实现，即通过不断尝试、不断出错从而不断纠正，直到一些行为获得成功并在记忆中留存为止。

控制论科学家建立了他们称之为"电子鼠"的东西，这种"电子鼠"可以找出走出迷宫的道路。"电子鼠"第一次尝试走迷宫时，会犯很多错误。它总是不停地撞到墙上和障碍物上。但是，每次一撞到墙壁或障碍物，它就会转 90 度弯，并再次尝试。如果这次又撞上另一堵墙，它会尝试第三次，直到不再撞墙之后，再继续前进。经过很多很多次出错、停止、转弯之后，这只老鼠最终能顺利地走出迷宫。然而，"电子鼠"可以记住成功的转弯行为，下一次遇到同样的情形时，它便复制这些成功的动作，从而能迅速而有效地走出迷宫。

这种练习的目标在于进行重复尝试，不断纠正错误，直到成功一次。当完成一次成功的行为模式时，不仅这次行为模式从头至尾都会存储在我们称之为有意识记忆的记忆库里，而且也会存储在我们的神经和组织里。有些俚语既凭直觉又很形象。当我们说"我有一种直觉的想法，预感我能做成这件事"时，我们就离正确的行动不远了。

🎀 人脑怎样记录成功与失败

我写本书首版之后的几十年以来，人们对大脑的工作方式进行了大量研究。不过，下面这种解释作为这些研究的缩影，在我们认识"胜利的感觉"（或"失败的感觉"）源于何处这个问题时仍然大有裨益：人的大脑皮层由无数神经细胞组成，每个神经细胞都有无数个轴突（触角或延长线），这些轴突又在神经细胞之间形成神经键（电子连接）。当我们思考、记忆或想象时，这些神经细胞便放出一股可以被测量到的电流。当我们学习或体验某种情感时，神经细胞图式便在脑组织中建立起一个"链条"（或者说将神经细胞图式"文身"

下来）。这列细胞其实并不是现实中像唱片上的纹路那样的"凹槽"，而是一种"电路"，其排列方式和各种神经细胞之间的电子连接有点像机器上记录的磁性图。因此，同一种神经细胞也可能是相互独立并错落分明的神经细胞图式中的一部分，这使得人脑学习和记忆的能力几乎不可限量。

这些图式（或叫记忆痕）在脑组织中被贮存起来以备将来使用；无论何时，当我们记起过去的某种经历时，这些图式便会复活或"重播"。

简言之，在人脑中有一种"文身"或记忆痕行为模式，记忆着你过去完成过的每个成功行为。如果你的思想通过某种方式产生火花，使这种行为模式突然复活（或者对其重播）它就会自动执行，此时你要做的就是"挥杆"和"让演讲自然发展"。

使过去的成功行为模式复活时，你也可以使与其相伴的"胜利的感觉"复活。基于同样的原因，如果你找回了这种"成功的感觉"，也就可以激活与其相伴的所有的成功行为。我们可以将这一现象看成是一种循环过程：感觉引起行为，行为引起感觉，感觉再引起行为。好在无论你在这一循环圈中的哪一处激起火花（"起电"）都无关紧要。

在你的灰质中构建成功模式

哈佛大学校长艾略特博士曾经就他所称的"成功的习惯"这一主题发表演讲。他说，小学教育的失败，有许多都是由于学生在一开始没有得到足够能成功完成的作业或任务，所以根本没有机会形成"成功氛围"，或者我们所称的胜利的感觉。他还说，在上学伊始从来没有经历过成功的学生，没有机会培养"成功的习惯"，也就是从事新工作所需的、对信念和信心的习惯性感觉。他敦促教师在低年级时就要妥善安排作业，以便保证学生能体验成功。作业应该在学生力所能及的范围内，但又要让学生有足够的兴趣，以唤起热情和动力。艾略特博士表示，这些"小成功"会给予学生"成功的感觉"，这对于他们将来从事其他工作时能获得并保持一种胜利的感觉大有裨益。

当橄榄球比赛的四分卫在比赛中受伤并被换下场，水平仅次于他而坐冷板凳的替补队员跑进球场时，精明的教练会想办法让他接成功率非常高的球（哪怕只是"小成功"），以便树立一种成功感或叫节奏感——以激起"那种胜利的感觉"。教练不是让他尝试传出过中场或者能到达 10、20 或 30 码开外的难以完成的球，而是侧向传出只能到达 2 或 3 码开外却有很高成功率的球。

我认识一位印刷界的顶尖推销员，他总是习惯性地安排日常事务，以便每天的头两次上门推销活动都能安排在"友好区"。他每天一开始拜访的客户都有这样一些共同特点：他知道这些客户肯定欢迎他，知道自己与这些人有过多次交往，还知道这些客户很可能会竞相购买某种产品，甚至会马上出一笔订单，或者至少也能得到殷勤的接待。拜访完这些客户之后，他才转而去拜访相对比较陌生、接待可能不那么热情的客户，或者拜访一些"刺头"、对价格特别敏感的客户，这些客户经常会压价。他对我说，在检验自己的耐心和毅力之前，他希望某种"胜利的感觉"已经到位。他的销售经理说："积小胜可以成为大胜。"

赛百味三明治连锁店创始人弗雷德·德卢卡告诫我们："要先挣小钱。"如果你从美分挣起，再想挣美元就不难；如果你挣了几百美分，再挣几百美元就不难。

我们所称的"小胜过程"，其实是事物的自然演化规律。人要先学会爬，接着靠着某个物体站起来，再就是蹒跚学步，之后就可以走路。一旦学会了走路，就不难相信自己能骑自行车；学会了骑自行车，就不难想象自己可以骑摩托车。

我们可以养成成功的习惯或者说掌握成功的节奏，我们可以听从艾略特博士对教师们所提的建议、橄榄球教练为初露锋芒的四分卫制定的策略，或者学习印刷业推销员每天伊始采取的窍门，在任何时间、任何年龄段为自己的灰质神经组织注入成功的模式和成功的感觉。如果我们习惯性地被失败击倒，就很可能会得到习惯性的失败的感觉，而这种感觉会给我们从事的所有新事业蒙上阴影。不过，通过合理安排做事的顺序以取得"小成功"，我们可以建立一种成功的氛围，并在完成宏图大业时将这种氛围带入其中。成功以成功为基础，所以，"没有什么东西能像成功那样帮助你成功"这句话实在是很有道理。

显然，作为成年人，我们渴望能加速这一过程，希望成功来得更快，希望打下良好的基础，能激发更多的"胜利的感觉"为己所用。老练的四分卫如果在冷板凳上坐了好几个星期不曾上场，那么，在比赛中突然需要他出彩时，他需要在一瞬间"引燃"自己"胜利的感觉"，而不是慢慢地、耐心地积累小胜。由于人为的体验和亲身的经历其实具有同样的影响，所以这种加速是可以实现的。

►◄ 怎样回放你自己的内置成功模式

每个人在过去的某一时间都曾经成功过。这种成功不一定非得是完成宏图大业，而可能只是完成了一些无足轻重的事，比如在学校遇到流氓欺负时，勇敢地站起来打败对方；参加语法比赛获胜；在与同事外出野餐时，赢得了非正式的棒球比赛；在与某个小伙子争夺心仪已久的女孩时胜出，等等。这种成功还可能是记得某一次成功的推销，完成了最成功的一次业务，或者是在乡村集市上荣获蛋糕大赛的一等奖。你取得的成功有多么重要，其重要性也许和与其相伴的成功感不相称。你所需要的是一种体验，即你曾经成功地做了自己想做的事，成功地实现了自己设定的目标；你有了某种成就，而这种成就给你带来了某种满足感。

到记忆中追溯、重温那些成功的经历吧。要尽可能细心地在想象中再现整个成功画面。你不仅要在脑海中看到成功的主要事件，而且要看到与成功相伴的一切偶然的、细小的要素。当时是什么声音？你所处的环境如何？当时在你周围发生着什么？现场有哪些物体？当时是哪一年？你感到冷还是热？诸如此类。你能把画面回忆得越详细，效果就越好。如果能回忆起过去某个时间你取得成功时所发生事件的详情，你就会发现自己此时有了与当时一样的感觉和情绪。尤其是要努力回忆事件发生时你的感觉。如果你能回忆起过去的成功感觉，它们就能在现在被你激活。你将发现自己充满自信，因为自信已经填充了对过去成功的回忆。

在激起这种总体的成功感之后，你现在要把它运用到你对重要的推销任务、会议、演讲、业务、高尔夫球比赛、骑术表演等事件的想象中来。无论你现在准备干什么，都要将成功感付诸运用。用你的创造性想象向自己描绘：我应当怎样行动；如果已经取得成功，我会有什么样的感受。

▶◀ 积极而有益的担忧

在内心开始玩味"彻底的、必然的成功"这一想法。不要逼自己，不要指望强迫自己的思维，别打算用主观努力或意志力说服自己相信你渴望的成功。你担忧时会怎么办，此时你就怎么办；你只用"担忧"某个积极的目标和合意的结果，而不是消极的目标和不想要的结果。

一开始，不要强迫自己坚决相信想要的成功。别指望一口吃一个胖子，一上来就想从精神上"消化"这一信念是不可能的。你可以采用"渐进法"。像你为未来而担忧时所做的那样，开始思考想要的最终结果。担忧时，不要试图说服自己相信结果将不尽如人意。相反，你一开始不要急于求成。通常可以从"假设"开始。"我就假设那种事会发生。"你在内心对自己说。你要再三向自己重复这一观点，你要反复玩味它、掂量它。接下来要思考该事件的可能性。你说："是啊，毕竟这种事是可能发生的。"它也是能够发生的。随后，要形成你的心理意象。你开始向自己描绘所有负面的可能性，向自己反复播放这些想象的画面，而加上一些细枝末节，并进行改进和提炼。随着这些画面对你变得越来越真实，恰当的感觉便开始自我展现，就像想象中的结果已然发生一样。恐惧和焦虑之情就是这样形成的。

▶◀ 怎样培养信念和勇气

形成信念和勇气的方式如出一辙，不同的只是你的目标。如果你打算花时间用于担忧，为什么不担忧得富有成效呢？一开始可以向自己描绘和界定最想要的可能的结果是什么。接着，提醒自己这种结果迟早会发生。

你可以从心理上接受并消化这些乐观的、充满信心的"药剂"，尽管它的疗效并不是很快。相信合意的结果肯定会发生，再想象合意的结果会是什么样子。仔细揣摩这些心像，再对其细节进行刻画和加工。将它们一遍一遍地播放。当你的心像变得更加详尽，当它们已经重复播放时，你会发现：更合理的感觉开始自主展现，就像合意的结果已经发生了一样。这一次，这些合理的感觉将是信念、自信和勇敢的感觉。它们可能是独立存在的，也可能都放在一起打包了，包的名字叫"那种胜利的感觉"。

不要向自己的恐惧感讨教

曾经有人问在二战中成就"血胆将军"威名、作风顽强的巴顿将军在一场大战来临之前是否感到过害怕。他说，是的，在一次重大交战即将开始时（有时候在作战过程中），他经常感到害怕，不过他又说："我从来不向自己的恐惧感讨教。"

如果你像每个人都曾经历过的那样，在一项重要任务开始前体验到消极的失败感（恐惧和焦虑），不要肯定地认为这是一个表示你会失败的信号。这一切完全取决于你对这些感觉怎样应对，对它们采取什么态度。

首先，需要理解的一个重要观点是：失败的感觉（恐惧、焦虑、缺乏自信）并非来自上天的神谕。它们没有在星辰中写就，也不是神圣的真理；它们不是对某种既定的、无可更改的命运的暗示。它们源于你的头脑，只能表示你自己的内心态度，而不表示与你作对的外部事实；它们只意味着你在低估自己的能力，高估或夸大了你面临困难的实质。

将消极感觉作为挑战加以接受

如果我们对消极感觉积极地做出反应，它们就成了挑战，能自动激起我们内心更多的力量和才华。只要我们积极而不是消极地对待它们，困难、威胁和恐惧等想法就能唤醒我们身上额外的力量。我们在上一章看到：如果正确理解和合理运用，一定量的兴奋情绪可以帮助而不是阻碍我们的临场表现。这完全取决于我们每个人的态度，如果你将消极感觉看成"财产"，它就会帮助你；如果你将它们当成"债务"，它就会阻碍你。

▶◀ 对你自己的消极建议做出积极反应

有些人在别人发表"你可办不到"之类的看法时，容易灰心丧气。我们每个人都认识这样的人。从另一方面讲，有些人在听到别人同样的说法时，对成功的渴望反而比以往任何时候都更加坚定。亨利是一位企业家。他的副手说："如果你不希望亨利做某件事，最好不要错误地告诉他说这件事办不到，或者说他办不成——那样，他更会下定决心去办，不成功则成仁。"

▶◀ 以善克恶

感觉是不能通过意志力直接控制的。感觉也不能一厢情愿地转让，或者像水龙头那样拧开和关闭。然而，就算感觉不能被控制，它们却可以被获得；就算它们不能凭借直接的意志力进行控制，却可以间接得到控制。

糟糕的感觉不能通过有意识的努力或意志力来驱散，然而它却可以通过另一种感觉来消除。如果我们不能通过正面攻击来驱逐某种消极的感觉，也可以通过用积极的感觉取而代之，从而达到同样的效果。不要忘了，感觉是伴随意象发生的。我们的神经系统将周围环境中哪些东西作为真实事物或真理加以接受，我们就会相应产生什么样的感觉。只要发现自己在体验不合意的感觉，我们就应该不将注意力集中在这种不合意的感觉上，哪怕集中注意力的目的在于将其驱逐出去也不行。恰恰相反，我们应该立即将注意力集中于积极的意象，努力在思维中填充健康的、肯定的、合意的意象、想象和记忆。如果能做到这一点，消极感觉就会自行消失，完全"蒸发"掉。因为此时我们形成了与新意象相对称、相一致的新感觉。

反之，如果我们只想着驱逐或攻击担忧的想法，就必然会将注意力集中在消极的感觉上。即便我们成功地将一种担忧的想法驱逐出去，新的甚至好几种新想法便很可能接踵而至，因为此时的总体心理环境仍然是消极的。

▶◀ 治疗担忧情绪的取代法

当代心理学家马修·N.查佩尔博士在他的著作《怎样控制担忧情绪》中所提出的观点，与上述观点几乎一模一样。查佩尔博士说，我们都爱担忧，因为我们每天都在练习担忧，直到对此驾轻就熟。我们习惯性地沉溺于源于过去的消极意象和对未来的预测中。这种担忧情绪会造成压力和紧张。担忧者于是会努力停止担忧，从而陷入一种恶性循环，即努力会加剧压力，压力带来了一种担忧的气氛。他说，治疗担忧情绪的唯一办法，就是立即养成一种习惯，以快乐的、健康的心理意象来取代不快乐的担忧意象。你每次发现自己忧心忡忡的时候，都利用此法作为一种信号，立即在头脑中填充源于过去的快乐心像或者对未来经历的美好憧憬。如此一来，担忧情绪迟早会不战自败，因为它成了一种导致"反担忧"的刺激源。查佩尔博士说，担忧者的任务并不是战胜某些具体的担忧源，而是改变心理习惯。

当我还是名学医的学生时，教授曾经叫我口头回答病理学的有关问题。不知何故，当我站起来面对其他同学时，心中充满了恐惧和焦虑，无法正确地回答问题。然而，在另一些场合，当我透过显微镜观察载片，回答面前用打字机打出的问题时，我却判若两人。此时我放松、自信、有把握，因为我对自己要回答的问题了如指掌，因为我此时有了"那种胜利的感觉"，所以回答得无可挑剔。

随着该学期一天天过去，我始终坚持着自我观察。当我再次起立回答问题时，我装作对观众视而不见，而是只往显微镜里看。进行口试时，我非常放松，用"那种胜利的感觉"替代了消极的感觉。学期结束时，我的口试和笔试成绩都相当优秀。

消极的感觉最终成了一种"铃声"，它创造了一种条件反射，唤醒了"胜利的感觉"。

▰ 选择权在你自身

在你的身上有一个巨大的心理仓库，其中贮藏着过去的经历和感受。这些经历和感受中既有失败也有成功。就像录音带上失去活性的记录内容一样，这些经历和感受记录在你的灰质神经组织的神经记忆痕上。这其中记录了结局皆大欢喜的故事，也记录了结局悲观的故事，两种故事都一样真实、一样现实。选择哪一部分进行回放，选择权在你自身。

关于这些记忆痕还有一个有趣的科学发现：它们是可以被改变或修正的。这有点像录音带可以通过进一步记录素材或用新内容覆盖旧内容，以实现内容的更改。

人脑中的这些记录内容在每次回放时都可能产生稍许改变。它们接收了我们当前情绪的某些气质、脾性以及针对它们的想法和态度。我们现在知道，不仅过去影响着现在，而且现在也清晰地影响着过去。也就是说，过去既没有注定我们现在的命运，也没有与现在完全脱离。旧的内容可以被我们当前的想法改变、修正或取代。

▰ 旧内容可以改变

另一个有趣的发现是：某个特定的记录内容或记忆痕越是被"激活"和"回

放"，它就变得越强有力。记忆痕的永久性源于"突触功效"（形成链条的单个神经细胞之间连接的效力）：当记忆痕被使用时，突触的功效会提高；当记忆痕停止不用时，突触的功效便会下降。在这里，我们再次拥有充分的科学证据，证明我们应该忘记和忽视源于过去的不幸经历，关注幸福快乐的经历。通过这种方式，我们使那些与成功和幸福有关的记忆痕得到了强化，而使那些与失败和不幸有关的记忆痕得到了削弱。

▶◀ 怎样制造感觉或"状态"

当某个家人或朋友去世时，我们会回想起与此人有关的许多场景和事件。我们倾向于停止大多数不愉快的记忆，回忆甚至改进和放大愉快的记忆。如果有位伯父经常闷闷不乐、性格孤僻，但偶尔又不失和蔼和诙谐，那么当他去世时，我们会将他融入大家庭的生活中，将他看成一种激励之源；今后每到家人聚会的场合，就会对他产生抑制不住的思念。比如你有个姐姐，你每年只在节假日去探望两三次就已经心满意足，其他时间里，你并不想念她，甚至都想不起来她。但当她去世时，你会将她看成你无话不谈的知己，每天都想和她促膝长谈。这些感觉都是悲伤情绪的一部分。如果你决定只回放某些唱片的内容而完全忘掉其他内容，甚至更改正在播放的内容，都会产生这种感觉。实际上，用文字再现历史的目的，就在于让我们相信这些悲伤的感受是应当的、合理的，从而让我们在自我意象中相信自己是什么样的人，在这些环境下应该怎样表现。

我记得自己曾经参加过一个葬礼。死者的弟弟曾经与死者为家庭内务进行过一次非常激烈的争吵和打斗，从而导致多年不和。在葬礼上，死者的弟弟站起来发表了 15 分钟左右的悼词，非常动情地缅怀了哥哥生前的好处，为棺材中的死者歌功颂德，在场的人无不落泪。几个星期后，我在附近的一家咖啡店遇到了他，于是两个人坐下来聊天。我谨慎地说："比尔，我对你和你哥哥之间的一些过节很清楚，不过令我费解的是，你在他的葬礼仪式上怎么表现得那么亲切呢？"

他的回答揭示了我们制造自身感受的主要奥秘！他说："我是那种从不说死者坏话的人。"

"我是那种_____类型的人（填空）"的启示意义和强大力量都让人无法置信。它揭示：一切想法、感受、行为和结果，都必须与自我意象的中心相一致。它还准确地揭示了当恰当的时机来临时，你怎样才能在面临紧急事件时留住并保持一种"胜利的感觉"。

Chapter **15**

让人生美好充实的秘密

　　许多人在寻找青春之泉……每个人身上都有永久的青春之泉吗？成功机制能否让你青春永驻？失败机制是否会加速"衰老过程"？

　　美国作家兼喜剧演员伍迪·艾伦说："我不想通过工作来实现永生，而是想通过不死来实现永生。"以我这样的年纪，我很认同他的话。实际上，我愿意卖掉由于从事心理控制理论研究而积攒下来的所有遗产，去换取10年的青春。但是，我一直过着一种非常富有活力、非常健康、非常开心、非常满意的生活。近年来，我的精力、精神和才智都没有遭受过重大的损失，所以我没什么可抱怨的。我相信，之所以如此，很大程度上是由于我积极致力于心理健康研究，并让心理健康来照顾我的生理健康。

　　我预测：在未来若干年内，乐观情绪的抗衰老的作用和延年益寿的作用只会继续提升和发展，并被越来越多的人所接受、所推崇。

➤◄ 迄今尚未得到验证的事实依然有用

　　威廉·詹姆斯曾表示，包括科学家在内的每个人，对于已知事实都会形成自己的"超信念"，尽管这种"超信念"的正确性用事实本身无法解释。哥伦布在发现新大陆之前，就曾经预测有一个巨大的向西延伸的大陆块，否则他根本不会出航；就算出了航，也无从得知应该将航行的路线定为向南、向东、向北还是向西。

　　仅仅因为坚信假设的真实性，才使科学研究成为可能。科学实验不是随意的、漫无目的的，而是定向的、以目标为导向的。科学家必须首先建立一个假定的事实，其建立的前提并非事实而是推论，然后才知道做哪个实验或者到哪里寻找事实，才有可能证明或反证假定的事实是否正确。

　　在这一章中，我想与朋友们分享一部分我自己的"超信念"、假设和哲学。在这里，我的身份不是医学博士，而是一个普通人。正如汉斯·西利博士所言，有些"真理"不能应用于医学，但可以为病人所用。

➤◄ 生命力——康复的秘诀、青春的奥秘

　　我相信，人的肉体（包括生理大脑和神经组织）像机器一样，由无数很小的机械系统组成，每种系统都有特定的目的性。然而，我不相信人脑就是一台机器。我认为，人的实质在于驱动这台机器、占据这台机器，并指导它、控制它，将其

作为一种工具或手段来使用。

多年来，一些科学家（包括心理学家、生理学家、生物学家）一直推测有某种普遍的"能量"或活力使"人类机器"运转。他们还猜测，这种能量可用的数量和使用它的方式，能够解释为什么一些人比另一些人更能抵抗疾病，为什么一些人比另一些人老得更快，为什么一些人即便条件艰苦，也比另一些人更加长寿。还有一点相当明显：这种基本能量（管它是什么样的能量呢）的来源，是某种与我们从所吃食物中获得的"表面能"不一样的东西。以卡路里为单位的热能并不能解释为什么一个人与另一个人相比，做完一次大手术之后能够更快地康复，更能够经受长期挥之不去的压力或者更加长寿。我们称这种人拥有一个"强体质"。

有些长寿、幸福的人展现出的"强体质"，似乎与某种我们能够很好控制的因素有关（这种因素并不只是对目标无休止的制订或重新制订），鉴于此，我们的生活才有意义。

有位很著名的专业演讲家在演讲界已经工作了 30 年，但最终还是开始感到厌倦和疲惫。厌倦的原因与其说是因为演讲本身，不如说是厌烦了没完没了的旅行的折磨、与旅行相伴的身心俱乏的感觉，以及看惯了平淡无奇的饭店客房里昏暗的灯光。朋友们都说，他们发现巡回演讲在使他一天天变老。他几乎打算放弃演讲这一行，可实际上，演讲是他深爱的事业，而且他似乎希望赋予演讲以全新的目的和含义。与此同时，也许是估计自己快要洗手不干了，他拿起了高尔夫球杆并被其强烈吸引，甚至很快沉醉其中，而且没过多久技术就突飞猛进。有一天，在一次漫长的航班旅途中，他突然想出一个全新的目标：在美国的每个州的至少一个著名的高尔夫球场打场球。他开始在头脑中对该想法深思熟虑。他看到自己在以高难度而闻名的"卵石滩"球场一击入洞后，媒体和观众纷纷为他拍照；他发现自己在阿拉斯加郊区的某个高尔夫球场遇到困难时暗自傻笑。

他的这一想法越来越强烈，最后发现自己在随后的若干天里经常会想到它。他决定进行尝试，于是便在为期10天的巡回演讲之前，将球杆装入行囊，并详细计划了在演讲间隔时期去哪些高尔夫球场。他发现自己开始盼望而不是担忧第二天的旅行。他渴望在那些有他想去的高尔夫球场的地点进行演讲。他不仅为自己的职业生涯注入了新的活力，而且很快便为自己的人生输入了新鲜血液，使它更为充实。

这件事发生在我写本书的六七年以前，当时，这位73岁高龄的演讲家兼高尔夫球爱好者身体越来越强壮，看上去像返老还童一样。

你比自己的实际年龄更老还是更年轻？这种推算本身便具有片面性。说到底，如果我们的历法按照每年15个月而不是12个月计算，你在此时就会为不同的出生年月而庆贺。这样，你的年龄将更小，而这个更小的数字也许能很好地说服你的自我意象，使它相信与你年龄相关的不同事实，那样，你的感受和行动可能就与现在截然不同了。我们都认识这样的人：这些人只有35岁，却像65岁那样老态龙钟，而有些人已经65岁，却像35岁的年轻人那样活力四射。我想，人都希望活得年轻，这个要求并不过分。不过，无论你对年龄本身怎么想，所有人都希望能够开发自身更多的生命力。

❧ 有关生命力的科学发现

蒙特利尔大学的汉斯·西利博士把生命力作为一个科学事实建立起来。自从1936年以来，西利博士一直在研究压力问题。西利博士通过临床研究及实验室研究，证明世上存在一种基本的生命力，并称其为"适应能量"。人的一生，从生到死，每天都有一种压力，就是适应充满压力的环境。连人生旅程本身也由压力（或叫对环境的不断适应）组成。西利博士发现，人体中包含多种不同的防卫机制（这些防卫机制叫作局部适应综合征或 LAS，用于抵抗具体压力）和一种总体防卫机制（这叫作全身适应综合征或 GAS，用于抵抗不具体的压力）。"压力"包括一切需要适应或调节的东西，比如极度的热或冷、病菌的入侵、情绪紧张、生命的损耗或所谓的"衰老过程"，等等。

西利博士说："'适应能量'这个词是我创造的，专门指在持续的适应性工作期间消耗的能量，表示一种与我们从食物中摄取的热能不同的能量。不过，这仅仅是个名称，我们目前还没有准确的概念表述这种能量到底是什么。"

西利博士写了 12 本书和数百篇文章来阐述他的临床研究成果，以及用压力的概念对健康和疾病所做的解释。他的研究成果已经得到全世界医学专家的认可。如果你想进一步了解是哪些工作促成了他的发现，我建议你读读西利博士为外行人士写的让生命更健康，让生活更充实的书《人生的压力》。

对我而言，真正重要的是，西利博士已经证明：身体本身就具有保持自身健康、治愈自身疾病而使青春永驻的能力。他不仅证明人体有能力自愈，而且还在最终分析中得出"只有这种自愈方式才能治愈疾病"的结论。药物、手术和各种疗法起作用的方式大致有两种，一种是当防卫功能不足时，刺激身体的防卫机制；另一种是当防卫功能过度时，调低其防卫能力。正是适应能量本身最终战胜了疾病、愈合了伤口，或者耗尽、战胜了其他刺激物。

▶◀ 这便是青春的秘诀吗

这种活力、生命力或叫适应能量通过多种方式展现。使伤口愈合的能量和使我们全身其他器官发挥功能的能量是相同的能量。当这种能量处于最高峰、我们全身器官都运转良好时，我们觉得愉快、伤口愈合得更快，我们对疾病的抵抗力更强，从任何压力中恢复得都更快，我们便感到更年轻、做事更有劲头。其实，从生物学上讲，我们真的年轻了。因此，我们也许可以使这种生命力的各种表现综合起来、使其相互关联，从而假定：肯定有某种东西使我们能更多地获得这种生命力，肯定有某种东西为我们注入了更多的生命原料，肯定有某种东西能帮助我们更好地运用它——这种东西在"从头到脚"地帮助我们。

▶◀ 从科学角度寻求永驻青春的"长生不老药"

今天，在好莱坞明星、富有的高层管理人士和日益衰老的运动员身上，注射人体生长激素（HGH）的做法风行一时，而许多声称效果与注射这些激素类似的无处方特效药也堂而皇之地摆上了保健食品店和药房等地方的货架。甚至你也可能了解或使用过 DHEA（脱氢表雄酮）营养补充方案、睾丸激素药片。此类例子不胜枚举。

除药物治疗之外，饮食、锻炼、服用某些草药或补充营养都会影响人体健康，毋庸置疑，在不久的将来，肯定会有许多激动人心的发现和突破。当然，从医学角度看，我们在延长人的生理寿命上已经取得了可喜的进步，但在提高生活质量上却不能说有多么成功。

我曾经对延长心理寿命、改善心理质量颇感兴趣。在连接两座桥梁（生理和心理）的过程中，我也探求过其他因素或叫共同点，这些因素和共同点也许能解释为什么有些病人的手术刀口要比另一些人的愈合得更快。为伤口尽快愈合而采用的医学方法在某些人身上比在另一些人身上更管用。这本身都是我们思考的素材，因为实际上，从老鼠身上获得的实验结果都相当一致。正常情况下，老鼠不会担忧或情绪沮丧，然而，如果不让老鼠动弹，使其失去行动自由，在它们身上也能诱发出沮丧之情和情绪压力。失去行动自由会让任何动物沮丧。实验室的实验揭示，在沮丧的情绪压力下，较小的伤口也许能更快愈合，但任何真正的伤害都会变得更糟，有时候甚至不可能恢复。研究还证明，肾上腺对情绪压力做出的反应，和对肉体组织受伤导致的压力所做的反应如出一辙。

▶◀ 失败机制怎样让你受伤

因此也许可以说，只要肉体受到伤害，挫折和情绪压力（我们前面形容为失败机制的那些要素）便会使其雪上加霜。如果肉体的伤害非常轻微，某种情绪压力可能会激活防卫机制，但如果受到了某种真正的或实际的外伤，情绪压力就会加重伤势，使它进一步恶化。这一认识值得我们停下来深思。如果衰老像业内一些专家所认识的那样，是由于我们耗尽了"适应能量"所造成的，那么，我们任自己纵情于失败机制的消极成分中的做法，就会使我们比实际年龄更老，因为这种做法使我们更快地用完了"适应能量"。

▶◀ 快速痊愈者的秘诀是什么

我那些没有接纳血浆的病人当中，有些病人的术后反应和接纳过血浆的病人一样良好。年龄、饮食、心率、血压等方面的差异并不能解释这种现象。

然而，所有快速痊愈的病人都有一个很容易辨认出的共同特点。

这一特点就是：他们都乐观向上，是快乐的积极思考者。他们不仅期望尽快康复，而且无一例外地对于尽快康复都有某个让人信服的理由或需求。他们总有某种指望，这些指望不仅表达着对生活的企盼，而且体现了对早早康复的渴望，如"我想早点出院上班""我想早点离开这里，好实现我的目标"。

简言之，他们的话囊括了我在前面形容为成功机制的那些特点和心态。

▸◂ 思想不仅导致器官变化，也导致机能变化

我们对此都很了解：心理态度会影响身体的康复机制。

二战期间，加拿大皇家海军试验了一种治晕船的新药。第一组军人服用新药，第二组军人则服用糖丸。在这两组人当中，只有13%的人晕船，而第三组军人什么也不服用，却有30%出现晕船症状。

▸◂ 看不见的药，看得见的效

如果希望"假药丸"有效，就千万不能告诉服用安慰剂的病人说这种治疗方法是假的。这样，他们就相信自己服用的是能够治病的正规药物。为什么"假药"也能"治病"？其原因是由于在把安慰剂当成药开给病人服用时，会唤醒对病情好转的某种期望，从而在脑海里建立一幅以康复为目标的图像，而创新机制便激活身体的自我康复机制去实现这一目标。

所谓的"安慰剂效果"如今已经成为老生常谈，成为善于雄辩的生理药

物支持者倡导和支持的一种强大的自我暗示方式。不过，这并不仅仅是伺服机制无法辨别人造事实与真正事实之间区别的又一证据，而且还证明伺服机制在没有真正药物的帮助下，也能带来有利于康复的生理变化！

►◄ 有时候我们是不是把自己想老了呢

　　当我们处在某一年龄段却无意识地把自己想得很老时，我们所做的事与此类似，却是它的逆过程。

　　艾奥瓦州切罗基的拉斐尔·金兹伯格博士在 1951 年于圣路易斯召开的国际老年医学研讨大会上声称，认为人在 70 岁左右变老、无用的传统看法，在很大程度上造成了人们在处于这一年龄时真的变老；他认为在更加文明和进步的未来，我们也许会认为 70 岁的人尚处在中年时代。如今，我们正在快速接近这一未来时期，以 50 岁代替 40 岁作为人一生的中点，而 70 甚至 80 岁则视为 1950 年时的 60 岁。

　　这让我们想起"先生鸡还是先生蛋"的辩论：变化的现实支配着期望，还是期望支配着变化的现实，这二者孰先孰后？其实，两者同时发生，我们可以从任何一个方向接近"更长寿命"的目标并提高生活质量。

　　关于我们是怎样把自己想老的，至少可以从两个方面加以解释。第一，我们在估计人在哪个年龄段才"上年纪"时，可能会无意识地树立一个消极的目标图像，让我们的伺服机制去实现；第二，我们知道人会"上年纪"但又怕自己"上年纪"，于是便可能不明智地做一些事情，使"上年纪"成为现实。由此，我们的肉体活动和精神活动都会逐渐减少。我们不再进行各种各样朝气蓬勃的生理活动，因此很可能会使自身的关节失去某种灵活性。缺乏锻炼使毛细血管收缩甚至消失，而通过肌体组织提供的血液（血液是人的生命线）也会大幅减少。适当的锻炼对于毛细血管扩张必不可少，而毛细血管会给所有肌体组织供血，并能排泄废物。西利博士曾经通过在一个活生生的动物身体里插上一根空心管，从而将动物细胞放到该活生物体内繁殖。然而，由于没有人为的照料，这些细胞不到一个月就死亡了。但是，如果每天坚持冲洗管中的流体，使废物排空，这些细胞就会一直活下去。它们始终充满活力，既不老化，也不死亡。西利博士认为，这也许便是老化的机制；如果真是这样，那么我们就可以通过减缓废物产生的速度或通过帮助生物系统处理废物，来延缓衰老过程。在人体中，毛细血管是排泄废物的渠道，因此肯定可以得出结论：缺乏锻炼和久坐不动的确能使毛细血管"干涸"。

期望和忙碌意味着生命

如果下决心缩减精神活动和社交活动，我们就会使自己显得很愚蠢。我们会变得积习难改、倍感厌倦，从而放弃我们热切的希望。

如果你通过某种手段，说服一个年届 30 岁的健康的人相信他正在变老，使他相信所有身体锻炼活动都是危险的，所有精神活动是无用的，那么不出五年，你真能使他变成一个老头子。这一点我毫不怀疑。如果你诱导他成天坐在摇椅上，放弃对未来的一切梦想，停止对新思想的任何兴趣，视自己为没有希望的人、毫无价值可言的人，认为自己既无足轻重又毫无建树，那么我敢肯定，你能用实验的方法造出一位老人。

约翰·辛德勒博士在自己的著作《如何快乐度过一年 365 天》中指出，每个人都有六个基本需求：

1. 对爱的需求；

2. 对安全的需求；

3. 对创造性表达的需求；

4. 对认可的需求；

5. 对新经历的需求；

6. 对自尊的需求。

就这六个基本需求而言，我还要再加上一个，就是对更多人生的需求，即需要高兴而企盼地展望明天和未来。你可以将它看成是期望和忙碌。

►◄ 期盼并活着

这又让我想起另一个"超信念"。

我相信，人生本身具有适应性；人生本身并不只是一个终点，还是通往终点的一条途径。人生是一条途径，而我们有幸通过各种方式利用它以实现重要的目标。可以看出，无论是变形虫还是人，这都是一切生命形式遵循的共同原则。比如说，北极熊需要一件厚厚的皮大衣，以便在严寒环境中生存。它需要保护色来玩"鱼目混珠"的游戏，并保护自己免受敌人伤害。生命力作为到达这些终点的一种途径，为北极熊提供了一件白色皮大衣。

如果我们把人看成目标追寻者，就可以把"适应能量"或生命力看成推进燃料或推进能量，驱动着我们向目标前进。存放在车库里的汽车不需要在油箱里装上汽油，同样，一个没有目标的目标追寻者也不需要更多的生命力。

我相信，当我们期望享受明天时，更重要的是，当我们有重要的事情要做、有重要的地方要去时，就会通过欣喜而企盼地展望未来，产生对更多生命力的需求。

✂️ 创造一种对更充实生活的需求

不用说，创造是生命力的特点之一。创造的实质是对某个目标的企盼。有创造能力的人需要更多的生命力。保险公司计算员的表格似乎证实他们能实现表格中的目标。作为一个群体，与不从事创造性劳动的人相比，从事创造性劳动的人（从事研究的科学家、发明家、画家、作家、哲学家）不仅寿命更长，而且保持创新能力的时间也更长。米开朗琪罗年逾八旬之后才画出一部分最佳画作；歌德在 80 多岁时写出了《浮士德》；爱迪生 90 岁大寿之后还在从事发明创造；毕加索 75 岁以后才成为艺术界的领军人物；莱特在 90 岁时，仍在思考最有创意的建筑物；萧伯纳 90 岁时仍然在写剧本。

保留青春容颜时间最长的人是娱乐业企业家迪克·克拉克。人们为他少年般的外表、他似乎永不衰老的容颜而啧啧称奇，还经常为此开玩笑。难道他喝了某种我们不知道的圣水或者吃了什么我们前所未闻的仙丹？不，他没有。难道这其中有某种遗传优势在起作用？也许是，但仅此一条还无法解释我们看到的现象。如果你进一步了解克拉克先生，就会发现他是娱乐界最忙碌、经营最多样化、最有革新精神的经营者之一。正如业内人士所说，他总有许多事情要做，一点停下来休息的信号或迹象都没有。

这并不是说年轻需要连续工作，直到为你送葬的人把你抬出工作场所。不过，秘诀在于积极地渴望和忙碌。我在 61 岁时，才开始为研究心理控制理论而成为一名作家和演讲家。此前，我已经有过一段漫长、多样而丰富的职业生涯。我在医学界和演讲界混迹多年，有时候白天在纽约做手术，晚上则飞到洛杉矶发表演讲。以一个多数男女都在考虑金盆洗手、解甲归田的年龄，我却从头再来，做了一些让我入迷的事。就我而言，我一直都非常幸运，因为这种选择使我出版了图书作品，发表了演讲，与许多有魅力的人士交往并通信。这些人都是心理控制理论的忠实爱好者，其中包括简·方达等好莱坞明星、南希·里根等公民领导人，甚至包括萨尔瓦多·达利。他用自己原创的画作描绘了心理控制的实质，并把它送给了我。不过，就算我的"工作"并没有带来公众对我的接受和认可，我仍然会是个幸福而有成就感的人，我仍然会从事对我、对他人都有意义的事务，仍然会制订目标并为实现目标而奋斗。而你也完全有理由做同样的事。

这就是为什么我要求病人要想始终保持成就感和蓬勃活力，就必须要憧憬未来而不是怀念过去的原因。展现对生活的激情，创造对更充实生活的需求，你就会接收到更多生命力。

你有没有琢磨过为什么那么多男女演员都想方设法地使自己的容貌比真实年龄年轻得多，在 50 岁甚至超过 50 岁时还想拥有英俊或靓丽的脸庞？这难道不表示这些人像多数步入中年的普通人一样，有一种"显得"年轻的需求，对青春永驻感兴趣，永不放弃"青春不老"的目标？

阿诺德·A.哈特切内克尔说："使我们变老的不是岁月，而是重要事件以及我们对它们的情绪反应。"他还说："心理学家鲁布纳发现，在世界某些国家和地区，作为廉价劳动力在田间耕作的农妇通常从脸上可以看出早衰的痕迹，但是她们的体力和耐力却没有任何削弱。这是衰老的一个特例。可以这样想：这些农妇放弃了对女性这一角色的竞争，她们心甘情愿地过着工蜂的生活，因为工蜂不需要容貌秀美，只需要体魄强健。"

哈特切内克尔还提到守寡怎样使一些妇女早衰，但另一些寡妇却没有受影响。"如果寡妇觉得自己的生活走到了尽头，觉得活着没有什么指望，她的态度就会给出外在的证据——她日益枯萎的容颜和花白的头发。而另一些寡妇虽然比她还要老，却焕发了第二春。她可能为得到某个如意郎君而与别的女人争夺，可能从头开始重新创业，甚至可能忙于某项以前没有时间去参与的事业。"信念、勇气、兴趣、乐观精神、期盼，这些东西带给我们新的生活和更充实的生活；而空虚、悲观、挫折、缅怀过去，这些东西不仅是"上年纪"的特征，而且还会加速衰老。

▶◀ 退出工作，但永远不要退出生活

许多人在退休之后状态都每况愈下。他们觉得自己充满朝气的、硕果累累的生活已经结束，自己的任务已经完成。他们没有什么指望；他们变得焦躁、懒怠，往往还丧失了自尊心。他们形成了一幅"无用""无价值""日薄西山""可有可无"的自我意象。有许多人在退休后不到一年的时间就去世了。

害死这些人的原因并不是退休，而是退出生活。我们当前的社会态度对于鼓励无用感、"无希望"感，对于自尊心、勇气和自信心的丧失，起到了推波助澜的作用。我们应该知道，这些态度都是过时的、不科学的。50多年前，心理学家认为，人的智力在25岁时达到巅峰，然后开始走下坡路。然而，最近的研究结果表明，人的智力在35岁左右达到顶峰，之后会保持在同一水平直到70岁以后。但是，尽管无数研究人员都证明学习能力在人70岁与17岁时一样出色，"上年纪的人学不了新玩意儿"之类的谬论却仍然存在。

人无完人，任何人都有优势和缺点。刚刚开始创业的年轻人的优点可能是年富力强、精力充沛、思路清晰，具有强烈的好奇心、冒险精神和敏捷犀利的头脑。而另一个在同一业界打拼、年龄却大得多的人，其身体的精力可能要差得多，甚至为生理上的某些障碍而苦恼不已；他或她也许怀有多种偏见阻碍着创造力的发挥，也许反对冒险、趋于保守，脑子反应也没有前者那么快。然而，年轻后生缺乏经验，感情不成熟，没有以能力为基础的自信，

在别人眼里也由于资历浅而没有信誉可言。年长的政客有很丰富的从政经历，善于做出重要决定，犯错误之后能迅速地恢复和改正。由此可见，每种人都有许多不同的优缺点。

在商界，如果上面的两种人之一特别精明，他们会通过联合或咨询来修正自己的缺点，这有些像总统组建内阁。实际上，普通人并没有组建内阁之类的顾问委员会，但普通人可以在自己丰富的想象中摆放一张"圆桌"，由此向专家咨询。

我的观点是：无论年长年幼，甚至是无论遇到什么样的逆境、灾难、障碍、疾病，人们都能自主决定自己对它们的反应。就衰老的症状和表现而言，人们决定了的情绪反应对于当时亲身生活经历的影响，最起码和遗传基因或药物的影响一样大。如果你接受这一观点，你就应该更有动力去掌握心理控制概念和技巧，为容颜不老和青春永驻而努力。

▶◀ 为什么我相信奇迹

尽管坦陈了我的"超信念"，但我想最好还是和盘托出我全部的心里话，即我还相信奇迹的发生。医学不会对人体内各种机制起作用的方式不懂装懂。我们对发生的一切知之甚少。当人体的某个伤口愈合时，我们能描述发生的事，也知道身体机制怎样发挥功能。但是，无论你用什么样的专业术语来表达，描述毕竟不是解释。我现在仍然不懂为什么手指上的伤口会自动痊愈，甚至连它是怎样痊愈的都不知道。

法裔美国外科医生、生物学家亚历克西斯·卡雷尔博士在撰写对法国卢尔德市发生的瞬时康复过程的个人观察报告时说，作为一名医生，他对瞬时康复所能做出的唯一解释就是：在正常情况下，肌体自身的自然康复过程在术后要经历相当一段时间才能痊愈，但在坚强信念的影响下却能快速实现。

如果真如卡雷尔博士所说的那样，奇迹是通过自然康复过程的加速和体内力量的强化实现的，那么，我每次看到术后伤口通过长出新组织而自愈时，都算目睹了一个小小的奇迹。从我的观察看，这种自愈过程需要两分钟、两星期还是两个月完成，都无关紧要。我还看到了另一些力量也在起作用，而这些力量我并不了解。

不要为人生设限

《圣经》告诉我们，当身处荒漠的先知饥肠辘辘时，上帝从天空降下了一条装有食物的床单。这些食物不但不干净，之中还有各种各样的爬虫。由于先知抱怨，上帝斥责了他，还警告他不许说上帝提供的东西不干净。

如今，有些医生和科学家仍然对信仰或宗教的特色嗤之以鼻。有些宗教狂热者也对任何与科学有关的东西怀有同样的态度，疑虑和反感。这种由于偏见而缺乏合作精神的做法随处可见，也让我非常讨厌。采用按摩疗法和药物疗法的医生之间长期不和，却不承认对方所做贡献的价值和有效性，也不为了病人的福祉而携手合作。精神病医师、心理学家和学术团体对自助疗法十分轻视，然而，类似本书的许多图书作品都记载了成千上万的普通人（这些人得到了此类图书真诚而无条件的帮助）的证据，这些证据是那样前后一致、无可辩驳，以至于心志健全的人都不会怀疑它的真实性。既然如此，为何不相信它呢？

我相信世界上存在一种人生、一种终极源泉，但是这种人生有许多表达的渠道，能通过多种形式进行自我展示。如果想要从人生中获得更充实的经历，就不应给人生向我们"流"来的渠道设限。无论它是以科学、宗教的形式还是以别的形式出现，我们都必须接受它。

另一个重要的渠道就是他人。不要拒绝他人给予我们的帮助、快乐和欣喜，因为我们同样可以给予他们这些。我们不应过于自负，以至于不接受别人的帮助，也不要过于无情，以至于不帮助他人。不要仅仅因为他人恩赐的方式与我们的偏见或自大的想法不相符就说它"不干净"。

最好的自我意象

最后，不要认为自己无足轻重，为我们的人生设限。上天已经给予我们宽容、安宁和幸福，这些都从自我接受而来。如果对这些礼物嗤之以鼻，这对我们的造物主就是一种侮辱。

本书中的观点和练习已经帮助我的许多病人从生活中获取了无尽的力量。它们同样也能帮助你，这是我的希望，也是我的信念。

Chapter 16

真实的故事

◥◤ "最不可能成功"的股票经纪人一例

塞拉·奎因生下来就有一种天赋和优势：她的智力远超于常人。她是门萨智商测试权威机构的成员之一。这是一个由全部人口中智商最高的人组成的机构。不过，由于她天生还有其他缺陷，所以这一"天赋"很长一段时间对她毫无用处。她天生就有严重的兔唇和豁嘴，这是一种嘴巴顶端和上唇有裂口的先天性缺陷，使得她说起话来含糊不清。畸形的鼻子通常与此相伴而生。塞拉描绘自己的模样时，把它形容成是"一间屋顶一角塌陷的活动房"。她做了外科修复手术，但由于手术质量拙劣、修复幅度小，因此无助于她说话。由于许多人根本听不懂她的话，所以她只好在与人交流时随身携带着纸和笔。她的下巴、嘴巴和脸部经常疼痛。塞拉在学校度过了一段艰难的时光，一些孩子老是拿她寻开心，甚至连老师也认为她是个傻子。

塞拉说："当你无法正常说话时，别人便会认为你蠢。我的家人、老师、其他孩子都这样认为，甚至连我自己都开始相信了。"

她16岁那年离家出走，兜里揣着44美元，乘公共汽车去了最近的一座大城市。她没有打算，也没有想过去哪里，只知道必须离开居住的地方。她在一家药店的便餐馆找到了一份洗碗的工作，从而能够从一名当妓女的黑人妇女那里租了一间地下室安身。这名妇女鼓励塞拉自我提高并继续接受教育，趁着年轻干一番事业。塞拉在交谈中获悉，这位妇女拥有房地产，甚至还投资股票。这些事既让她吃惊，又让她备受鼓舞。

有位牙医每天早晨都到沃尔格林便餐馆喝咖啡。一天早上，他收到塞拉递给他的一张便笺，上面写着："我的牙齿受到了严重的损伤。我每个月只能付给你5美元。你能帮助我吗？"牙医安排她接受了外科手术以及随后的牙齿护理，总费用超过了3000美元。塞拉还记得自己在得知这一数目时放声大哭。然而，她还是兼职了多项工作来支付那些药费，还自掏腰包到商学院进修并成为一名秘书，省吃俭用以支付鼻子的整形费用。随后，她又历尽千辛万苦到内布拉斯加州立大学学习，并在12年后获得了新闻学学位。随后七年，她在内布拉斯加州的首府林肯市当一名记者。梅里尔·林奇招收一名实习生的广告吸引了她。很快，她便开始了与梅里尔·林奇的合作生涯，而且干得非常出色，这让他们大为诧异。七年后，史密斯·巴尼公司聘用了她，她后来还成为了该公司的副主管。

塞拉·奎因继续高歌猛进，取得了真正令人瞩目的成就。她当过股票经纪人、投资顾问，最后成为了所在投资公司的副主管。个人的生活方式也反映了她的富裕程度和知名度：她拥有配备游泳池的私人公寓、豪华汽车、领导地位和安全保障。

这位女士是怎样克服许多缺陷和艰辛而变得如此成功的呢？

她说她的转变绝不容易。"我的自我意象非常糟糕，但是，由于贫穷、某个人（那位黑人妇女）的偶然触动，加上我慢慢发现了自己的能力，所以我就一点点好了起来。"在销售生涯的早期，她曾向一位精神病专家咨询如何提升自尊心。他对她说，她根本不像自己相信的那样"愚蠢"，恰恰相反，她非常聪明。他劝她去进行门萨测试——而她也真的通过了！

她发现本书首版的时候，还在沃尔格林便餐馆工作。她说，这次发现是一个转折点，从此她开始寻求能得到外科手术的良机。她还称赞本书给了她求医治疗的勇气。最后，她开始懂得，儿时的任何创伤都不应使她畏缩不前；她可以从自己已经取得的进步中收获自豪和自信。塞拉·奎因说："马尔茨博士的思想使我有可能从一个每个小时拿 88 美分报酬的洗碗工，成为一个投资公司的副主管。"

且不说她的动力到底是什么，重要的是，塞拉·奎因检验了有关自己的"事实"，却发现它们根本都不是真的！

在这个例子的激励下，你应该对自我意象"存货"中每个被你相信却有限的"事实"进行检验。你同样会发现一些抑制作用最强的"事实"其实根本不是事实。

▶◀ 教授"F"一例

"在我第一次读到马尔茨博士的书时，我就打消了由于被大学退学而想自杀的念头。它真的彻底改变了我的一生。"

如此措辞激烈的言论出自大学教授、专业演讲家、作家、成功商人马绍尔·雷迪克之口。雷迪克说，20 岁那年，他奋斗的目标只有一个，就是留在大学继续学习，因为他认为自己缺少顺利毕业所必需的智力，更不用说在今后的人生中进一步取得成功了。他还因害羞而痛苦，这是他可怜的自我意象的体现。他几乎自信全无。读完本书之后，他开始对其中一些最简单、最基本的"处方"和技巧进行实验。"我开始重新设计自己，"他说，"比如，我在自己的口袋里、镜子上、汽车里放上小字条，'提醒'我说我是个自信的、能干的人。果然，刚刚过了 21 天，我的感觉和行为就截然不同了。"

马绍尔·雷迪克随后开始了一段成功的学业生涯：他获得了商学与经济学学士学位，在科罗拉多州立大学获得了商学硕士学位，在得克萨斯理工大学获得了商学博士学位，并担任加利福尼亚州立大学商学与经济学教授，任期三年。

如今，雷迪克先生成了一位著名的专业演讲家，还从全美演讲家协会得到了专业演讲执证资格（CSP）。自 1975 年以来，他创立的讲座公司已经为公司客户提供了研究时间管理、谈判和顶级表现的各种课程。

凭借如此简单的技巧，一名考试不及格的学生摇身一变，成为名列前茅的学生，获得了博士学位，还跑到讲台的另一边当上了教授，这难道不让人感到惊奇吗？白手起家的亿万富翁 W. 克莱门特非常喜欢一句话："小合页能使大门开关。"这句话有许多层深邃的含意，以下便是其中之一：经常对深植于自我意象中的"事实"进行细微的检验，并通过练习加强对一个人思想的控制和支配，就能够成为打开笨重大门的"合页"，使个人迅速而惊人地成长。

对结果起支配作用的不一定是想法的规模，而是机遇的规模。通过对本书中发现的想法进行实验，哪怕它们是最简单的想法，都能为你带来惊人的自我发现。

►◄ 酒鬼的女儿

　　我是一位专业演讲家。几天前，我正打算离开办公室去一家大型联合会的午餐会上发表主题演讲，双眼却一下就瞄到了办公室里的书柜——在排列整齐的一排书里，只有一本书冒了出来。这本书封面柔软、多处破损，显然，不但有人用过它，而且还用旧了。这让我的记忆一下子回到了1960年。

　　通过在得克萨斯州博蒙特的拉玛尔大学刻苦读书，我成为了一家知名法律服务公司的"得力女助手"。公司的经营合伙人成为我的导师。如今我知道了，在当时他看出了我这个19岁女孩的自尊心是多么脆弱。那一年，在我们的一次会面时，他递给了我一本马尔茨博士的书让我读读。既然他说这书不错，那自然有他的道理，于是我在那个星期就了解了其中的主要内容。麦克斯威尔·马尔茨先生为我提供了有效的工具，使我能以一种从未体验过的方式，重新设计了自己的想法和自我感觉。

　　在我人生的头16年里，我的父亲是一家大型制造公司的纠纷调解人。这家公司在此期间肯定遇到了许多麻烦，因为我们每年都会搬家，有时候一年要搬两次，沿着海岸来回搬。这使我在12年里换了17所学校。一到周末，整个星期都飞来飞去的父亲会回到家，喝上一瓶酒。母亲几乎没有机会离开家门，而作为家中四个孩子里的老大，我也成了她的得力助手。每次搬家，我都要跑前跑后，此外还要交各种费用和购买家庭用品。然而在妈妈的眼里，我做的任何事从来都没有好到无可挑剔的程度。有了这样的家庭背景，我希望在工作场合、在事业上能有效地发挥作用，所以我拼命地工作，以至于老板看在眼里，便送给了我这本讨论自我意象的书。

得到这本书的第一年，我读了五遍。在随后的五年里，我每年又重读了几遍。麦克斯威尔·马尔茨先生成了我的激励之源。他不仅为我打开了一扇全新的人生之门，而且引导我从此对灵与肉的研究产生了长期兴趣。这种兴趣为我的事业生涯指明了方向，还给我带来了终生的成就。如今，我向全美各地的听众就自尊与交流问题发表演讲。我知道，不与自己交流，就无法与别人交流。

佩吉·柯林斯从法律服务公司的职员干起，发展成为房地产销售业的一名顶尖主管，之后又成长为一家金融机构的资深副经理。随后，她开始了目前这种作为一名专业演讲家和讲座领导人的生涯。她合作过的重要团体客户中有美国美孚石油公司、菲多利食品公司、汉堡王和J.C.彭尼公司。她的传奇故事对这样一个重要事实做了进一步的强化：看过去不一定能预测未来。酒鬼的孩子会面临许多重要的、特殊的问题，这在心理学上是一个尽人皆知的事实。但是，每个人都应该摆脱儿时的经历或不利的成年经历，积极主动地支配自己的个性，以此为起点继续向前。

竞技牛仔

1969年秋天，道格·巴特勒同意执掌波莫纳市卡尔波利竞技牛仔队（加州工艺大学的校队）的教鞭时，这支队伍在全美院际竞技牛仔联合会西部赛区排名倒数第一。在道格负责的班级里，有名学生是技术一流的竞技牛仔，却始终留在这支垫底的队伍中。此人力劝道格入主该团队担任教练，执意说这支队伍的能力远远没有展示出来。

"我不久前阅读了马尔茨先生的书，它给我留下了很深的印象。现在我正努力将书里的方法运用于日常生活当中。我觉得，这些方法可以用于指导竞技牛仔运动员提高技术水平，"道格·巴特勒说，"后来我发现加里·莱夫在用这些方法指导骑牛学校的学生进行训练，但当时我还是认为是我开辟了新天地。"

道格制订了一项使队伍旧貌换新颜的计划，包括制定新规定、严格训练纪律、规范运动员行为以及将本书作为运动员个人水平提高的必修课。该大学动物科学系的主任以前曾担任过专业曲棍球运动员，他对这项计划就非常支持。随后，道格与该牛仔竞技队的队员们会面，并对他们说，如果他们不同意他所有的条件，他就不会担任他们的教练。新规定包括禁酒、禁烟、禁毒品，并需要表现优异，甚至包括衣冠楚楚的仪表，每星期花两天在学校的竞技牛仔运动场安排高强度的练习课，并以每日的心理训练作为补充。

道格为队员的身体和心理训练制订了苛刻的方案。"从早上 6：30 开始在体育馆进行锻炼，每星期三天。我们使用举重训练机，做健美操，进行快速冲刺跑。凉爽下来后，我们要讨论从书中学到的新见解。这本书人手一本，大家都会反复阅读。每名队员都要练习想象自己的冠军表现，相互之间还要分享对这些虚构式体验的详细描述。"

1970 年春末，这支队伍已经从垫底的队伍跃升到了分区第二名，位居第一的队伍中有一位当家的世界冠军级牛仔。随着队伍的形象、表现和成绩一路攀升，学生们有史以来第一次能有机会拿到竞技牛仔运动员奖金。

"在年终的酒会上，学生们送给我一个镶银的皮带扣，大家还一齐高声欢呼。我现在仍然系着这个皮带扣，而且将永远珍视与大家共同分享的伟大的'心理控制'体验。这支队伍中的每个队员在各自选定的职业领域中都取得了成功。"

道格·巴特勒在康奈尔大学获得了兽医解剖学与马营养学的博士学位。他是 500 名仅有的执证的熟练马医之一，曾三次担任北美掷马蹄铁队的成员。如今，他已经写了 30 多本书，还出版了教授马蹄铁和马蹄护理技术的录像带。1980 年，他赢得了北美挑战者杯掷马蹄铁比赛的冠军。1997 年，他正式进入世界掷马蹄铁比赛名人堂。1999 年，他又荣获了美国兽医协会的新闻报道奖。今天，道格开设的培训班教铁匠运用心像技巧使自己成为更高效、更能干的手艺人。他还向商业团体、协会和公司听众讲授"牛仔规范"以及性格、领导才能和自控方面的内容。他说，由于坚持运用这本书中的技巧，这种经历已经"引导他成功实现了每一个目标"。

如你所见，你的职业是什么其实并不重要（哪怕是表演骑术）。本书中的原则、概念和技巧是帮助你达到顶尖表现的可靠手段。此外，正如道格所在团队的传奇故事所阐释的那样，你的起点在哪里也不重要。像他的团队一样，哪怕你倒数第一、境况糟糕，哪怕你缺乏兴趣、自律或自信，只要下定决心，这一切都可以改变。建立在过去经历上的任何环境都无法继续支配你的现在和未来。

▶◀ 无法行走的妇女

像马尔茨先生的办公室多年来收到的成千上万封的信件一样，有一封信展示了一个让人真正惊奇的故事：

> 我将要与你分享的这个故事非常个性化，而且充满感情色彩。我在想，一本普普通通的平装书，是怎样改变我的整个人生的呢？我希望向你讲述我的故事，希望这则故事能帮助别人。
>
> 我在 1924 年 10 月 1 日出生于肯塔基州的普罗维登斯。出生时，我是个健康而正常的女婴，体重 9 磅。10 岁那年，我不幸患上了肌肉萎缩症。我现在还记得，我无意中听到医生对我的父母说，他们最好

把我从学校接回家，因为我恐怕最多只能再活一年。这句话使我深深地感到恐惧。我的运动神经能力一点点发生着变化。我走路开始踉踉跄跄，很快就变得行走困难。接着，我使用双手时开始出现很大的障碍。怀着对家人的爱和理解，我开始了一段长达 20 年之久的旅程，希望能对付这种日益恶化的疾病，能摆脱肌肉萎缩症这一宿命的阴影。

许多个夏天我都是在医院里、在石膏模型中、在治疗过程中度过的。最后，我只有在附有钢柱的特制鞋子的协助下才能勉强行走。我浑身都显露出虚弱的迹象。对别人来说毫不费力的任务，对我来说却尤为艰难。不过，尽管面临着数不清的困难，我仍然想方设法地完成了学业，其中包括上完了大学。之后的 13 年里，我又开始了教师生涯。25 岁时，有人对我说，我必须对两处脚踝做手术，否则可能将在轮椅上度过余生。经受这两次手术之痛后，我几乎有整整一年的时间，在石膏模型里和轮椅上不能动弹。之后，我再次开始学习行走。我花了好几个月的时间才学会站立，而我恢复行走功能，又用了好几年。

总体来讲，虽然手术非常成功，但精神上的创伤始终都还在；对我来说，与肉体上的缺陷相比，这种精神创伤反而成了我更大的障碍。我没有自信、自尊，也无法自立，我似乎失去了人生的方向和目标。

我们在这里要稍微打断一会儿，以强调这样一种重要的观点：一个人是怎样或通过什么样的一连串事件而失去人生目标，以及与之相伴的自尊和自信的，这并不重要。失去目标、失去自信的人有千千万万，失去的方式也五花八门。然而，无论一开始是什么东西将你带向黑暗，走出黑暗、迎接光明的道路是一样的。

信中继续写道：

　　好心的朋友和我的家人都想帮助我。在每个清醒的时刻，鼓舞人心的小册子、励志类图书和对各种思想哲学的拼命追求都充斥其间。我研究了从佛教到印度教超在禅定派在内的一切宗教流派，甚至深入钻研了一部分古代吠陀经。有一天我在一家书店翻阅图书时，瞥见了马尔茨博士的这本书。书名激起了我的好奇心。书店的员工告诉我，她店中的现货总是供不应求，这是她所在书店最畅销的图书之一。我需要听到的有这些就够了。于是，我买下了一本，一开始看便爱不释手。我平生第一次开始深入洞察自己的行为。

　　看完这本书时，我决定将来有一天要见见作者。我不知道这次会面怎样才能发生，但我知道自己肯定有机会向马尔茨先生表达我的感激之情。

　　数年来，这本书一直是我的行动指南。我的心态已经从消极转变为"一种胜利的感觉"。现在这对别人来说也许是个奇迹，但对我来说，只不过是我改变自身的自我意象带来的结果。

　　我几乎成了医学界的"现象级"人物。每位给我做检查的医生都说，我已经丧失了行走所需的肌肉能力。从医学观点看，我还能行走这一事实似乎没有合理的解释。最近，我在美国四区飞行员大会上被提名为"年度残疾职业女性"。这一奖项是飞行员与残疾人就业委员会提供赞助的。还有，我刚刚被推荐到佛罗里达州阿斯库州长的"残疾人就业信息与媒体关系"分组委员会工作。

　　通过在电视上的表现，我得以有幸与许多知名要人合作。这让我感到非常快乐。在这些名人当中就有你——马尔茨先生。

　　我开始懂得过上充实、有价值、幸福的生活意味着什么。

珍妮·桑德斯

珍妮和她的丈夫彼得已经成为麦克斯和安妮·马尔茨的好朋友。

关于珍妮，马尔茨先生曾经写道："在人生中，每个人迟早都会遇到灾难。之后，无论战胜灾难需要怎样艰苦的努力，每个人都可以选择摆脱灾难，否则就要成为灾难的奴隶。在医疗专家看来，珍妮·桑德斯在丧失了肌肉能力和行走所需的力量时，怎么可能重新走路和驾车呢？这一切都要归功于她的自我意象的'肌肉力量'，而这种力量我们无法轻易地看见，也不能用医学来评估。"

珍妮·桑德斯提到，她把本书当作一种"行动指南"，这一点非常重要。与哲学作品和其他许多自我提高类的图书不同，本书强调要做什么，而不只是要想什么。这一点很重要，因为正是创造性的行动才引起了结果的发生。

有这样一则故事，说的是一个人每天都花数个小时的时间，在一间安静的小屋里静静地待着，双眼紧闭，仔细想象自己彩票中奖或成为某家旗舰公司的 CEO 之类的事，然后在能够从窗户鸟瞰整个曼哈顿全景的豪华办公室里处理着各种公务，或者想象自己在某个春意盎然的日子里，在热带海滩上与一个美丽的姑娘一起度蜜月。此人日复一日、月复一月、年复一年地进行着这种想象，直到有一天由于厌倦而不再想象，并向每个愿意聆听的人表示这一切简直是废话连篇。这位小伙子的问题在于，他从来没有买过一次彩票，没有申请过一个好职位，也没有邀请过一位年轻姑娘外出吃饭！

如果你只是读完后便将其束之高阁，那么这本书几乎没有什么价值。但是，如果你像珍妮·桑德斯所做的那样有意识地坚持运用它，它就能让你摆脱一切精神枷锁，过上这人世间最充实的生活。